学力・リテラシーを伸ばすろう、難聴児教育
エビデンスに基づいた教育実践

パトリシア・エリザベス・スペンサー
マーク・マーシャーク 著
松下 淑／坂本 幸 訳

明石書店

Evidence-Based Practice in Educating Deaf and Hard-of-Hearing Students
by Patricia Elizabeth Spencer and Marc Marschark
Copyright © 2010 by Oxford University Press, Inc
Evidence-Based Practice in Educating Deaf and Hard-of-Hearing Students was originally published
in English in 2010. This translation is published by arrangement with Oxford University Press.
原書は 2010 年に英語で刊行された。本書は Oxford University Press との取り決めに基づいて刊行した。

序　文

　本というものは偶然に書かれるものではありません。しかし時には計画されないで書かれることもあります。この本も確かに計画されたものではありませんでした。経過は次の通りです。

　2008年にアイルランドの特殊教育協会（NCSE: National Council for Special Education）はアメリカの国立聾工科大学（NTID:National Technical Institute for the Deaf）の教育研究共同センター（CERP: Center for Education Research Partnerships）と「ろう、難聴児教育での優れた実践モデルとその結果についての文献集」を作る協約を結び、作業にかかりました。1年後に報告書が作られ、アイルランドに合うように付け加えられた示唆や助言も含めて、さまざまな場面でろう、難聴児に提供される最近のサービスや教育計画についてNCSEに受け入れられました。その報告書を作るのに協力して下さった多くの人たちに感謝しています。

　それだけではなく、報告書ができるまでには予定したよりも倍以上の時間がかかりました。さらに重要なことは、ろう、難聴児の教育に関する文献を分かりやすくまとめるのに予期せぬさまざまな問題があることが分かったことです。ろう教育の研究者や教師として、私たちが長い間持っていた考え方の中には、経験的エビデンスに基づいていないことや、間違って説明されていることがあることが分かりました。一方、ろう教育の基礎に関連するいくつかの領域や、ろう教育の成果についての研究を通じて、共通して一致することがあることにも気づきました。結果の示すところによると、少なくともいくつかの点で、私たちが知っていると思っている以上に、私たちが実際に分かっていることがあるということにも気づかされました。アイルランドをカバーするレポートがずっと期待されていましたが、私たちの文献リスト以外にそれがなかったということから、明らかに一つのことがいえます。それは、これらについて本が求められているということでした。NCSEの許可や、オックスフォードやその他

の評論家の人たちの協力を得てこの本が生まれたのです。

　第3章で述べるように、ろう、難聴児教育について、私たちの知っていること、知らないこと、知ろうとしていることについて、エビデンスに基づいたまとめをしようとする中で、この本は、査読を経た研究論文、行政機関の報告書、および私たちを信じさせてくれる本のみから引用して作りました。この他に有益な本を見落としていることもあるでしょうし、比較的最近の研究に集中していることから、この領域での優れた初期の研究に精通することから有益な情報を得ていたとしても、なお多くの研究を見落としていることが多くあろうかと思います。

　さらに以下の章で扱う話題について、発表されていないレポート、会議での資料、さまざまなウェブサイトなどで、さらに多くの情報が得られると思います。しかし、最近の社会的、政治的、経済的傾向の中で、それらは経験的結果にすぎないものであったり、また特に説得力のある方法論があり、教育を変えるのに必要な「力となり得る」と期待できるとする編集者の吟味を経たものであることから、信頼できるものであると思われるものもあるでしょう。重度な聴力損失を持つ子どもたちのための支援サービスや教育計画は、長い間政治や行政の好みや期待に導かれ、あるいは少なくともそれらの影響を強く受けてきました。ある見方に反対する人が、事実に基づくものではなく思惑のみだと批判するとしても、その人もまた、経験的な裏づけがなく、ろう児のために正しいと自分が考えることを行いたいと、そのことに集中していることもあります。

　この領域での私たちの経験から、また、最近では多様性の中に両立するところを見出そうと努め、調和を求めようとしたことから、多くの読者はこの本の中で同意できるところと、同意できないところを見つけ出すことでしょう。事実、私たちが専門家の集まりで私たちの結果について語り始めた時、ここで述べた結論のいくつかはすでに影響を与えていました。そのような結論が正しいかどうか検討する新しい研究も始まっており、以前親や教師に提供されていた情報に中には、変えられたりあるいは取り消されたりしたものもあり、著者の主張とは反対ということで、私たちが引用した論文のうち少なくとも二つはウェブサイトから消されています。だから以下の章で、読者は長い間大事にしてきた考えが（少なくとも経験上は）メリットがないことが分かったり、そう

ありたいと思っていたことが実はそうではないということが分かることもあるでしょう。しかし私たちもまた、びっくりするようなことや、根拠のないことだと分かった期待についても扱わねばならなかったのです。

　私たちを最も失望させたことは、私たちが信じ切っていたプログラムについて、それを支持する結果が得られていないものがあったことです。早期介入について見てみましょう。10年以上も前から、早期介入を受けたろう、難聴児は、学齢期初期では学力と同じように、言語や社会性の発達が、早期介入を受けなかった子どもよりもよいことは分かっていました。それなのに、早期介入が、学齢期後期での言語の流暢さや、社会的情緒的機能、そして特に学力についての長い期間にわたる効果について何も分かっていないのはなぜなのでしょうか。早期介入が始められた最初の頃のろう児たちは、今は少なくとも大学生の年齢になっています。彼らの多数が高校を卒業しているのでしょうか。大学へ入っているのでしょうか。大学を卒業しているのでしょうか。卒業資格はとっているのでしょうか。誰もこのような疑問を持たないのはなぜなのでしょうか。

　二言語二文化教育について見てみましょう。私たちはそのどちらの可能性についても信じているのに、言語の面でも学力についても、行われている二言語プログラムを支持する証拠が示されていないのはなぜなのでしょうか。プログラムの評価を行う人がいないのか。証拠を示すことができなかったが、それを誰も口にしようとしないのか。二言語二文化教育の「文化」の側面はどうなのか。聾文化（Deaf culture）や聾の有名人（Deaf heroes）について学ぶことは、ろうの子どもたちの自己認識や自尊心の育成に役立つのか。聾文化遺産を本気で教えようとした人がいるのだろうか。もしいるのなら、そのようなプログラムはどこに残されているのだろうか、など。

　この問題とは対極にあり、また私たちもある疑問を持っている人工内耳について考えてみましょう。人工内耳は、特に生後1、2年の間に装用された場合、ろう児の学力に役立っています。確かにこの恩恵のある部分は、聴力が改善されることと、それに伴う言語の獲得によるものでしょう。しかし、人工内耳装用の子どもたちは、なお一般的に聞こえる子どもたちより学力が低いままです。なぜでしょうか。単純に彼らは（軽度の聴覚障害児のように）聴覚的信号を完全には受け取ることができないからなのでしょうか。もしそうなら、その影響は

読みの理解だけなのでしょうか。そうでなければ、私たちが単に発達や学力のその他の側面について見落としているだけなのでしょうか。

　私たちが期待していなかった刺激的ないろいろな関連や、今まで見落としていた研究に気づき、また、更なる研究や実践の新しい可能性を示す考え方にたどり着くと、上に述べたような多くの疑問が表面化してきたのです。私たちはこれらの「見落としていた疑問」についての答えを探し求め、いくつかの答えを見つけ出しました。その他、うまく捉えられない問題もあり、それらの問題のいくつかは、今まで単に問題にされなかっただけのことだと気づいて私たち同様多くの人たちも驚かされました。例えば、元になったNCSEのレポートの中で、私たちが対話したアイルランドのろう生徒に中には、教師たちの生徒に対して持つ期待が低すぎると不満を述べ、自分たちはもっと努力すべきだと述べる者もいたことを報告しました。アメリカでも同じように、教師や親が十分ろう児たちに努力させようとしないで、ろうなのだからと「そのままにしている」ことがよく見られると嘆く人もいます。NCSEのレポートの評論家の1人は全く他意なく、「なぜ、誰もこの問題を研究していないのか」と的確な疑問を呈しています。

　そこでこの「レポート」でできる限り、ろう、難聴児の教育での優れた実践について答えるよりも、より多くの疑問を提示することになりました。多分私たちはこれ以外のことを期待すべきではないでしょう。この本は私たちが計画したものではなかったことを思い出して下さい。全くの偶然ではありませんが、この本を手がけることになってしまいました。利用できるエビデンスをまとめるということ以外に、何の目論見があったわけではありません。また、まだ多くの事実があるだろうと思います。このレポートを作っていて、優れたやる気を持ち才能のあるろう児たちを育て、教育することに成果を上げてきた多くの親や教師たちがいることがよく理解できるようになりました。彼らが知っていること、また彼らがやっていることの全てを私たちが理解できていれば、それをまとめて明らかにしたでしょう。しかし今この本は私たちの理解したところまでです。私たちはこの結論全てに満足しているかどうか。それが多くの場合であるとしてもいわれている通りだと信じています。そして多くの場合更なる研究が必要だとは考えています。

序文

　ここに示した情報の多くが、更なる研究を促し、教育行政や教育実践に影響を与える限り、この本で検討しようとした努力は、やりがいがあったものとなるでしょう。それがろう、難聴児の教育の機会を強化し、学力を伸ばすことに貢献するならば、それは望外の成果です。私たちがいっていることが現実的でないとしたら残るものは何もありません。

　この本の出版では、アイルランドの特殊教育協会、国の科学基金に大変お世話になりました。この本で使わせて頂いた資料は、NCSE の許可を得たものです。しかし、ここで紹介した研究についての責任（誤植や脱落も含めて）は全て著者にあります。ここに述べた結論や意見は、これらの機関の意見や見解とは関係はありません。全て著者の責任でまとめたものです。

　　訳注：アメリカでは、自分は聞こえる人の文化ではなくて、ろう者の文化に属している人間だと自分の文化的帰属を明確にする時、大文字の D を用いて Deaf と表し、聞こえない人一般を表す deaf と区別することがある。ここでは、Deaf を「聾」、deaf を「ろう」と表記する。

学力・リテラシーを伸ばす　ろう、難聴児教育
エビデンスに基づいた教育実践

目　次

序文　3

第1章　導入と主要な結果一覧 ……………………………………… 15
　　　　主要な結果のまとめ一覧　17

第2章　ろう児の人口統計、多様性とろう教育の基礎的課題 ………… 24
　　　　頻度の少ない障害　24
　　　　経済的開発途上国でのろう、難聴児　27
　　　　重複障害を持つ子ども　28
　　　　発達への課題　30
　　　　　　学業成績　31
　　　　　　社会的、情緒的発達　33
　　　　ろう、難聴児の発達に関する進展　35
　　　　　　評価の手順　37
　　　　まとめ──聴力損失を持つ子どもの理解と教育　38

第3章　ろう教育の実態の評価──信用でき役に立つ情報を得る方法 ‥ 40
　　　　教育実践や結果についての研究と評価の方法　42
　　　　　　無作為的臨床試行研究、実験的研究　43
　　　　　　準実験的研究　44
　　　　　　　　単一被験者による研究　45
　　　　　　相関分析研究　46
　　　　　　定性的研究　48
　　　　　　実践に基づいた知識　49
　　　　本書で取り上げた研究についての考察　50
　　　　まとめ──分かっていることをどのように知るか　52

第4章　聴力損失の早期診断と早期介入──言語と学習への関わり …… 54
　　　　新生児聴力検査と家族の反応　54
　　　　早期診断による発達の促進　58
　　　　　　早期診断の適期──どのくらい早期ならよいのか　59

よい発達結果をもたらす早期介入の特質　61
まとめ──早期診断と早期介入は経済的　63

第5章　言語発達、言語、言語システム　…………………………………　65

言語発達とろう児に関する展望　67
言語発達の聴覚・口話の側面を強調した取り組み　70
　聴覚口話法と言語発達　70
　　人工内耳と口話法による進歩　71
　　一例──伝統的口話法での子どもの成果　74
　聴覚音声療法（AVT）　76
　キュードスピーチ　79
　　人工内耳装用とキュードスピーチ　83
言語発達の視覚・手話側面を重視した取り組み　84
　TCプログラムで用いられる手指を用いるサインシステム　85
　　TCプログラムでの人工内耳の使用　90
　手話、手話二言語、二言語二文化プログラム　92
　　一つの教育モデルとしての手話二言語方式　94
　　人工内耳と手話二言語指導プログラム　96
まとめ──音声語と手話による言語学習　98

第6章　リテラシーに関わる諸技能の獲得と発達　……………………　101

読みの諸技能に影響があると考えられる種々の要因　102
　リテラシー発達を支える初期の相互交渉と前言語経験　103
　音韻意識、フォニックスとリテラシー諸技能　109
　　音韻知識とリテラシー育成のための聴覚情報の強調　112
　　視覚的言語入力が増えた時の音韻知識とリテラシー　115
　語彙とリテラシーの発達　119
　統語論の知識と読み　125
　第二言語のリテラシーの基礎としての第一言語の知識　128
　指導方法と読解の発達　135
　　メタ認知と読解　136
書くこと　138
まとめ──リテラシーへの継続する課題　145

第 7 章 認知、知覚と学習様式 ……… 149

学習の基礎――遊びと心の理論　150
　　遊　び　150
　　心の理論　152
視覚による注意、言語とコミュニケーション　155
記憶処理過程と、知覚、学習　159
情報の統合と問題解決手段の使用　160
認知的介入への反応　162
まとめ――思考と学習について　165

第 8 章 数学と理科の成績 ……… 167

数　学　168
　　初期の発達　168
　　学齢期の数学の発達　170
　　数学学習の構成要素　173
　　ろう、難聴生徒への数学指導　176
　　数学的概念とスキルの発達――現在分かっていること　178
理科教育とその成績　180
　　ろう、難聴生徒の理科学習の促進　180
まとめ――数学と理科で気づいたこと　185

第 9 章 教育措置の決定とその結果 ……… 188

生徒の特性、ニーズと就学形態　190
社会的、情緒的機能と共同教育　193
就学先とその結果　195
　　共同教育のモデル　196
　　音声言語を使う生徒のための統合教育　198
　　特別支援学級、センター、学校――手話二言語教育　200
教室の設備と音響環境　201
教室での通訳と同時筆記　202
まとめ――就学に関する人、物、場所　205

第10章　重複障害を持つ子どものための指導計画 ························ 208
　　重複障害を持つろう、難聴児の多様性　209
　　認知的、知的障害を持つ子ども　211
　　　　人工内耳装用、認知の遅れと言語発達　212
　　学習障害と注意欠如多動症　213
　　　　注意欠如多動症　216
　　自閉スペクトラム症　217
　　盲・ろう児　219
　　　　先天性風疹症候群（CRS）　220
　　　　遺伝性染色体異常（GCS）　220
　　広い視野からの見解　222
　　まとめ——重複障害を持つ子どもの支援　224

第11章　最良の実践への課題と動向 ···································· 226

参考文献　235
訳者あとがき　273
索　引　275

第1章

導入と主要な結果一覧

　この本は、ろう、難聴児教育において、分かっていることと分かっていないことについて述べるものです。分かっていないこととは、基本的には解決されなければならない新しい疑問でありますが（例えば、早期介入の学力に及ぼす長期にわたる効果）、それはまた、経験的なエビデンスに基づいたものではないが長い間事実だと見なされてきた考え方（例えば、手話はろう児の話しことばの学習を妨げる）や、研究によって示されてはいない新しい考え方（例えば、二言語教育の学力への有効性）なども含んでいます。それらのことを支持する事実に欠けている、とする私たちの見解は、それらが間違っているというのではありません。それらが聴力損失を持つ子どもの教育に一般的に有効だと信じられる（効果があるとすれば）に足る十分な事実がまだない、といっているのです。問題はアメリカをはじめ、その他の国でも、親や教師、行政担当者がこのような子どもの就学や教育方法について、不正確な、また不十分な情報に基づいていろいろな決定を行っていることなのです。
　ろう教育に関心を持っている人は、どのような見解についても、それを支持する文献を見つけることは通常できるものと長い間思ってきました。重要なことは、これらの文献には、二次的資料（あるいは間違った二次的資料、明らかに一次資料に基づいていない二次的資料）や、明らかな「事実」を歪める理論的、哲学的な異議、および、サンプルが少なかったり比較資料がないことから一般

化ができないような研究結果によるものが多いということです。同時に今日のろう、難聴の学齢児たちは、ほんの10年前に教えたろう、難聴児とは違っているということを認めることが重要です。後の章で述べるように、過去では妥当であった結果や結論の中には、早期介入が行われ、補聴器が改良され、技術が急速に進歩している最近の環境では合わなくなったものがあります。このことは、20年前に通用した結論は、今日ではもはや役に立たないということです。またその逆もあります。欠けていたものは、ろう、難聴児たちが学ぶ機会とその結果を強化することのみを求めた客観的な立場からの、エビデンスに基づいた実践を分かりやすく展望しまとめた文献でした。そのような試みがなされれば、ここで示したように、私たちは、ある領域では知っていると思っているほどには知っていないが、他の領域では知っていると思っている以上に知っている、ということに気づくことができるでしょう。

　以下の章への前書きとして、ろう、難聴児に関する教育研究での、エビデンスに基づいた細かい分析から得られたキーポイントを挙げておきます。しかし注意しておきたいことは、これらは後で述べることへの「キャッチフレーズとして」意図したものです。それらは、文脈から切り離して限定条件を必要としない事実を決定的に述べたものとして扱ってはいけません。ろう、難聴児のように、均質ではない集団については、いつでも限定条件が必要なものです。したがって、それぞれの項目を十分に理解するために、また読者がそれについてより詳しく、より深めた議論をすぐ見ることができるように、各項目に該当する本文のページを文末の括弧内に記してあります（章‐ページ）。

　各章では、これらのキーポイントのまとめを作った時に行った文献レビューのやり方を述べました。ここに挙げるリストの目的は、また、この本全体の目的は、ろう、難聴児について疑問を持ち、彼らの発達パターン、生涯を通じての学習について我々が知っていることをさらにより深く掘り下げることを、読者に促すことです。私たちが知っていること、知らないこと、また知っているとだけ思っていること、などについてもう一度検討し、読者も信頼できる事実の裏づけのないことをなぜ信じてしまうのか考えましょう。一方ではその逆もあり、いかに多くの研究や注意深く作られた観察記録が、実際に教師、研究者、行政者その他の専門家たちが持っているある一つの考え方や態度を支えるよう

にまとまっているか、検討してみましょう。

　私たちの望むことは、ろう教育でのエビデンスに基づいた分かりやすい簡潔な記録を提供することによって、ろう、難聴児に対するより効果的な支援やサービスができ、更なる研究が進められることです。しかし、最初に読者は、ろう教育の文献について広く矛盾なくよくまとめられた結論は、ある一つのシステム、ある一つの研究のみではなくて、全てのろう、難聴児に当てはまるものであることに注目して下さい。ろう児の集団は個々の子どもの持つニーズや長所、経験などから、聞こえる子どもの集団よりも多様性のある集団になっています。知識や技術、教育実践での最近の進歩は一つになって、ろう、難聴児にサービスを提供する専門家たちに、変化を受け入れる気持ちさえあれば、多くの機会を与えてくれます。私たちはもう過去の期待や前提に惑わされることはありません。事実私たちは、思慮ある速さで前進すること、主体性を持つこと、ろう、難聴児を学力的に、社会的に、言語的にも適切な「相応な」発達を促すこと、などができるようになることが求められています。孔子は次のようにいっています。「我々が分かっていること、分かっていないことについて知ること、これが知識である」と。

主要な結果のまとめ一覧

○最近ごく軽度の聴力損失（16～25dB）でも学力に影響していることが分かってきている。そして特別な教育支援が必要なのに、それを受けられないでいる生徒が多くいる。(2-24)

○聴力損失に気づかないで過ごした時間の長さが、その後の発達に重要な影響を及ぼしている。(2-26)

○聴力損失を持つ生徒の中で、認知、運動その他の障害の発生率が高くなっていることから、聴力損失の発達に及ぼす影響は分かりにくいものになっている。(2-28)

○早期発見と早期からの介入は、ろう、難聴児が直面する言語学習の壁をなくすことはできないが、その困難を大幅に弱めることはできる。(2-35)

○研究報告を読む人には、批判的な目を持ち、以前から信じられていることに合わないことよりも、すでに信じられていることを受け入れる傾向に陥らないよう用心する責任がある。(2-38)

○教育において、ある信条や不適切に研究されたプロセス、方針、方法に頼りやすいのは、ろう教育だけではない。これは教育一般を特徴づける難点でもある。(3-41)

○全ての教師が、課されたカリキュラムを正確に実行せず、決められた手順に従っていないとすれば、簡潔な統計分析では妥当性のある研究にはならない。(3-44)

○ろう、難聴児を対象とした研究に、限界や混乱があるとすれば、いろいろな研究について支持されなかった仮説に光を当ててみると同時に、収斂する考え方をはっきりさせるために、さまざまな研究、研究デザイン全般を点検してみる必要がある。(3-50)

○ろう、難聴児やその家族への早期からのサービスが欠けていると、国は新生児聴力検査や早期介入を全ての子どもに行うための支出よりも多額の負担を、リハビリテーションや支援の提供に費やすことになり、子どもたちの将来のために必要とされる財政的負担は、推定できないほどになる。(4-54)

○親ほとんどは、早期発見や早期介入が、自分の子どもを聞こえる子どもと同じようにしてくれるだろうと期待しているが、そのような期待は、データで支持されているわけではない。(4-58)

第1章　導入と主要な結果一覧

○早期に診断されて、早期介入を受けた子どもも、その言語発達は聞こえる子どもに比べて「平均より低い」レベルにあることが示されている。(4-58)

○早期診断や早期介入が社会的、情緒的機能や、その他の発達にマイナスに影響するということは示されていない。(4-60)

○聴力損失を持つ子どもが、処理できる豊富な視覚的言語モデルやそのための特別なプログラム、また、聴覚による言語入力を効果的に利用できるようにする聴覚補助装置が提供されていなければ、彼らは、またあるにしても貧弱な言語スキルのままで幼稚園年齢あるいは小学校年齢にさえもなってしまうことになる。(5-65)

○口話による指導で、年齢相応の言語発達を示す子どもも見られたが（特別な方法が有効であるという子どもはいないが）、それを認める人も、ほとんどの子どもではないにしても多くの子どもは聞こえる子どもと同じような進歩はできていないといっている。(5-70)

○人工内耳を早期に装用しても、言語能力は平均して聞こえる子どもよりも低いままである。(5-72)

○トータルコミュニケーションや同時法で、言語の全ての形態素は使われない「簡略化した」形であっても、それは効果的なコミュニケーション手段であり、言語発達に効果的な基礎を提供するものである。(5-86)

○自然手話を第一言語とし、教室でのコミュニケーション手段として中間手話を用いる手話二言語教育は、理論上は認められるが、言語発達への効果について評価できる十分なエビデンスは見出されていない。(5-100)

○ろう教育で最も長期間にわたって悩みの種である課題は、生徒たちがずっと抱え続けてきている書かれた文字に関するリテラシーの困難さである。(6-101)

○年齢相応の言語技能を持って学校に入った子どもは、読み書きの学習に明らかに有利である。(6-103)

○家庭での早期からの介入や低学年での共同読みは、聞こえる子どもの発達支援に関して効果的なものであり、語彙の発達、音韻知識の構築、書物への注意の集中に対する動機づけを促す、などの効果がある。(6-109)

○人工内耳は、一般的にいって聴覚に基づく言語へのアクセスを促進するという事実にもかかわらず、今までのところ、その子どもたちのリテラシーの発達の遅れをなくすということは示されていない。(6-113)

○両親もその他の人も、ろう、難聴児とのやりとりで限られた語彙のみを使う傾向がある。これは、子どもの知識や聴力についてあまり期待を持っていないこと、また、大人が手話や分かりやすい口話によるコミュニケーションのやり方を知らないことによる。(6-120)

○手話（ASL）のスキルは、英語に関するスキルの発達を妨げるものではない。(6-130)

○公にされている研究データでは、第一言語である自然手話言語をうまく使えることが、ろう、難聴児の第二言語のリテラシーの技能を強める手段を提供しているかどうか、確認できていない。(6-134)

○ろう生徒は聞こえる生徒よりも、読んでいるものを理解できない時、それに気づくことが少ないと報告されている。(6-137)

○ろう児と聞こえる子どもは環境と経験の違いから、学習への取り組み方が異なってくる。(7-149)

第 1 章　導入と主要な結果一覧

○ろう児は視覚によるコミュニケーションに頼っていることから、役割交代のペースやタイミングが、多くの聞こえる大人たちの予想とは食い違っている。(7-152)

○豊かなコミュニケーションのやりとりに参加する機会は、心の理論の能力を伸ばすものである。(7-154)

○ろう者の、言語と非言語の両方を含んでいる系列記憶スパンは、聞こえる人よりも低い。(7-159)

○ろう、難聴学生は、大学生年齢でも、よく発達した問題解決手段を自分からは用いないでいることが多い。(7-163)

○就学前のろう児は数学の学習に必要な基礎的な知識のいくらかは持っているが、他の領域では聞こえる子どもより遅れている。(8-168)

○ほとんどのろう、難聴生徒に提供されている数学や問題解決の学習経験は、望まれる結果を出すには、頻度でもその構造でも、不十分なものであることが広く示されている。(8-170)

○ろう、難聴児は以前からの知識や経験を、数学的スキルを獲得するための課題に用いることが聞こえる子どもより少ない。(8-176)

○書くことはろう、難聴児の理科教育を支える要素となり得ることが、研究で示されている。(8-180)

○成果を上げている教師は、教えている教科についての訓練を受け、ろう、難聴生徒の学習スタイルやパターンについての知識を持っている傾向がある。(8-186)

21

○統合教育か分離教育かについて、感情的な問題は別にして、ろう、難聴生徒にとってどちらがよいのか、はっきりした経験的エビデンスはほとんどない。(9-188)

○障害児のための独立した学校は、重複する障害を持っている生徒のニーズを扱うのに実際によく整備されている。しかし理論的には、両方の教育の場での学力の成果について比較することは、そこに就学している生徒が異なるので本質的には分からない。(9-190)

○ろう、難聴生徒をもっと一般のクラスに早期から入れるためには、通常教育の教師とろう専門の教師の両方とも、教師を養成する段階での変革が求められる。(9-192)

○ろう、難聴生徒を支援する教師には、担当する生徒を援護し、そして彼らが自分自身の援護者となれるよう支援する役割が求められる。(9-193)

○通常教育の教師は、ろう、難聴生徒が聞こえる生徒と同じように言語を理解できると考えるべきではなく、教師は生徒の理解の様子を頻繁にチェックする必要がある。(9-202)

○手話通訳も同時筆記も、中学生あるいはそれ以上の生徒を支援するのに、他のやり方よりも固有の一般化できる有利さがあるわけではない。同時に、どちらもコミュニケーション支援のない場合よりも優れたアクセス手段を提供する。(9-204)

○聴力損失を持つ生徒がクラスに一定数おり、教師が2人あるいはそれ以上いて、そのうち少なくとも1人はろう、難聴生徒の教育の専門であるならば、そのような共同教育や統合教育のクラスからは社会的恩恵を受けることができる。(9-206)

○アメリカのろう、難聴生徒の少なくとも35％、多分50％以上は、聴力の他に教育上の課題、障害を持っている。(10-208)

○聴力損失と重複障害を持っている生徒のための教育計画では、それぞれ異なる障害についてうまくできるというエビデンスが示されているやり方を取り入れるべきである。同時に、介入は聴力損失に対して繊細で、適切な援助を提供できるものであることが重要である。(10-209)

○軽度の認知の遅れと聴力損失のように重複障害を持つ子どもへの人工内耳の効果については、どの専門家も予測できていない。(10-213)

○聴力損失を伴う障害の原因や、診断名に基づいた処置の決定は妥当性を欠いたものである。(10-223)

ろう児の人口統計、多様性とろう教育の基礎的課題

　私たちがろう、難聴児の教育で適用できる科学的根拠を評定し、優れた実践を決めることができるようにするには、まず個別の年齢群での生徒人口に占める聴覚障害児の割合を知る必要があります。これは思うほど簡単ではありません。アメリカの国民健康調査（National Health Interview Survey）では、ろう者を「話しことばを理解できない人」とし、難聴者を「話しことばの理解が困難な人」としていますが（R-6）、ミッチェルらは「ろう」についての法律上の定義は少なくともアメリカでは決まっていないといっています（M-62）。教育上の目的から、アメリカ政府は、聴力損失のために特別な教育支援を受けている生徒を「聴力障害（hearing impaired）」としています。これはやや循環論的ですが、現実的な定義です。しかし、最近ごく軽度の聴力損失（16～25dB）でも学力に影響していることが明らかになってきています。そして特別な教育が必要とされるが、それを受けていない生徒が多くいるようです（G-16, M-18, 71）。これらの生徒はろう、難聴児の数に入れられておらず、教師も（多分生徒自身も）彼らの特別なニーズに気づいていないことがよくあります。

頻度の少ない障害

　児童期の聴力障害は比較的頻度の少ないものだと一般的に受け止められ、

「低頻度」の障害といわれています (M-62)。利用できる統計では、経済的「開発国」といわれる国ではどこも同じような頻度が示されており、一般に1000人の出生に対して1～2人です (F-9)。例えばイギリスでは、1998年にノッティンガムにある聴覚研究所の医学研究評議会が9～16歳の子どもについて調査を行い、40dB以上(「中程度」といわれ、歴史的に教育上の配慮が必要と考えられているレベル)の聴力障害児の頻度は1000人の出生で1.65人としています。調査漏れの子どもの数を推定して修正すると、教育的配慮が必要な聴力損失を持つ子どもは1000人のうち2.05人になるとしています (F-9)。このような推定値はイギリスでの他の報告 (W-14) とも類似しています。もっと軽度な子ども(片耳難聴で40dB以下)を含めた場合、聴力障害児は1000人のうち約2.5人と推定されます。アメリカやオーストラリアでも同じような結果が示されています (M-57, J-5)〔訳注：日本でもほぼ同じ〕。

　歴史的には軽度の聴力損失は子どもの発達には影響がないと考えられてきましたが、時が経ってこの考えは変わり、この程度の聴力の状態も言語や学力の発達に少なからず影響すると考えられるようになりました (B-14, G-16, M-71)。それゆえに、聴力損失の軽度な子どもも数に入れることは適切なことです。ろう、難聴児の多くは軽度から中度のレベルで、重度やろう(全く聞こえない)というわけではありません (M-71)。軽度の子どもたちは、一般的に音声言語を聞くことや話すことはできますが、それがうまくできるためには、補聴器による音の増幅が必要です。軽度から中度の聴力損失や片耳の聴力損失でも、子どもの言語理解は騒音のある場面では不利になり、そこでの学習では聞こえる子どもよりも一層緊張と注意の集中が求められます (M-18)。聴力損失が軽度の子どもと違って、重度や全く聞こえない場合は、人工内耳を使わないと音声言語の信号を効果的に処理することはできません (S-45)。

　この本で対象とする子どもたちについて「ろう、難聴」という広い意味を持つ用語を使っているのは、その子どもたちの集団内個人差が大きいこと、学習に最も関わりのある言語入力と教育環境がさまざまで不確定的であることを認めようという意図からです。ろう、難聴児集団の中での、失聴年齢の違いもまた、ニーズや行動の個人差を生じさせています。つまり聴力損失は全てが生まれた時から生じているものではなく、遺伝性のものでも、生後何年かかけ

て「徐々に」生じてくるものもあります（A-31）。初めは聞こえていたけれども、生後1年ぐらいの間に徐々に（進行性）あるいは突然（突発性）聞こえなくなった子どもは、同年齢の先天的なろうの子どもよりも音に対する注意と感受性を持ち続けていることがよくあります（M-18）。子どもの聴力損失は、骨髄炎や麻疹などの病気によるものもあります。これらの病気は大人になってからも聴力損失の原因になるものです。そのような病気は他の障害や発達の遅れなど、生徒のニーズをさらに複雑にする原因となることがあります。

　生まれた時は分からなかったが、後から聴力損失が認められるというケースもたくさんあります。健康管理がよくなされている体制の中でも、聴力損失がありながら、病院や早期のスクリーニングで見落とされていた子どももいます。その他、早期聴力検査で疑わしいという結果であっても、その後の検査を受けさせないままでいる親もいます。早期のスクリーニングが常態化していないところでは、親や医者にとって、新生児が聴力損失を持っているかどうか知る術はほとんどありません。しかし、聴力損失に気づかないで過ごした時間の長さが、その後の発達に重要な影響を及ぼしているということは、全ての研究が認めているところです（Y-3）。このように早期発見は、子どもや家族にとって、発達や教育上重要なことですが、同じように社会にとっても経済上重要なことなのです。

　聴力損失の発生率、発見や介入の時期、個々の子どもの特性などに関連して、上に示した問題はどれもが、ろう、難聴児のための施策の結果についての研究や評価を複雑なものにしています。ろう、難聴児が相対的に少数であることから、その子どもたちが必要としていることに社会的関心が向きにくく、多くの伝統的に望まれるような研究計画を実現しにくくしています。つまり、いくつかの指導計画や指導方法の違いを比較できるほどの被験者の数が得られないために、また特に対象児群内の多様性によって、ある指導方法が他の異なる子どもの発達や学力の伸びにどのように影響するのか、決めることが困難になっています。ミッチェルらが指摘するように（M-62）、特別支援学校やセンターと違って、地域の学校に在籍するろう、難聴児の多様性が大きくなっていることが、効果的な実践とその結果についての資料を集めることを困難にしています。ろう、難聴児の「代表的なサンプル」を得て評価することにまつわる困難さを

考えると、ろう、難聴児群についての調査研究や、教育努力の効果について語るには、いくつもの研究を通じて一致点を探すことが必要となります。個々についてばらばらに検討していては、一つだけの研究や数少ない研究から信頼でき役に立つ結果は得られにくいものです。

経済的開発途上国でのろう、難聴児

　経済的に「開発途上」といわれる国では、聴力損失を持つ子どもの割合は先進国の2倍くらいになると推定されますが、正確な数字を得ることは困難です。インドでは出生1000人のうち4人が重度から全ろうで（A-20, L-17）、タミール地方では6〜10歳の284人のうち、全てのレベルでの聴力損失を持つ子どもを合わせると11.9％でした（J-1）。パキスタンでは7.9％の子どもが何らかの聴力損失を持っており（E-8）、中国では1000人の出生のうち、ほぼ3人が永続的聴力損失を持つと推定されています（B-36）。レイらによると、この割合だと中国では毎年6万人が聴力損失を持って生まれてくることになります。他の研究によると、開発途上国では子どもの少なくとも6％はろう、難聴児だと推定されています（O-7）。残念ながら、これらの子どもたちの発達や教育歴についての資料はほとんどなく、その多くは健康問題もうまく管理できていない地域に住んでいます。このような状況は、1959年に児童の権利宣言が国連で採択されて、障害を持った子どもの特別な治療や彼らの基本的な身体的、精神的、社会的発達を支えることが求められているのに、なお続いているのです。

　聴力損失の早期発見が子どもの発達にとって有利であるとの情報が広まったことにより、世界保健機関は、乳幼児期の聴力損失の診断方法を充実させることを求めています（W-32）。最近問題となっていることは、多くの開発途上国で普遍的に新生児診断や早期の聴力検査を行うにはどうしたらよいのか、経済的、具体的に実行可能かどうかということです。レイら（L-17）は途上国の早期診断に関する多くの資料を分析して、全ての乳幼児に対する検査が可能な場合であれば明らかに望ましいことではないが、ハイリスクであるとされた子どもを対象としたスクリーニングは、早期診断を徐々に広めていくためにはよい方法だろうと結論しています（M-1, 86, O-8）。しかしレイらは、フォローアッ

プの可能性がない場合には、早期診断も負の効果を持つことがあり、しかも多くの国ではそのような支援体制を作る力を持っていないことも指摘しています。このようなこととは別に、早期診断の効果的な結果もナイジェリアで報告されており、他の国もこれに続くことが促されています（O-6）。

経済的開発が遅れている国での子どもの発達に関する情報が欠けていることは別として、この本では、多くの子どもが必要としている発達や教育の支援のために役立つ資源を提供できる「開発国」での子どもを対象とします。そのような支援の結果についての報告をまとめてみることは、文化的な配慮の上で行われるならば、途上国の子どものための支援計画を開発する指標やアイデアを提供することにもなります。

重複障害を持つ子ども

聴力損失を持つ生徒の中で、認知、運動その他の障害の発生率が高くなっていることから、聴力損失の発達に及ぼす影響は分かりにくいものになっています。ムーアら（M-76, 62）はギャローデット〔訳注：アメリカの聴覚障害者を対象とした大学〕のろう、難聴児についての年次調査報告に基づいて、アメリカのろう、難聴児で重複障害を持つ子どもの割合を約40％と推定しています。シャロップ（S-19）は人工内耳装用の子どもの39～54％は聴力損失の他に別の障害を併せ持っていると報告しています。このように高い率が示されるのは、ある部分は専門家による幼児期の発達障害の診断が以前より早期から可能になってきたことによるのでしょう。しかしまたそれが聴力損失の原因の比率にも影響しています。この点で最も注目されるのは、妊娠中あるいは乳児早期の重度な外傷や病気を経験した乳幼児の生存率が高くなったことで、それにより、聴力を含む多くの発達システムにわたる慢性的な問題を残すことにもなるのです。

要するに、聞こえる子どもに発生すると分かっているさまざまな原因はどれでもろう、難聴児にも生じ得るということです。これは自閉スペクトラム症、注意欠如多動症、学習障害、視力障害、脳性麻痺が典型的な運動障害などです。例えば、エドワードら（E-6）は、スコットランドで聴力障害を持つ子どもの3～10％は学習障害を持つと推定しています。この推定値はアメリカでミッチェ

ルら（M-62）が大きなサンプルで、知的機能は平均かそれより高いにもかかわらず学習障害を持っている子どもが8％いるとしている報告と一致してます。

　ろう、難聴児を扱う研究者や教育者の中に、自閉症や自閉スペクトラム症への関心が明らかに増えてきています。バーノンら（V-12）は、聞こえる子どもの中での自閉スペクトラム症または広汎性発達障害といわれる子どもが増加してきたのと同じように、聴力損失を持つ子どもの中にも、それらが増えてきているとしています。行動形成のために正や負の強化を用いる応用行動分析（ロバースら、L-31）といわれる治療法が聞こえる自閉的な子どもには効果があると研究で示されていますが、労力と経費の問題があるので、ろう児を対象とした報告は極くわずかしかありません（E-2）。また、聴力と視力の両方に障害を持つ子どもについての特別な訓練には永い歴史があり、生まれつきの、あるいは生後早くからの盲ろうの子どもについては、非常に特殊な集中的な訓練が求められています（K-29, V-6, 第10章参照）。

　障害が重なったことの影響は、相加的ではなく相乗的だと一般にいわれています（J-6, K-29, V-6）。ある子どもについての特定の障害を補償するための手立てが、聴力損失があることによって制限されることから、このような状況が生ずることがあります。例えば、視力障害がある子どもには手話や読話（「読唇」または「読話」）による言語入力が十分には使えませんし、「学習障害」といわれるような学習上の問題を持つ子どもは、注意や記憶上の問題を持つか、言語様式に関わりなく言語獲得が生まれつき困難であるような場合、問題を一層難しくします。健康上慢性で重度の問題を持つ子どもは、学校へ行けなかったり、他のさまざまの介入を受ける機会が制限されることもあります。また、運動障害を持つ場合には、手話や話しことばで表現することが難しく、それに代わるコミュニケーションの方法が求められます。

　このような複雑さがあるにもかかわらず、何か一つの障害のための指導について訓練された教師は、それ以外の障害を持つ子どもに対応するのに十分な準備はできていません。したがって、重複障害を持つ子どもは、時にはその聴力損失に対応できないような教育環境に置かれることもありますし、あるいは、他の障害のためには不適切な教育計画のもとに置かれることもあります。残念ながら、重複障害を持つ子どもの特性は多様なので、何らかの教育方法を導く

ことができるような研究の基盤はほとんどないのです（第10章参照）。

発達への課題

　幼児期の聴力損失は、他の発達上の問題が何もなくても、有効な方策が行われても、言語や社会性、学力などの面で子どもにリスクを負わせるものです。その結果アメリカやイギリスなどの先進国ではろう、難聴児のための支援プログラムを1世紀以上も努力して行ってきていますが、彼らの平均学力は聞こえる子どもより劣ったままです（M-76）。重要なことは、知能テストで測られる非言語性認知能力レベルは聴力損失のある子どもも、ない子どもも同じ程度なのに、ろう、難聴児の平均学力が劣っているということです（B-32, M-3, A-4d , 第7章参照）。

　ろう、難聴児のほとんどではないにしてもその多くは、言語のスキルの獲得という課題に直面しているという事実が、学力の遅れや困難さを持つことの割合を高くしている主要な要因です。何を話しかけられたか、周りで何が話されているのか聞こえない状態で、手話のようなそれに代わる手段を持たないと、言語に接し経験することが少なくなり、子どもにとって、年齢相応の学力を支えるような速さで言語を発達させることは、不可能に近いことになります。ろう、難聴児の中には、援助なしに自信を持って育ててくれるろうの両親の元で育ち、早期から自然な言語経験が与えられる子どももいますが、これは極くわずかです。例えば、アメリカでは聴力損失を持つ子ども全体の5〜6％にすぎません（M-61）。このように聴力損失を持つ子どもの90％以上は、ろう児の発達について経験も知識もなく彼らの言語のニーズに応えるにはどうしたらよいのか知らない聞こえる親の元で育つのです。したがって、言語の遅れは当たり前のこととなります。そして後で述べるように、ろうの親の元で育ったろう児は、聞こえる親のろう児よりも学力は高いことが多いのですが、それでも同年齢の聞こえる子どもと同じではありません。

第 2 章　ろう児の人口統計、多様性とろう教育の基礎的課題

学業成績

　言語発達の遅れが多く見られることを考えれば、ろう、難聴児が読み書きのように書かれた言語の処理能力（文字リテラシースキル）でも遅れが見られるのは驚くべきことではありません。そのことに関する主要な資料は、アメリカでのろう、難聴児についての人口統計学的資料、学力資料と同様に、ギャローデットの「ろう、難聴児についての研究年報（Gallaudet Research Institute Annual Survey of Deaf and Hard of Hearing Children and Youth）」です。その調査はアメリカのろう、難聴児の 60 ～ 70％のみを把握しており、クラスの中では 1 人だけで、聴力損失が軽度で人工内耳や補聴器でよく聞き取ることができるような生徒は対象から漏れていることもあります。また、成績の優れているろう、難聴児の多くが十分には調査されていませんが、広い範囲のデータが得られた資料であり重要なものです。

　ギャローデット大学の現在公表されている刊行物や分析資料は、この調査と関連して集められた学力テストの結果から得られた資料について報告されたものです。例えば、ホルトら（H-33, T-9）は 8 ～ 18 歳のろう、難聴児の全国的なサンプルについて、スタンフォード学力テスト第 9 版の結果を分析して、その中央値（半数はそれ以上、半数はそれ以下の値）は、聞こえる生徒よりも劣っていたと報告しています。なお、ろう、難聴児の多くは同学年の聞こえる生徒たちよりも年長者ですが、15 ～ 18 歳のろう、難聴児の中央値は、3 ～ 4 年生（8 ～ 9 歳）の聞こえる生徒と同程度でした。これは残念な結果ですが、他の研究結果とも一致しています（P-11）。しかし、心に留めておくべきその他のいくつかの要因もあります。一つは、ろう、難聴児群内の個人差は聞こえる集団よりも一貫して大きく、また年齢とともに広がっていく傾向があることです。もう一つは、ミッチェルら（M-63）が指摘しているように、成績のよいろう、難聴生徒は、聞こえる生徒と同じように年々学力を伸ばしていっているということです。さらにアメリカでの聞こえる人の読み書きの成績に関係している要因（民族の社会的位置づけ、家庭で使う言語、親の経済、教育レベルなど）が、ろう、難聴生徒のリテラシーの成績に同じように関連していることです。

　ミッチェル（M-60）は、ギャローデットの研究年報の資料は、政府の障害を持つ子どもについての調査資料（IDEA Child Count data）の資料よりも、白人で

はない人種、統合教育や普通学級へ通っている時間の少ない生徒、聴力損失のより重度な生徒、アメリカの西南部の学校の生徒により重点が置かれているといっています。また、ギャローデットのデータベースは政府のそれよりも年長の者（18〜23歳）が多く、年少児が少なくなっています。このことと、6歳以下の子どもが対象から外れていることから、最近入手できるろう、難聴児のスタンフォード学力テストの得点は、聴力損失の早期発見が一般的になる前に生まれた生徒を対象としたものになり、その結果は、早期発見や早期からの言語発達、進歩した聴能学的なサービスから恩恵を得ている人たちが大人になった時には当てはまらないかもしれません。

　ろう教育では従来から、生徒の言語とリテラシーの領域に焦点を当ててきたのにもかかわらず、高校生レベルのろう、難聴児は標準化された数学学力テストでは、聞こえる生徒の平均得点の80パーセンタイル（％ile）にとどまっています（H-33, T-9）。このことは、聴力損失を持つ高校年齢の生徒の平均は、聞こえる生徒の5〜6年生（10〜12歳）相当だということです。この遅れは、ろう、難聴児が最も不得手とする「単語」文章問題に限ったことではありません。かけ算、割り算などの基礎的な計算能力、分数の処理、一般的な数概念についても困難があることがいろいろな研究で示されています（K-10, Q-1, T-9, W-27）。

　ろう、難聴生徒のリテラシーと数の両方で困難の生ずる率が高いことは、明らかに、情報を得たり、他の教科のスキルを獲得することに影響しており、ろう、難聴生徒の学力についてこの二つの領域が最も広範囲に研究されてきたところです。しかし、このような遅れは他の教科にも見られます。例えば、数学と同様に自然科学や社会科学の領域でも、聞こえる生徒より知識が少ないまま統合教育の大学へ入っていることが多くの研究で示されています。初めからこのようなハンディキャップを負っていることが、聞こえる生徒よりも情報が少ないままで卒業していくことの原因の少なくとも一部になっているといえます（M-24, 25）。

　年少、年長ともにろう、難聴生徒の学力が低いことの影響は、個人や家族だけではなく広く社会全般に広がり、もしそうでなければ彼らが将来行い得るであろう社会への貢献を少なくしてしまう結果になっています。しかし重要なこ

とは、そのような学力の遅れは、普遍的なものでも、避けられないものでもないということです。いろいろな教育場面や教科で優れた学力を示すろう、難聴生徒がいます。ろう教育が直面する第一の課題は、どのようなサービスや学習環境が、持っている可能性に合った学力やスキルを身につけていないろう、難聴生徒の発達を支援できるのかを見出すことです。ろう、難聴児の能力を評価し、彼らが達成できる成果を予想することができるよい方法が、それを明らかにするのに大いに役立つでしょう（第5～10章参照）。

社会的、情緒的発達

聴力損失に伴う困難さは、学力の面のみではなく、子どもの社会的、情緒的発達にも及ぶことも珍しいことではありません。エドワードら（E-6）はろう、難聴児には行動障害や注意欠陥障害へのリスクが平均より高い頻度で見られるとする研究をまとめています。これらの中には、聴力損失の病因から派生しているものもあります。エドワードらはメドウら（M-50）の初期の研究者と同様、これらの問題の多くは言語の遅れの全体的な影響によるものだとしています。これらの遅れは、正確なやりとりや、さまざまな情緒的状態を理解するのに必要な単語や手話の獲得を難くしていますし、もっと一般的には、親子の会話、きょうだい間の会話を困難にさせています。このような状況は、親が聞こえる人で、子どもが音声言語をうまく使えないような聴力損失を持つ場合に最も多く見られることです（M-56）。

ろうの両親を持つろう児は、自己評価の尺度で、聞こえる親のろう児よりも平均して高い得点を示すといわれます（C-29, W-30）。このような結果は、手話を使うろうの両親の子どもに限られるわけではありませんが、親が手話を使うことは、一般に子どもの社会情緒的発達を支えるものであることは他の研究でも示されています。これは多分早くからのコミュニケーション経験ができているからでしょう（B-8）。例えば、ウォリスら（W-3）は、ろうの子どもと聞こえる母親の2人関係の小集団について回想的研究で比較して、早くから手話を使っていても、聴覚口話を早くから始めてそれを続けていても（音声言語を獲得していると思われる）どちらの場合も、思春期になってからの精神面ではほとんど問題がなかったと結論しています。そして、子どもと母親の言語様式

が一致していることが、社会的情緒的発達を支えているといっています。早期からのコミュニケーションの経験の重要さはグリーンら（G-24）も指摘しています。彼らの PATHS（Promoting Alternative Thinking Strategies: 代替的思考方略の促進）教育計画は、子どもの社会情緒的コミュニケーションや行動上の機能を改善することを目的としているものです。説得力のある事実は、これにより子どもの行動が改善された結果を示しています。

　ろう、難聴児は、一体感が持てて容易にコミュニケーションできる仲間が十分にいないと、家族を超えた広い社会的関わりを持つことが困難になることがよく報告されています。ろう、難聴生徒の社会的状況や聞こえる生徒との相互交渉パターンについてはさまざまな報告があり、聴力損失を持つ子どもは一般的に無視されやすく、孤立しているとする研究者もいますが、聴力損失の有無による社会的関わりのパターンに差はないとする研究もあります（A-26）。例えば、自分は「二文化」〔訳注：聞こえる世界の文化とろう世界の文化〕の世界に生きているのだとのアイデンティティーを持っており、聞こえない人とも聞こえる人とも関係を持てるろう者たちは、最も肯定的な自尊心があるといわれています（B-8, 9, S-21）。イスレリら（I-2）は難聴生徒は、自分たちはろうとは違うと認めようとする傾向があり、教育する人は、これらの生徒が、自分を聞こえる側と聞こえない側のどちらに合わせようとしているのか、という特別の課題を考慮する必要があるといっています。

　幼少期の家族関係や、成長してからの友人関係での課題が、ろう、難聴児にとって社会的、情緒的な困難を招くリスクになることもあります。しかし望ましくない結果は避けられないものでもないし、どうにもならないものでもありません。直面する課題を乗り越えているろう、難聴者は聾学校にいた人たちにも、統合教育の場にいた人たちにも大勢います。幸いにも、よく教育され、生産的なろう生徒、ろう成人は容易に見つけることができます。さらに、科学技術や教育、文化的な側面での、新しい実践が行われるようになってきている最近の状況は、発達のよりよい結果を導く可能性を急速に増大させています。

第2章　ろう児の人口統計、多様性とろう教育の基礎的課題

ろう、難聴児の発達に関する進展

　研究者や教育者たちが直面してきた多くの困難さはありますが、過去2、30年の間に、ろう、難聴生徒の発達の速さやパターンに大きな改善を約束するような重要な進展が見られるようになってきています。その一つは、聴力損失の早期発見と家族への即時の支援です（第4章参照）。効果的な早期介入が行われているところでは、年少のろう、難聴児の言語や初期のリテラシー能力の平均は、聴力損失に気づくのが遅かったろう、難聴児よりも有意によくなっています（M-66, Y-3）。早期発見と早期からの介入は、ろう、難聴児が直面する言語学習の壁をなくすことはできていませんが、その困難を大幅に弱めることはできます。初期の言語やコミュニケーションの経験を大きくすることにより、学力や社会的、情緒的機能を伸ばすのを支えることが期待され、初期の事例はそれを支持しています。研究に基づく情報は現在集められ始めたところですが、ろう児やろう成人の言語や社会的、情緒的困難さは、聞こえが悪いことそれ自体からというよりは、適切な支援を受けた経験が欠けていることによるもののように思われます。

　ろう、難聴児にとって、とりわけ支えになると分かっている経験は、自然手話言語を流暢に使える大人や子どもとの関係を持つことです（いくつかの報告によれば音声言語を補うように工夫された手話もよい。第5章参照）。その子どもの第一言語が手話であって音声言語でなくても、一つの自然手話言語（アメリカ手話、日本手話など）での豊かな言語環境に浸ることで、「年齢相応の」言語発達を促すことができます（M-56, S-44）。自然手話言語は音声言語と同様に複雑で、柔軟性のある言語であるとしばしば認められてきています（E-11, S-61）。手話を使っている子どもで、手話のレベルが高いとリテラシーの能力も高いことが認められています（P-4, S-66）。そこには人工内耳を装用している子どもも含まれます（S-31）。そして、議論はあるものの早くから手話を使うことは、音声言語の学習の具体的な支えになると結論する研究者もいます（C-17）。

　より精巧になった補聴器や人工内耳などの技術的進歩、それと特に早期発見とが結びついて音声言語の獲得はより達成されやすくなってきています。これらの技術により、多くのろう児に昔のろう児たちよりも音声言語から情報を得

35

ることを容易にし、ことばの聞き取りや発話など、音声言語のスキルが促進されたという報告がなされています（G-5, S-45）。

　人工内耳で支えられた言語獲得は、初期のリテラシー能力の発達にも役立っていることが分かってきています（G-5, S-32）。しかし、効果があるとする報告ばかりではなく、個々の子どもにとって効果をもたらす要因と、効果を妨げる要因についての研究が続けられる必要があります。例えば、人工内耳が「うまくいっている」とされている子どもでも、一般的には聞こえる子どもよりも発達が遅れていることが分かっています。このように、技術の進歩がろう、難聴生徒のために多くの機会を作り出していますが、それが万能薬というわけではありません（P-24）。補聴器や人工内耳の技術が進歩しても、ろうの子どもを聞こえる子どもに変えられるわけではありません。ほとんど全ての場合、教育での特別支援や社会的支援が必要とされるのです。

　人工内耳は聴力損失が最重度の子どものほとんどに（時には重度の子どもにも）適用されるものですが、軽度の子どもには適していないということを心に留めておく必要があります。さらに研究によると、人工内耳により最重度のろうの子どもは、中程度の子どもの補聴器を用いた聞き取りと同程度の聴覚情報を得られるようになることはできますが、聞こえる子どもと同じようにはっきりと聞こえるわけではありません（B-18）。最近の研究では、聴力損失がより軽度であっても、言語やリテラシーの発達を困難にするリスクがあることが示されているので（G-16, M-71）、増幅装置や人工内耳を用いても、言語やリテラシーの問題を完全に解決できるわけではありません。

　いくつかの制限はあるにしても、技術の進歩はろう、難聴児の発達や教育上の達成にはっきりしたインパクトを与えており、彼らの今後の可能性に期待を持たせてくれるものです。同時に、これらの装置の効果は多様であり、今までよりも一層ろう、難聴児群内での個人差を大きくするものでもあります。このため、また最近の教師は、このような生徒たちのコミュニケーション能力やコミュニケーションの選択に合わせてうまく働きかけるような訓練を受けていませんので、適切なコミュニケーションや学習への支援の提供もますます複雑なものにさえなってきています。

評価の手順

　ここまで述べてきたことで明らかなように、ろう、難聴児群の持つ非常に大きな多様性に配慮したアプローチのあり方をはっきりさせ、それを実行に移すことは今なおろう教育の直面している大きな課題です。この多様性は、言語や学習経験のみではなく、個々の子どもを特徴づける能力のプロフィールにも及びます。教師の抱えるこのような課題は、聞こえる子どもを教える通常教育の教師が直面する課題と、程度こそ違いますが同じものです。これを認めることが、効果的な実践開発へ向けての重要な第一歩です。

　効果的な教育実践を決めるためには、いろいろな異なったレベルでの評価が必要です。（アメリカでは）ほとんどの教育者やその他の専門家は、個別教育計画（IEP）に従って個々の生徒の進歩を調整し評価するプロセスをよく知っており、その経験を持っています。他の国でも同じような教育計画はあります。しかし、何をしたらよいのかを知るためには、つまり子どもの成長が期待されたように進まない時にどうしたらよいのかを知るには、明らかに効果的とされている実践に関してその基礎となる事柄について知る必要があります。逆にそのような実証となる基礎は、きちんとした研究と、各個人の進歩や、いろいろなプログラムでの生徒個人と集団の進歩についての注意深い臨床的、教育的観察、考証が必要とされます。そうすれば、それらの結果は学習者、プログラム、個別の実践の特性などに関連づけることができます。

　前に述べたように、聴力損失を持つ生徒は比較的小集団であり、その中で言語や学習経験は大きく異なり、他の障害を併せ持つことも多く、いろいろな教育場面にわたって、これらの生徒の散らばりが大きくなっていることから、包括的な実証データベースを作ることが難しくなっています。集団を基にした伝統的な研究や評価は、このように多様な集団では特に困難になっています（F-8, M-62）。その結果、ろう、難聴児のさまざまな発達や教育上の問題についての研究や評価報告書は急速に増えているにもかかわらず、一つの報告や、いくつかの報告を集めても、それを基にしてはっきりした結論を導き出すことは極めて困難になっています。代わりに、入手可能な情報を網羅し、条件や研究方法の異なる多くの研究を通じて幅広い情報を調べ、共通する結果を探し求めることが必要になっています。

綿密に計画された研究や指導方法の異なる研究を通して同じような結果が出ていれば、それは意味があると信じられる可能性があります。しかしなお、研究報告を読む人には、批判的な目を持ち、以前から信じられていることに合わないことよりも、すでに信じられていることを受け入れる傾向に陥らないよう用心する責任があるのです。この点に関して、読者にある手引きを提供するために、次章で、研究者や教育行政機関で行われたさまざまな研究を、できるだけ偏りをなくし、手引きとして信用できる資料となるよう提供します。第1、2章で示した情報や背景を基に、ろう、難聴児の発達と教育について考察していきます。

まとめ──聴力損失を持つ子どもの理解と教育

　ろう、難聴児は世の中の子どもの中で小集団の子どもですが、実際この子どもたちは、印象的であり、彼らの直面する課題に注目せざるを得ない存在となっています。彼らの発達をさらに支えていく働きかけや、効果的だと分かっているサービスを広める努力が、彼らの経験する人生の質に大きな影響を与え、彼らが生きている社会へ大きく貢献することを支持するものとなります。効果的な実践への確証のある基礎を作る情報は急増していますが、さらに多くの情報や目標を持った資料が求められています。これに関して五つの鍵となる問題点を指摘します。

- 個々の子どもや、子どもの集団の発達に関する研究や、綿密な記録資料が、ろう、難聴児に関するさまざまな指導計画や介入の効果を評価するために必要となっている。
- 研究結果は、批判的に検討され、科学的に高水準を保たなければならない。しかし、ろう、難聴児のような頻度の低い集団についての研究では、本質的に困難なところがあり、妥当性のある結論を導くためには、さまざまな研究結果や、異なった下位集団についての結果を比較することが必要であることを知っておくべきである。
- 重複障害を持っている子どもや、サービスがあまり行われていないか、

サービスが始まったばかりの地方の子どものためには、特別に企画されたサービスや、その結果に関する情報が特に必要である。指導計画が作られ、実行に移される時には、個人的なそして文化的なニーズが考慮されなければならない。

- ろう、難聴児の発達に関するいろいろな要因の相対的な影響の強さについては、はっきりしていないが、彼らが、本来持っている能力から予測されるよりも平均して低い学力レベルにとどまっていることは明らかである。社会的、心理的に機能する能力は多くの要因に影響されるが、その中で、家族や仲間とのコミュニケーションが最も重要な影響を与えている。このことに関しては、なお研究が必要である。

- ろう、難聴生徒の多くが、高いレベルでの機能を示している。成功している例は、それが可能だということだけではなく、実際よく見られ、報告されている。研究や指導計画への努力は、他の生徒の発達も促すことができる要因をはっきりさせる効果的なプログラムや幅広い可能性を実現できることを期待して、聴力損失を持つ生徒の中で学力の高い生徒について説明できるようなものでなければならない。

多くの研究者、教育者、臨床家が、ろう、難聴児やその家族、そしてそのような子どもたちの発達や学力の進歩について情報資料を作ることに努めてきました。しかし、それらの情報の質や、扱われる範囲は多様で、今後の指導計画や介入努力の基盤となるような事実を築き、解釈するためには、批判的に検討することが必要です。文献を検討するためには、いろいろな研究状況にわたって研究結果や資料を比較して、役に立つと分かっていることは何か、効果があるとは証明されていないものは何か、などをはっきりさせることが求められます。以下の章での目的とするところは、特定の研究を批判したり、今までなされてきた進歩を軽視しようとしたりすることではありません。そうではなくて、この本は実践家に、ろう、難聴児のためのサービスを提供するための手引きを示し、さらに働きかけが必要な領域をはっきりさせようとするものです。

ろう教育の実態の評価

信用でき役に立つ情報を得る方法

　長い間、ろう、難聴生徒の教育の実践は、研究や指導結果から得られた事実よりも、ある信念や、意見に依存してきました。この本では、定期刊行物、書籍その他入手可能な資料を用いて、教育や介入へのアプローチに関する既存の資料について、幅広く批判的な論評を行い、「信念」から離れて「事実」へ焦点を変えようとするものです。「批判的」というのは「否定的」な意味でいっているのではなく、用いられた方法や得られた結果に基づいて、研究や実践報告の信頼性や妥当性を評価しようとするものです。時にはその報告は実行の価値があるものであるとする意見を述べることもありますし、また逆に重大な欠陥があるとの結論を出すこともありますが、多くの場合、その報告やその研究方法についてのプラスとマイナスの両面をはっきりさせようとしています。この本で確認し紹介した資料は、基本的には査読のある専門誌、政府の報告書（行政機関、教育団体、基金団体などからのもの）や、立証できる結果を示している本や本の中の章から得られたものです。逸話や「私事」によるものや、査読されていない報告を取り上げたことも時にはありますが、それはその都度明示しておきます。結論や解釈の信頼性と妥当性は、その領域の他の人によるきちんとした点検を経ないで出された報告よりも、査読を経たものの方が通常高いものと認めることは重要なことです。信頼性は特に気になるものですが、刊行目的の業者や個人の報告物では、印刷されたものでも、インターネット上のも

第3章　ろう教育の実態の評価

のでも、あまり厳密には捉えられていないようです。

　ろう教育の領域での研究者たちは、全てではないにしても多くの研究者は、この領域で十分信用がおけるとする文献以上に、もっと多くの文献があることが分かっていると期待しています。その理由で、この本では、私たちが知っていることと、知っていないこと、そして知っていると思っていること、しかしまだ十分経験的に信頼を持って受け入れられる根拠が見つかっていないこと、を注意深く区別します。特別な議論があるとか付属レポートで裏づけがあるものを除いて、ここで扱う資料は、その結論や解釈には注意が必要であるとしても、全て信頼できると思われる研究から引用しています。読者は、ある報告や研究については他の研究よりも詳しく扱っていることがあることに気づくでしょう。このことは、必ずしもその研究の質や信頼性について著者の評価を反映しているわけではありません。その研究が特に新鮮で、重要で有益な考え方を示しているということで注目した例もあります。その他、研究や教育手段について、読者がより細部まで具体的に理解できるように、短い文章ではなく細かく検討したものもあります。

　この本では、ろう、難聴児の発達と教育に関するデータの弱点をはっきりと指摘しますが、読者は、ある信条や不適切に研究されたプロセス、考え方、方法に頼りやすいのは、ろう教育だけではないことを知っておく必要があります。これは、他の国でもそうでしょうが、少なくともアメリカでは教育一般を特色づける難点です（M-84, O-3）。生徒の学習に合うように、教育方法を確かめ、それを実行することがうまくいかないでいることから、一般に特に特別支援教育では、分かっているとされていることについての注意深い評価と、行われた研究の科学的な厳格さと妥当性を増すことが求められています。したがって以下の節では、ろう教育に適した研究や評価のやり方を、主として通常教育や特別支援教育を目的とした資料から取り上げます。そこでの検討で読者は、研究の計画や実施方法での違いが、その結果がどの程度信用でき、どこまで一般化できるか、つまりその結果が研究の対象になった生徒だけではなく、その他の生徒にもどの程度当てはまるか、ということに影響していることが分かるでしょう。そのように一般化できるためには、統計的処理がきちんと的確になされていなければなりませんが、研究計画の立て方（誰を、何人ぐらい対象にする

のか、何を測定するのか、それはどのように、いつ、誰によってなされるのか、など）も少なくとも同じように重要なことです。事実、統計で処理できるようには計画されていない研究もあります。そのような研究は時に「定性的研究」といわれ、インタビューや入念な観察、行動の記録によるものもありますが、その結果が信頼されるためには、質的な基準に合っていなければなりません。

　この本の以下の章では特別な話題を取り上げ、広範囲な研究や内容領域にわたって、収斂する一貫した結果を求めていきます。一貫してよい方向の結果が見出されるということは、ある実践やアイデアがメリットがあり、実施計画を決めるのに役立つものであることの証拠になると捉えることができます。そのような結果がいつも得られないということは、それが広く受け入れられている理論に基づいたものであっても、その実践はとりえのないものということになります。収斂性のないこと、つまりいろいろな研究を通じて同じ結果が得られていないということは、対象となる生徒や教師の特性や、用いる測定方法、実践が行われている状況などに特別な焦点を当てた、更なる研究が必要なことを示しています。

教育実践や結果についての研究と評価の方法

　通常教育でも特別支援教育でも、教育実践は科学的な妥当性のある成功した指導のエビデンスに基づいたものでなければならないということが、徐々に認められるようになってきました。しかし、アメリカでの障害児の卓越した支援グループ（障害児のための評議会, CEC: Council for Exceptional Children）はウェブサイトで次のようにいっています。「アメリカの法律では教師に、教室でエビデンスに基づいた実践を行うよう求めていますが、特別支援教育の分野では、エビデンスに基づいた実践の基準をまだ設けていないし、そのためのしっかりとした基盤もできていない。また、研究されてきた指導方法は教師たちにとって利用が困難なものである」と。事実、教育でのよりよい実践に関して、受け入れられる根拠はどのようなものなのか、議論が続いています。

　CECの研究部門では、研究方法は一つだけではなく、いくつか用いることが有効であり、研究計画を決める時、用いる質問の型、その問題についてすで

に分かっている情報量、対象者の特徴などを考えておくことを、研究者に求めています。CECの一連の報告書では、特別支援教育で用いられている四つの研究、評価方法を挙げています。それは(a)無作為の実験群を用いる研究（C-5, G-11）、(b) 1 人を対象とした実験研究（H-36, T-12）、(c)相関分析研究（T-3）、(d)定性的研究（B-22, O-3）です。このような研究計画のどれでも、注意深く実行されれば、教育実践の効果について根拠を提供することができます。

無作為的臨床試行研究、実験的研究

　機関の中には、例えばWWC（What Works Clearinghouse〔訳注：エビデンスに基づいた実践についての評価研究をまとめる情報交換機関〕）のように、エビデンスに基づいた実践のための「優れた基準」として、無作為の実験群（あるいは無作為的な臨床研究、RCTs: Randomized Clinical Trials）を用いる研究デザインである伝統的なアプローチを重視しているところがあります。RCTsは**定量的研究**で、得点とか何かが生じた回数、態度や感情の段階評価など、数値によるデータや情報を用いるものです。それらの研究は実験的なもので、あるカリキュラムや介入の結果について、注意深く統制された二つ以上の群について比較します。さらにそのような研究では、対照群への参加者は無作為に決められます。例えば、すでに存在するグループや生徒のクラスなどは、研究での同じグループに全てが入るということはなく、どちらのグループに入るかはどれも同じ確率で決められます。無作為にするというのは厳密なものですが、箱の中からくじを引くようなもので、ある個人が実験群に入るか、統制群（実験的な処置を受けない群）に入るかは全く偶然のことです。奇妙なことですが、このような無作為性が統計分析を妥当性のあるものにするのに必要なことです。

　推計統計と記述統計は非常に精巧なもので、無作為的な臨床研究（RCT）の結果の評価に用いられ、それはその研究の最初のデザインで、研究の解釈や信頼性のために最も重要なものです。データを集めるのに用いる測定尺度の信頼性、確実性は決定的なものです。そこでは次のようなことが問われます。測定しようとしているものを測定しているか（妥当性）。同じ子どもについて何回か測定した時、同じような結果が得られるか（信頼性）。測定尺度（標準化されたテスト、子どものある行動の頻度、態度や感情などの段階評価など）はその研究

の対象者に適切なものか。無作為に選ばれたグループは問題とされていることに関して本来同じようなグループか、など。

　最も重要なことは、あるカリキュラムや介入、教育的働きかけの結果を測定し比較する時、それらの活動が計画通り実行されたかどうかということで、これは「実行の忠実性」といわれ、研究結果を分析する前にはっきりさせておかねばなりません。例えば、同じグループについて新しい計算のカリキュラムの結果を、すでにあるカリキュラムによる結果と比較する場合を考えてみましょう。もし全ての教師が、課されたカリキュラムを正確に実行せず、決められた手順に従っていないとすれば、簡潔な統計分析では妥当性のある研究にはならないでしょう。同様に例えば、生徒のいくつかのグループに「自由読み」の時間を変えてその結果を比較する研究では、時間内に生徒たちが読むことに実際に専念していなければ、その結果は妥当性がないでしょう。また、ろう教育で「口話」教育と「手話」教育の結果を比較しようとする時、手話グループの生徒の親や教師で手話がスムーズに使えない人がいたら、その結果は妥当性のないものになります。それゆえ、研究や評価のためのRCTデザインであっても、研究計画や実施に誤りがあれば、その研究は破綻し、期待した情報は得られないでしょう。一方RCT研究は適切に行われれば、原因（用いた介入方法）が直接的に結果や効果に関わっているという事実を、具体的に示す数少ない研究タイプになるでしょう。

準実験的研究

　準実験的研究は教育の領域ではRCTよりも頻繁に用いられています。この研究を行う研究者は、今あるグループを用いるとか、重要と思われる要因（例えば社会経済状況とか、多くの発達研究では母親の教育レベルなど）でグループ内の対象者を選ぶとか、それらの要因について統計的に統制するなどします。そのグループに異なった介入方法を用いてその結果を比較したり、時には「自然に生ずる」介入の結果を測定したりします。例えばメドウ（M-56）はろう児のグループで、母親と子どもの関わりの質について、手話を用いるろうの母親と、聞こえる母親とを比較する一連の研究を行っています。彼女はこのやり方を「自然な」実験で、そこでの「介入」は母親の子どもに対する育児行動だと

いっています。彼女は、ろうの母親のろう児とのコミュニケーションのとりやすさと積極的な関わり合いが、子どものよい発達を招いていると仮定しており、そのような例をいくつも挙げています（M-52）。もちろんそのような研究の結果は注意深く解釈されなければなりません。そして準実験的研究は、研究者も気づいていない他の変数や要因が介在して結果のグループ差に関与している可能性があります。例えば、比較したグループが、結果に影響するような事前の経験やスキルの違いを持っていることもあります（これは無作為の大きなサンプルには当てはまらなかったり、その効果が消えたりすることがありますが、小さいサンプルや自己選択サンプルでは違います）。また研究者は気づいていないが、テストしている効果を実際に生み出している要因でグループ間に差があることがあります。統合教育とろう学校で学ぶろう児の間に、結果に影響するような事前からの差違があり、研究者は研究を始める前にそれに気づいていないこともあります。このような事前からある差は統計的な方法を用いることで処理できることもありますが、それは極く限られた範囲のことです。

　ドノヴァン（D-15）は、特別支援教育を受けている対象者への介入を比較するサンプルで等質なグループを作ることは、特定されたグループ内での障害の程度の差や、特別支援教育対象者の少数グループの過剰表現により、複雑なものになることがあると指摘しています。しかし、別のグループの対象者で異なる環境で行ったり、別の研究グループが行ったりして、準実験的研究を繰り返すことで、原因や効果についての結果が収束、安定してくれば、それらの結果について確信が持てるようになります。

単一被験者による研究

　ある特定の介入や活動の結果に関する定量的研究でのもう一つの実験研究は、単一被験者による研究です。その名前のようにこの研究は１人の被験者あるいは一つのケース（ケースというのは学級とか学校などのように一つのまとまった全体であることもある）を扱うものです。多数のケースを個別に扱い、それぞれのケースを通じて、あるやり方の効果について結論を導こうとする研究もあります。このやり方にはいくつもの方法がありますが、どれも、ある指導法を実行する前、実行中、実行後に目標とする行動を測定します（詳しい検討につ

いては H-36、臨床的応用については T-12 参照）。測定の数量的結果は綿密な計画に従って、個別に長い期間記録します。研究者や臨床家、教師は介入のステップごとに、長い期間をかけて、結果の測定値がどのように変わるか（あるいはケースによっては変わらないのか）表にまとめます。このように、各個人やケースはそれ自身で「統制群」あるいは「比較群」の役割を持ちます。特定の介入が終わった後も行為の変化が続くかどうかを研究者が確認するために、測定はある期間続けられるのが普通です。

　RCT や準実験的研究のように 1 人を対象とした行動の測定は、その妥当性が示されなければなりません。すなわち、測定しようとしている目標とした行動や態度を適切に表現し、注意深く信頼性のある評価がなされなければなりません。もちろん、カリキュラムや介入は計画された通りに実行されることは重要なことです。単一被験者による研究は、ある一つの介入のやり方により、個人のある行動の混乱が減少するか増加するか、というような問題に答える形式の研究に特に適しているものです。

　単一被験者による研究は、ろう、難聴児についての研究文献では少ししか見られません。しかし、介入への反応（RTI: Response To Intervention）といわれる同じような考え方による研究が始められています。そこでは、ある介入やサービスの型がある個人に対して適切な進歩を促すのにどのレベルまで必要なのかを決めるために、時間をかけて組織的にそれを強めていくやり方です。この方法によって、特定の集団の個人や、個別訓練計画が強く求められている各個人が必要としているサービスの種類や強さを決められることが期待されています。しかし、個々の生徒のニーズに適合することを狙った研究法ですが、まだ研究では十分には用いられるようになってはいません。

相関分析研究

　定量的研究のもう一つの形式は、相関や連合の測定値を用いて、被験者グループの教育経験や、発達、教育などのその他の側面に関する二つまたはそれ以上の特性の関係を見るものです。この種の研究では、原因と結果を示すものだとはっきり解釈できるような結果を出すことにはなりません。トンプソンら（T-3）は、それでも結果について別の解釈ができないように精巧な、統計的論

理的手段を用いるようにすれば、相関による研究も、エビデンスに基づいた実践に重要な情報をもたらすことはできるといっています。ろう、難聴児に関する研究の根拠を形成する多くのやり方は、得られたデータの分析に他の統計的方法を用いると同時に、この相関分析の方法を用いています。このような研究の多くは、同時にいくつもの測度を用いており、その分析に重回帰分析のような統計が使われてきています。回帰分析は、要因間の関係の相対的強さを推定するもので、それらのいくつかは、測定された結果と見られるものもあります。例えばスペンサー（S-37）は、子どもの言語レベル、母と子どもの聴力レベル、子どもの遊びの量とレベルなどの相互の関係を分析して、子どもの言語レベルは遊びの上手さと強く関連している（「上手さの違いを説明している」）ことを示しています。しかし、この一つの研究のみで、言語が子どもの遊びを促す「原因」となると結論づけることはできません。

共分散構造分析（SEM: Structural Equation Modeling, 構造方程式モデリング）といわれる総計方法が相関研究で使われ、対象者や介入の特性と子どもの示す結果について、その原因、効果を分かりやすく示すことができます。SEMは、測定している結果といろいろな要因との関係について、対立するいくつかの「仮説」あるいはよく分かっている予測について分析します。これらの予測や「モデル」は一般に、ある現象や結果がどのように生ずるかについての競合する理論に基づいているものです。ですから、一つのモデルや予測が確認される時は、それは理論的にも、論理的にも支持され、そのモデルに含まれるさまざまな要因の結果に対する影響について注意深い解釈がなされるのです。このような研究は比較的多数の対象者を必要とするので、ろう、難聴児の研究で用いられるのはまれです。しかしコノールら（C-18）は、前言語期の人工内耳を装用した重度ろう児91人の読みの理解の形成に関する研究でSEMを用いています。そして、人工内耳装用年齢と、装用前と装用後の語彙量が、読みの理解に影響するという仮説を支持する結果を得ています。しかし、人工内耳装用前のコミュニケーション様式や手段もわずかに影響しているようです。彼らの分析は比較的少数の対象者について行われたものなので、ある程度限定的なものと見られます。

定性的研究

　有効な研究、評価の方法の全てが数量的なデータに基づくというものではありません。定性的な研究デザインも詳細な知識、特に学習のプロセス——変化がどのように、なぜ生じたのか——を記述するのに用いられます。定性的な研究による情報（観察や非公式の面談、広範な組織的な個人の報告、生活歴など）は一般化することは期待できません。つまり、同じ結果のパターンが他の生徒群で生ずることは期待できないのです。しかし、この研究法を用いる人は、それが自分の扱う場面にどこまで適用できるか判断する情報を得ることはできます（B-33）。定性的な研究はまた、実験的研究や相関研究による追跡研究で明らかにされるべき仮説や予測について情報を与えてくれます。

　ラングら（L-2）は、定性的研究は統制実験研究を行うのが無理な、ろう、難聴児のクラスなど小集団を対象とする研究では特に有効であるといっています。しかし、定性的研究は特別な技能が求められるもので、そのような研究は、定性的なデータの収集や分析でどうしたらよいのか十分認識ができていない人は行うべきではありません（B-22）。

　定性的研究は、資料が、異なった対象について、いくつかの異なった方法で、十分に長い期間をかけて集められたものであれば、一般に十分妥当性（または信頼性）のあるものと考えられています。例えば、あるクラスで特別な指導法を用いる教師主導の読みの授業で「何が生起したのか」についての定性的研究では、研究者による生徒と教師の両方の行動の観察、教師の目標と生徒の参加状況に関する教師の印象についてのインタビュー、生徒のグループのいくつかあるいは全てについて焦点を絞ったインタビューなどが含まれます。理想的には、研究者は同じクラスで1学期、1年あるいはそれ以上の多くの時間を過ごすことが望まれます。教師の記録、教師と家庭の間で交わされた記録は、承諾の上検討され、アイデアやニーズをまとめます。研究者は観察の長い記録を残しますが、観察したことを記録するだけではなく、ある活動や特性が他の特性とどのように関わっているのか、そのパターンを探さなければなりません。このやり方の一つの例がウィリアムス（W-21）に見られます。彼女は数人のろう児の、読み書きができる前の状態を家庭と学校で観察し、活動の多くの例を集め、非公式的な評価を行っています。彼女は子どもたちが経験する読み書き活

動をいろいろ記述し、その活動を通じて子どもたちが学んでいることを、同時に記録しました。このような記述や定性的な情報に加えて、定量的な情報（頻度や得点による）も集めることがあります。例えば、このようないくつかの方法を一緒に用いることで、研究者は、生徒の読みの得点の変化を、授業中の生徒の参加についての観察と結びつけることができます。

実践に基づいた知識

　用いられた研究方法にかかわらず、成功した実践の根拠は次のようなことによって成り立ちます。今ある文献の概念的基礎に依拠していること、全ての測定値についての受け入れられる信頼性と妥当性の記録、他の変数の関わりや、妥当性を揺るがすものについて統制できていること、評価されている介入や実践が計画通り均等に実行されたという記録、いろいろな測定方法が用いられていること、統計的方法が用いられた場合、効果を認めることができる十分な数の対象者があり、統計処理に耐えられるものであること、などです（G-11）。しかしながらRCT（p. 43）だけに頼ることは、準実験法あるいは相関分析の場合もですが、本質的に特別支援教育の対象者について限度があります。それは、特別な障害を持つと認められる人の数が少ないだけではなく、特別支援学級の生徒は通常学級に比べて個人差が大きいからです。ろう、難聴児を対象とする時、このような困難さは一層大きくなります。

　経験のある教師や臨床家の集積記録された経験は、カリキュラムや教育介入の開発や実行に重要な基礎を提供することができます。生徒の活動や成果についてのそのような記録は、それ自身は特別な実践について十分な支持を提供できるわけではありませんが、研究者と対象者の双方に役立つ指針を提供してくれます。そのようなレポートは、一般教育、特別支援教育、ろう教育のどこでも、教育のよって立つ根拠をまとめる中で、慎重に注意して検討されなければなりません。うまくいくやり方が示唆された時、そのような結果がどのくらい頻繁に、どのような条件で生ずるのかを決めるには、前述したような研究デザインで、さらに組織的に研究することが必要です。

本書で取り上げた研究についての考察

　非常に厳格な情報交換機関（What Works Clearinghouse）でも、うまくいったという根拠がある実践をはっきりさせるためにはRCT研究のみに頼るわけではありません。この機関は、ある方法が「基準に合っているか」「条件つきで基準に合うか」「基準に合わないか」を決めるために複雑なシステムを用います。このシステムは、研究デザインのレベルや、研究のタイプ、その問題に関してなされた研究の量（その研究だけなのか、他にたくさんの研究がなされているのか）、全ての研究結果が一致しているのか、混乱しているのか、そして、全体の効果の大きさ（つまり、テストされたカリキュラムやアプローチが生徒の成績についてどのくらいの違いを生み出したのか）のような研究その他の特徴を含んでいます。

　クルウィンら（K-25）は、ろう、難聴児を対象とした研究に、限界や混乱があるとすれば、いろいろな研究について支持されなかった仮説に光を当ててみると同時に、収斂する考え方をはっきりさせるために、さまざまな研究、研究デザイン全般を点検してみる必要があるといっています。この勧告は、特別支援教育全般について関連する前述の説明で引用したものと一致します。それゆえ、以下の章では、ろう教育で有望でエビデンスに基づいた実践、そして重要と思われさらに研究が望まれるものについて、何が分かっているのかはっきりさせるために、いろいろな状況、用いられたさまざまな研究方法にわたって集められた情報をまとめます。

　以下のレビューでの個々の研究についての説明の量は、いくつかの理由で同じではありません。それはまず、RCTタイプの研究は通常比較的簡潔に記述できますが、定量的研究などで、別々の実験操作にる学習は簡単に評価することができず、そのような研究では、読者が何がなされたのかを理解し、その研究の価値、信頼度、妥当性を確認するために、多くの説明が必要とされるからです。そして第二に、前にも述べましたように、特別の議論があるとか、制限がある場合を除いて、レビューに含まれる材料は全て信頼できると思われる研究から引用したものです。このために検討する研究の大部分は、主として学会誌のように研究仲間による査読があるものから引用しています。その他、本の

第3章　ろう教育の実態の評価

中の章や研究会の資料（補足資料など）なども十分信頼性があると判断できるもので引用したものもあります。第三に、特別な教育プログラムや介入の創案や長期にわたる評価を含む研究、発達の縦断的研究、多様な領域での変数の検討を含む大規模な研究などは、大きな手間を要するものです。第四に、前にも述べましたように、報告されている方法や結果に従っていないいろいろなレポートに見られる結論や主張は、この文献レビューには含まれません。同時に1世紀以上にもわたる間の研究で得られた結果についてのこのレポートのまとめは、初めの結果について肯定的であれ、否定的であれ元の結論をはっきりと説明し、それを越えてその先へ考察を進めています。このような試みは、ある研究が元々は述べていないことで、新しい解釈を認めるような研究の側面があり、危険性をはらんでいます。そのような過剰な解釈や解釈の誤りを避け、他者にその人なりの結論を出すのに十分な情報を提供するためには、さらに詳しい説明が必要となることがあるのです。

　最後に、このレビューについていくつかの制限があり、それは取り上げた研究の真の重要さを読者がよく理解できるようにするために重要なことなのです。最も明らかなことは、このレビューで見落とされているか、期待したほど細かくは扱っていない資料があるということです。著者の側での見落としも確かにあるでしょうが、そのような領域は、一般に信じられているほど多くの信頼できる研究がなされていないこともあります。例えば、後で説明するように、聴覚・言語セラピーや手話との二言語教育の価値について、それに対する主張がよくなされていますが、その一つ一つは、今のところは広範にわたる説明や実践を支持する十分な経験的事実には欠けているのです。その他いくつかの研究領域では、ある立場やそれとは別の立場を受け入れるはっきりした基盤を持たないで、異なった研究から矛盾した結果が出されています。可能な場合はいつでも、そのような矛盾に同じような説明がなされるのです。しかし、ある特定の実験操作や介入（例えば英語の読み書き能力を支えるキュードスピーチ）の有効性を示していない研究がどのくらいあるのか、知る方法はないのです。そのような何もない結果、つまり群間である介入の結果としての差が見出されないような結果は、普通は、研究者が、意味のない結果になった理由が明らかでないとか、研究者の理論を支持できなかったということから、信頼してもらえるよ

うやり直しをやらない限り、公にはされないものです。このようなことは残念なことですが、実際にあり得ることなのです。

　研究文献相互間に相違があることや、複雑さが異なり手法が若干異なる数多くの研究から結論を導くことの困難さなどから、マッコール（M-45）は研究を公にするのに役立つ順応性のある指標を示しています。彼が挙げていることには、研究者や実践者、政策作成者（実施する地域）などが、記録されたプログラムの効果や、そのような効果についての疑問について理解できるように、再現を可能にする研究手順の説明、プログラム研究を理論的に支持する論理モデル、および、プログラムの説明や評価についての情報などが含まれています。彼は効果を検討する時、事実の優位性をまとめる実践の諸領域にわたる評価が必要だとしています。

　この本だけでは、ろう、難聴児の教育プログラムで何がなされるべきかを分かりやすく、明白に示すことはできません。しかし、私たちが望むことは、現在分かっていることについての客観的なレビューを提供することによって——多様なタイプの研究を代表するような結果を報告することで——まとめが出来上がることです。まず次の章では繰り返し進められている実践、あるいは少なくとも発達を促すことに結びついている実践——聴力損失の診断や、生後早い時期からの日、月、年単位での家族を中心とした介入の提供——などに関して焦点を当てます。この話題については研究者、教育者や臨床家そして政策作成者を通じて、高いレベルの共通認識はできています。もちろん、疑問や困難さは引き続いてあります。さらに以下の章では、あまり一致していないことや、場合によっては根拠から離れているような話題についても取り上げます。

まとめ——分かっていることをどのように知るか

　ろう、難聴児の発達と学力についての研究では、いろいろな研究方法が用いられてきています。これらの一般的な研究方法は、通常教育、特別支援教育、ろう教育などどれにも通ずる同じような方法で、いろいろなレベルでの確信を与えてくれ、その結果は教育計画の質を高めるのに役立っています。

- 無作為的実験群を用いる研究では、被験者は無作為に選ばれ、それに対して無作為に異なる処遇、介入が行われることにより、ある処遇プログラムの効果について、しっかりした事実が示される。しかしこの方法は困難なところがあり、場合によっては、具体的な実生活の中では行えないことがあるが、そのような研究を行う時には、その結果が妥当性を持つために、慎重に行われなければならない。
- その他の研究や評価、つまり、準実験的研究、単独被験者による研究、相関研究、定性的研究、それに教師や臨床家による非公式のレポートなどは、その結果が多くの研究で一致していれば、成功する教育方法や臨床実践を示すことができる。しかし、これらのどれか一つの研究方法による単独の研究では、特定の介入とその効果について、原因と結果の関係をはっきりさせることはできない。うまくいく実践の根拠を示すためには、いろいろな研究方法や対象者を用いた多くの研究やレポートが必要となる。
- ろう、難聴児を含む教育研究では、ろう、難聴児の数が少ないことと、その中で個人差が大きいことから、一層結論を導くことが困難となる。しかし、難聴児を扱う研究者やその他の専門家が直面する課題は、通常教育や特別支援教育の研究に関わる人たちの誰もが直面する課題と大きく異なるものではない。

　ろう、難聴児の教育やサービスの領域では、効果のある実践についてのしっかりしたエビデンスに基づいた基盤を作り続けていくことが重要です。このためには、多様な研究領域の専門家による研究が必要です。ろう、難聴児に対して私たちが行っていることや、一番よいと思われることについての仮説と「信念」が、研究と評価で目標とされることが必要で、それにより今後の実践を確かなものにすることができるでしょう。

第4章

聴力損失の早期診断と早期介入

言語と学習への関わり

　生来的な、または生後早期からの聴力損失の影響を改善するための、早期診断や特別な聴能、言語、教育での介入は「先進国」の多くでは期待される当然のこととなっています。このような介入がないと、ろう、難聴児は言語やコミュニケーションの発達、社会的情緒的発達での重度な遅れや障害、そして、最終的には教育上の達成や、人生でのいろいろな選択の可能性が制限される可能性があります（L-17）。レイらは「言語やコミュニケーション、認知、社会的スキルは、介入ができるだけ早くから行われれば、よく発達するという考え方は、認知や言語的能力の発達には最適期があるという前提によっている」と指摘しています。ろう、難聴児やその家族への早期からのサービスが欠けていると、国は新生児聴力検査や早期介入を全ての子どもに行うための支出よりも多額の負担を、リハビリテーションや支援の提供に費やすことになり、子どもたちの将来のために必要とされる財政的負担は、推定できないほどになります。

新生児聴力検査と家族の反応

　1990年頃までアメリカで生来性の聴力損失が診断される平均年齢はほぼ24ヶ月でした（C-31）。その頃早期診断は、家族歴や妊娠、出産の過程での異常から聴力損失が疑われるハイリスクを持つ子どもを識別するための出生登

第4章　聴力損失の早期診断と早期介入

録と病院が行う問診によって行われていました。ある子どもがリスクがあると見られた時、両親には出産した病院から退院した後、聴力検査を受けにくるよう求めます。このやり方で、親が聴力の追跡検査に戻ってこないと、聴力損失のリスクの高い多くの幼児が健康管理システムから「はずされて」しまいます。その結果、このやり方では生来性の聴力損失を持つ幼児のほぼ半数のみがそのように判別されるにすぎないと推定されます（M-33）。イギリスでは、生後8ヶ月の健康な子どもに対して、健康管理者が家庭を訪問して、音源が見えないようにして音への反応を見る聴力選別検査を行っていました。オーストラリアでも（C-12）同じようなテストが行われていましたが、このやり方ではかなりの聴力損失を持つ幼児を十分正確には判定できないことが分かってきました。

20世紀の終わりまでには、幼児の聴力診断技術は進歩して、新生児期での聴力損失もより一層はっきり把握できるようになりました。アメリカやイギリスでは、現在産院を退院する前に聴力の検診が一般に行われています（C-31）。イギリスのある地域では、家庭医やクリニックで行われるところもあります。新生児の聴力検診が行われている国では生後早期から聴力損失が見出されるようになってきており、例えばイギリスでは平均生後2ヶ月で診断されています（Y-4, 12）。

新生児聴力検査はEOAE（evoked otoacoustic emission test）かAEP（auditory evoked potential response test）のどちらかの脳波による聴力検査によって行われます。どちらのテストも短時間で、器具を身体に挿入することもなく、痛みもなく、幼児に危険はありません。通常、EOAEテストを初めのスクリーニングテストに使い、そのテストではっきりしなかったり、聴力損失が疑われた場合にAEPテストを行います（C-16）。アメリカでは生後3ヶ月までにはより詳しい新生児聴力検査（AEP）が行われ、6ヶ月までには早期介入が始められるようにするのが目標とされています。

新生児期での聴力の評価は有益なものですが、完全に診断ができるわけではありません。親が追跡テストに子どもを連れてこない場合や、生まれた時には聴力損失が疑われなくても生後1ヶ月から何年かかけて徐々に聴力が落ちてくる子どももいます。このような子どもや、軽度の難聴（16〜25dB）、最新のテストでも気づかれなかった子ども、一側性の難聴などの子どもをはっきりさ

せるために、計画的な臨床検査が必要です（M-71）。

　開業医の中には、生後早期から子どもの聴力損失を見つけることは、親子の結びつきの発達を損なうのではないかとか（G-26, 27, Y-6）、発達のメリットということでそれが正当化されるかどうか、と疑念を抱く人もいました（B-15）。早期の聴力診断に反対する人は、母親が自分の子どもの健康に対して持つ不安は、親子間の情緒的関係の壁になるといっています。シーゲルら（P-22）は、生後6ヶ月までの間に聴力損失があると診断された子ども86人を対象とする研究で、早期介入が、親子間の愛情に問題を起こすようなストレスを親に生じさせることはなかった、としています。その結果は、否定的な結果を示していますが（第3章参照）、メドウら（M-56）は同様に、聞こえる子どもを持つ聞こえる母親と、生後9ヶ月までにろう、難聴と診断された子どもを持つ聞こえる母親のグループについて、親子関係が安定しているか、不安定になっているかの差は見出していません（ほとんどの子どもの聴力損失は生後6ヶ月以前に適切に見出されている）。1998年に、新生児聴力検査についての欧州合意形成会議（ECDC: Europian Consensus Development Conference）は、子どもの発達にとって効果があるとしても、早期のスクリーニングテストによる不安のリスクはあるだろうと結論しています（G-19）。

　早期選別検査について親の持つ不安の一つは、追跡のテストが行われるまでの待ち時間で、それまでの間子どもとどのように接したらよいのか、戸惑い、過剰な気がかりをするようになります（C-13, V-14）。イギリスでのヤングら（Y-11）の慎重に計画された定性的研究では、早期の聴力損失の診断を受けた幼児を持つ27家族に面接して、幼児の聴力スクリーニングについての親の反応、評価そして聴力損失があるとされた時の印象を聞いています。最初のスクリーニングの結果を専門医に紹介された時に家族のほぼ半数は、強い懸念は持たなかったと報告しています。診断がはっきりした後でも、スクリーニングを行う人が初めに、結果の解釈を間違えていることもあり、1回のスクリーニングだけでは決められないことがよくある、と説明してくれたことはよかったといっています。多くの親は、スクリーニングでの専門家との関わり、その人柄、与えてくれた安心感を、大事なことだったと受け止めていますが、スクリーニングテストでは決められないという説明では安心できなかったという親もいます。

そのような親の中には、聴力損失を予想させる他の要因（家族歴とか難産など）を持っている人もいます。説明を十分理解できなかったり、スクリーニングと最終的な診断との違いを理解できなかった人も何人かいます。そのような人たちは、スクリーニングテストは最終的に自分の子どもはろうであり、それでも直接的な支援は何もないと示しているのだ、と考えてしまうことがあります。

　早期に診断された幼児17人の親についてのもう一つの定性的研究が、カナダで行われています（F-6）。子どもが聴力損失を持つと診断された後、親はどのようなニーズを持つのか、もし診断システムや介入システムを計画するとしたらどのようにしたいのか、質問しています。子どもが診断された年齢は、誕生から42ヶ月までで9人は生後12ヶ月以内に診断され、他の障害を持っている子どもは含まれていません。聴力損失は中程度から重度で、全ての家族が口話を使うプログラム（音声言語を用い手話は使わない）に入ることを選択し、ほとんどが子どもを聴覚音声療法（AVT、第5章参照）を受けさせています。全ての家族が新生児スクリーニングテストは有効なものと認め、1歳過ぎてから診断された子どもを持つ親たちは、早期の診断を特に強く求めています。全体的にほとんどの親は、聴覚と言語治療のプログラム（聞くことと話すこと）に満足しており、同時にまず自分の子どもの音声言語スキルの見通しについて、もっとはっきりした情報が欲しいこと、第二にろう、難聴児を持つ他の親との関係を持つ機会をもっと欲しいことを希望してます。多くの親は、サービスの連携、専門家や当局との情報交換が欠けていることを繰り返し語っています。ヤングらの研究（Y-11）の親のように、カナダの親たちは専門家の説明能力、説明のあり方が親の知識全体を決める重要な要因となると考えています。

　ヤングら（Y-12）は、イギリスの親たちが子どもの聴力損失について早期に知ることへの反応と効果について調べています。大多数の親は、早くから知ることについて好意的に受け止めていますが、知るタイミングが、最終診断での悲しみをなくすものではないとしています。多くの親は、適切な支援を早く受けられることが子どもにとって大変役立つことで、ひいては親にとってもよいことだと考えています。しかし少数の家族（5人）は、専門家から時宜に合った適切な助言は得られなかったといい、このような肯定的な考え方は共有できていませんでした。同時にヤングは、診断を受け、行動予定を気にしながら診

断に駆け込むのは、子どもの聴力損失を受け入れられない気持ちの表れであるといっています。それゆえ、早期の介入を行う人は「親が自分の子どもがろうであることへの感情を捨てるためではなく、受け入れる余裕を作ってやる必要があることを心に留めておくことが重要だ」と強調しています。さらにまた、研究対象になった親のほとんどは、早期診断や早期介入は、正常なあるいはそれに近いことばや聴力を獲得するのに役立つだろうという期待を持っていることを指摘しています。つまり、そのようなことはデータでは示されていませんが、親たちは早期介入は子どもを聞こえる子どものようにしてくれる、と思い込んでいるのです。年少のろう、難聴児の発達にとっての支援の効果は上がってきていますが、どの子どもにとっても、発達や教育の効果については不明確なことがたくさんあることを認めなければなりません。

早期診断による発達の促進

　早期診断、早期介入の効果についての研究は、適切な実験デザインによるものは非常に少ないと指摘する研究者もいますが、研究者たちは、診断と介入が遅い子どもに比べて、そのようなサービスを早くから受けている子どもの方が有意に発達がよいという結果を得ています（C-12）。このような有利さで最も目立つものは、音声言語か手話のどちらを獲得しているかに関わりなく、ろう、難聴児に典型的に見られる言語発達の遅れが少なくなることです。早期に診断されて、早期からの介入を受けた子どもも、聞こえる子どもに比べて「平均より低い」レベルです。——これは理想的ではありませんが、早期からの介入を受けなかった子どもよりはよいのです（Y-3）。例えばマクゴワンら（M-48）の研究では、注意深く選んだ生後12ヶ月の聴力損失を持つ子ども10人の話しことばの発達は、生後まもなく聴力損失があると診断され、補聴器を広く用いていても、聞こえる12ヶ月の子どもに比較して遅れていました。早期の診断と介入は、聴力損失の発達へ及ぼす影響を弱めることはできますが、それをなくすわけではありません。したがって、早期介入の一つの目標は、子どもの成長について両親に積極的に、しかし現実的に期待するよう励ますことです（Y-11）。

第4章　聴力損失の早期診断と早期介入

　ヨシナガら（M-42）やその他の研究（M-43, S-28, Y-5, 8）では、コロラド家庭育児プロジェクト（CHIP: Colorado Home Intervention Project）との共同研究で、聴力損失が早期に認められた54～72人の子どもと、診断が遅かった59～78人の子どもの言語発達を比較して、聴力程度、性別、家庭の経済状況、テスト時の年齢、コミュニケーション・モード（手話か話しことばか）、非言語的遊びのレベル（認知発達の一面）などの要因について、重回帰分析を行っています。その結果、聴力損失が分かった年齢とは逆の関係があり、診断の年齢が低いほど機能レベルは高いことが示されました。言語発達への正の効果は、生後6ヶ月までに診断され介入が始められた子どもで、よりはっきり見られました。この年齢やそれ以前に診断された平均的な子どもは、聞こえる子どもに比べて、言語は「平均以下」のレベルですが、これは、早期診断や早期介入を受けていない同年齢の子どもよりもかなり高い言語レベルでした（L-17）。

　ヨシナガとその共同研究者は、ろう、難聴児について、早期診断と早期介入の、社会情緒的発達、遊びの発達についての効果を認めています（Y-8）。聴力損失を持つ子どもたちについての以前の報告と異なって、生後6ヶ月までにコロラドのプログラムに入った子どもたちは、手話か音声言語のどちらを身につけたかに関わりなく、言語のレベルと非言語性の認知発達のレベルに有意な差は見られませんでした（G-6, L-18）。この結果に基づいてアメリカでは、生後6ヶ月が介入サービスを行う臨界期とされています。興味深いことに、ベケト（B-12）も早期隔離の臨界年齢を、聞こえる子どもについてですが、6ヶ月としています。何の支援もない施設（孤児院）から家庭に帰り正常な環境に戻った子どもは、この年齢以前に家庭に戻ると、6ヶ月過ぎても施設に入っている子どもに普通に見られるような認知や社会情緒的発達に負の影響を与えるようなことは、見られませんでした。

早期診断の適期——どのくらい早期ならよいのか

　生後6ヶ月がろう児にとっての早期介入効果の臨界期であるということは、どの研究でも実証されているというわけではありません（H-27）。研究によっては、生後1年までに診断され、早期介入がなされた聴力損失を持つ子どもが、それよりも後で診断された子どもに比べて有意によい結果を示しているものも

あります（C-2, 4, K-11, M-56, 66）。例えばメラーは、聴力損失を持つ112人の子どもの言語発達について重回帰分析を行い、診断と介入の効果的な時期を調べています。その結果11ヶ月以前に介入を始めた子どもは、介入がそれより遅い子どもよりも言語獲得は有意によくなっています。早期の介入を受けた子どもは、5歳の時、いくつかの標準化された言語のテストで、聞こえる子どもの基準で「平均よりやや低い」レベルでした。早期介入の始められた時期に関する研究に加えて、メラーによると、子どもとよく関わり、介入プログラムに熱心な親（上位25％）の子どもは、言語発達で有意に高いレベルを示していました。その他の研究でも（D-9）、早期に聴力損失を持つと診断された子どもの言語発達に親の関わりが重要な影響を与えていることを示しています。重要なことは、この結果は早期診断や早期介入についての親の反応についての研究に「循環回帰」するもので、子どもの診断直後の経験についての親の満足度が、その後の親の介入活動への参加の程度に関係しているのです（F-6）。

カルデロンら（C-4）は、80人についての縦断的研究で、介入サービスが始められた年齢はろう児の受容言語と表出言語、それに話しことばの成績を予測できることを見出しています。早期からの介入は母と子どもとの関わりも強くします。メドウら（M-56, S-35, 36）は、聞こえる親を持つろう、難聴児20人について、6ヶ月または9ヶ月から18ヶ月までの縦断的研究を行い、ろうの親を持つろう児および、聞こえる親の聞こえる子どもの対照群と比較しています。聴力損失を持つ子どもは全て9ヶ月以前にそのように診断されています。その結果、聞こえる親で聴力損失を持つ子どもの約3分の1は、18ヶ月で表出言語を用いており、それは親と第一言語を共有しているろう児や聞こえる子どもの平均つまり「年齢相応」のレベルでした。このようにいろいろな研究から、聴力損失を早期に診断し、その後直ちに介入サービスを行うことが、子どもの言語発達を促す効果を持つということになります。早期介入の「臨界期」は、はっきりとは分かっていませんが、ろう、難聴児は個人差が大きいので、このことは驚くべきことではありません。同時に早期診断や早期介入が社会的、情緒的機能や、その他の発達にマイナスに影響するということは示されていません。

よい発達結果をもたらす早期介入の特質

　ヨシナガら（Y-3）は、早期診断は早期からの介入が伴って初めて効果があるものだと指摘しています。このことはイギリスで37人の子どもの初期言語発達を研究したホーガン（H-27）も認めています。残念なことに、早期介入がうまくいくためにはろう児だけではなく、両親や家族全体を対象とすることが必要だということは一般に認められていることですが（B-21, 34, S-3）、いろいろな介入プログラムにわたって発達についてのデータに基づいた比較研究は、もしなされたとしても目的を絞った教育的、家族支援の方法に焦点を合わせていない傾向があります。多くの研究者は、使われているコミュニケーション手段と言語へのある特定のアプローチの効果をはっきりさせようとしています。つまりコミュニケーションの指導は、手段は口話法（聴覚音声言語）だけか、手話だけか、また、両方を用いているか、ということを問題としています。この問題は第5章で詳しく扱います。

　うまくいく介入実践への手引きのために、早期診断の利点が実証されている介入プログラムの特徴をまとめてみることは有益なことです。例えばヨシナガら（M-42, 43, Y-8）がコロラド州で最初に行っていた活動は、新生児聴力スクリーニングが行われるようになる前のろう、難聴児のための特別な介入（CHIP）でした。ヨシナガら（Y-3, 4）によるとそれは以下のような特徴を持っています。

- 早期介入サービスは、訓練を受けた専門家で、通常、ろう教育、幼児特別支援教育、言語病理学、聴能学、カウンセリング、社会福祉、心理学などの学位を持つ人が行う。これらの専門性は、通常の基盤の上に現職教育によって与えられる。
- サービスは直接幼児に対して行うのではなく、親に対して毎週1〜1.5時間、子どもの発達やコミュニケーション方略などに関する情報に焦点を当てて行う。
- 家族との最初の接触は聴力損失の診断がなされたら直ちに行われ、それには必要に応じて、診断に対する親の情緒的反応を支えるための特別な訓練を受けた専門家が当たる。

- 地域のコーディネーターは、最初に用いる言語を選択するために、いろいろな言語の選択肢を評価するために必要な情報や助言を与えて親を援助する。
- 子どもの発達の様子は毎年2回評価され、その結果は、親が自分の子どもの発達をどのように支援するのかを決めたり、そのやり方を改めたりするのを助けるのに役立てられる。
- これらの評価に基づいて、最初に選択した言語を適切なものに修正したり、変更したりすることができる。

　アメリカでのボーイズタウンのプログラム（M-66）やスカイ・ハイ（SKI*HI, W-5）のプログラムでは、専門家と両親とはパートナーと見なされ、家族を中心においた介入は、子どもに対しては間接的になされるわけですが、聴力損失の診断が早期になされた子どものその後の発達によい効果があることが示されています（B-21, 34）。このようなプログラムでの家族に対するカウンセリングと強力な支援は特に重要であることは、ヤングら（Y-12）の研究に関わった親たちのコメントからも分かります。その親たちの多くは、子どもの生後早い時期に聴力損失のことを知ることは、親の悲しみをなくしてはくれなかったといっています。この二つのプログラムのスタッフは、個々の子どもにとって役立つであろうと思われる、コミュニケーションや技術的に可能なことについての情報を提供しています。そしてスタッフは、家族が決定したことについて善し悪しはいわずに、そのまま支援するようにしています。さらにスカイ・ハイのプログラムでは、子どもの一般的な発達について、そして特に聴力損失について、親と情報を共有する詳細な指導計画を用いています。
　モハイ（M-73）は、オーストラリアで行われている早期介入プログラムについて報告していますが、それもまた早期の言語発達を支援する時、言語の様式については中立の立場をとっています。「ろうの友達（Deaf Friends）」プロジェクトは、地域のろうの女性とろう児を持つ聞こえる家族とがチームを組んでいて、ビデオやワークブック、および家庭訪問を通して、親は、子どもが手話か音声言語のどちらを身につけているかに関わりなく役に立つ、視覚による注目とコミュニケーションのためのいろいろなテクニックを学んでいます。モハイ

らは、そのような経験は親子の交わりを強め、子どもがろうであることについて親が持つ不安を弱めるといっています。しかし、言語についての経験的な評価は、社会的、教育的効果についてと同様、なされてきてはいません。

　自分の子どもに手話を使うように決めた家族のために、スカイ・ハイのプログラムのようなろうの相談者によるプログラムは、親子間のコミュニケーションによい影響を与えています。例えばワトキンスら（W-5）は、聴力損失やろうの社会についての情報と同時に、手話についての指導と経験を与えてくれるろうの大人によるサービスを受けている18家族と、ろうではない人から毎週家庭訪問による指導を受けている18家族とを比較して、ろうの指導者からの支援を受けている家族の子どもの方が、言語発達（語彙や文法）は速かったと報告しています。さらに、ろう者の指導を受けた親は、他の親よりもろう文化についてもより多くの知識を得て、伝統的手話と英語対応手話（Signed English）（第5章参照）のどちらにもより上達していました。

　同じような結果が、デルク（D-7）による特別に訓練されたろうの大人が聞こえる親に読み聞かせをしてみせるプログラムでの調査で得られています。このプログラムに参加した親たちは、手話を使うことが多くなり、子どもとの本を通しての関わりでの満足度が大きくなったと報告しています。これらの研究のどれも、介入に伴う子どものスキルを直接的には評価していませんが、親が、聴力損失を持つ子どもとのコミュニケーションができるという感覚を持ち、自信が増したという経験は、一般に介入や子どもの言語発達によい効果を持つことは分かっています。このことは音声言語のみを選択した親にも（D-9）、手話を選択した親についても報告されています。

まとめ——早期診断と早期介入は経済的

　いろいろな研究から、その多くは相関研究や準実験的手法でグループ間の比較を行うものですが、聴力損失の診断は遅いより早い方が、そして早期からの介入サービスの提供が一般に発達にとって大いに有効であることが示されています。早期診断の正確な臨界年齢はまだはっきりしていませんが、6ヶ月とか1歳という年齢は、発達にとって重要な基盤を作る境界の年齢を示すものと見

られてきています。さらに進めた分析でも、もっと早い年齢（2ヶ月とか4ヶ月）がよい結果に繋がる境界の年齢になるとは示されていません。しかし早期診断と早期介入が発達にとっての万能薬ではなく、早期に診断された子どもの言語発達は、聞こえる子どもの平均の発達と重なるところはありますが、同じになるわけではないことは、研究結果の示すところです。提供された介入の効果は、診断された年齢や認知発達と関連は持っているのでしょうが、どのように影響するのかについてはまだ十分に分かっているわけではありません。

このように、聴力損失についての早期診断や早期からの介入が、個人的、社会的情緒の成長と同様に教育的成果にどのように関係するのか、いくつかの重要な問題が残されています。

- ろう、難聴児の発達を最もよく支えるために、診断がなされ、介入が始められることが必要となる「臨界年齢」は生後1年未満にあるのか。
- ろう、難聴児の平均的な発達は、早期診断、早期介入が行われた場合でも、聞こえる子どもの平均よりも遅れるのはなぜか。
- 子どもの発達を最もよく支える介入の方法にはどのような特徴があるのか。その特徴は家族と子どもの特性とどのように関連するのか。
- 新生児期を過ぎてから、幼児期に聴力損失が発生する子どもの診断をするための手順を探る最もよい方法はどのようなものか。そして、もし必要なら、それへの介入の方法は、新生児期に子どもが聴力損失の診断を受けている家族への介入とどのように異なるべきなのか。

これらの問題のどれも、早期診断、早期介入の重要さと可能性を弱めるものと捉えるべきではありません。しかし、これらはどれも答えを見つけなければならないものですし、それは早いほどよいのです。このような研究の鍵は、早期診断がなされ、あるいは早期介入を受けた子どもの発達、教育成果について、それらを受けていない子どもと比較して、縦断的にそしてまた横断的に研究を進めることです。そのような研究の結果は、さまざまな発達分野にわたって考察される必要があります。それについては以下の章で述べます。

言語発達、言語、言語システム

　聞こえる子どもについての普通教育を考える時（もちろん器質的、あるいは環境的な要因で遅れている子どもには特別な配慮をして）年齢相応の言語発達は、当然のこととして受け取られていることが多いのですが、ほとんどのろう、難聴児の場合は、言語の獲得が中心的な、そして困難な課題だと長い間認められてきています（M-18, 76）。手話を使うろうの家族に生まれたろう児は、聞こえる子どもの言語発達とほぼ同様に言語を発達させます。しかし、そのようなろう児はアメリカではろう児全体の10％以下に過ぎません（M-63）。

　早期診断と早期介入の問題と違って、ろう、難聴児の言語発達を支援する方法の選択と実行についての議論は激しく、感情論になるくらい続けられています。しかし、聴力損失を持つ子どもが、処理できる豊富な視覚的言語モデルやそのための特別なプログラム、また、聴覚による言語入力を効果的に利用できるようにする聴覚補助装置が提供されていなければ、彼らは、またあるにしても貧弱な言語スキルのままで幼稚園年齢あるいは小学校年齢にさえもなってしまうことになることは、一般に認められています（M-76）。そして、早期診断や早期介入がそのような遅れを少なくすることができるということは分かっていますが、それもまだ「対等な場所（level playing field）」を提供するまでに至らず、聴力損失を持つ子どものほとんどは、かなりの言語の遅れを持ったまま幼稚園年齢に達することになります（M-53, 27）。

言語の遅れとそれと関連した欠陥は、社会的、情緒的な面、認知、学力などの伸びや結果にいろいろな形で影響します。親や友達、その他の大人たちとのコミュニケーションの範囲が限られている程度によって、その子どもの社会的スキルや能力、あるいは持っている自尊心や自己意識は負の影響を受けます（G-24, V-1）。また、他の人から情報を得たり、いろいろ学び、知る機会も制限されます（C-8）。このような制限は、語彙や文法、ふと耳にする身のまわりで起こっている会話やいろいろなやりとりから得られる基礎的な知識などにマイナスの影響を与えると考えられています。また、生徒が記憶に残すために、学習について考えること（メタ認知）や、情報を組織立て整理したり、ニュアンスを理解することによって論理的結論を推論し、結論を導くことができるような洗練された言語力を持っていないと認知的な成長も影響を受けます（M-17）。

　教室で使われている言語に遅れや欠陥を持っていると、先生が生徒に情報を伝えることや、生徒が学習することを困難にしたりして、その子どもの学習経験を一層制限してしまいます。コミュニケーションが混乱すると、生徒は情報、概念、それにスキルを獲得するために使うべきエネルギーを、コミュニケーションに注意を向けるために使わなければならなくなります。したがって、少なくとも理論的には、ほとんどのろう、難聴児が直面する言語発達の課題と、繰り返しいわれているリテラシーや学力の弱さとの結びつきができてくるのです（M-17, 28）。

　社会性の獲得や学習に関して持つ言語の決定的な重要さが認められているため、言語発達の課題が伝統的にろう、難聴児のほとんどの教育計画の中核に置かれてきました。そして時には社会、理科、算数・数学といった内容教科への注意がなおざりにされることもありました（M-76）。しかし言語発達を支援する数多くの研究方法が開発され、最近は早期からの介入、より効果のある補聴器の使用、手話の早期からの使用などが進められているにもかかわらず、ほとんどのろう、難聴児の言語の伸びはまだ問題を含んだままになっています。このように新しい技術は進歩しましたが、ろう、難聴児を支援する最もよい方法は何か、ということに関しては、長い間の議論がまだ続いています。このような結論に至らない議論は、最も重要な目標を、周りで使われている音声語の獲得とするか、それとも言語の表出や理解にどの感覚を用いるかにかかわらず十

第5章　言語発達、言語、言語システム

分機能できる言語システムの獲得とするか、そのどちらにどの程度重きを置くかということに向けられています。

ろう、難聴児の言語発達を援助するためのプログラムは、聴覚からの入力だけに頼るものから、視覚からの入力だけに頼るものまで広がりを持っています。しかし、以下に示すレビューでは、ハウザーら（H-17）がいっている次のことを心に留めておくことが役に立つと思います。「我々が便宜的に、音声言語を使う人と手話を使う人、というように分けて考えるのは一つの虚構である。親の聴力の状態や、子どもの聴力レベル、就学先に関わりなく、多くのろう児は聴覚と視覚の両方による言語様式に接している。そして難聴児も同様な状況にある」(p. 450)。

言語発達とろう児に関する展望

ろう児の言語発達への取り組みは、一般的に「口話法（oral）[1]」あるいは「聴覚口話法（auditory-oral）」といわれ、音声言語の産出と理解を促すことに焦点を当てたもので、視覚に頼ることをさまざまに制限するものです。口話教育には、言語へ注意を向けさせ、聴力、聴覚のみによって言語を理解するよう援助する聴覚−音声法（auditory-verbal）（B-10, E-14, H-27）と、聴覚情報と一緒に、周りの状況や読唇・読話による視覚情報を用いることを強調することも含めた伝統的な口話法とがあります。自然口話主義（natural-auralism）といわれる方法は、音声言語のスキルを育てるために行うより組織的なやり方に代わって、自然に生じているやりとりでの聴覚の使い方に重点を置いたものです（G-29, L-19）。母親反映法（maternal reflective method, V-9, W-7）は自然に生ずる会話を重視しながら、書かれた文字と口話法を結びつけるものです。キュードスピーチ（L-22）も基本的には口話法と考えられますが、読唇や残存聴力からの情報を補い、曖昧さを少なくするために、語音を表す特定の手の形を特定の場所で

---

[1] "oral"という用語は、音声言語が口だけではなく、他の要因も関わっているので正しい用語ではない。同様に"manual"も手話言語に限定しすぎるのも正しくはないが、どちらも一般的に用いられているのでここでもそのまま使うことがある。

示す視覚からの信号を併せて用います。

　ろう教育での「手話（manual）」による教育は、1970年代に復活してから広まってきています（F-5, M-39）。そこでの手話によるコミュニケーションのタイプは、自然手話言語（natural sign language）によるものと、人為的手話システム（artificial or created sign language system）を用いるものとがあります。自然手話言語はアメリカ手話（ASL）、イギリス手話（BSL）〔訳注：日本手話も〕などで、本来表出と理解に視覚的シンボルを用いるもので、一般にその周りの文化での音声言語からの情報入力はないものです。「人為的手話システム」（A-22, B-28, G-31）は英語対応手話（Signed English）など、地域の音声言語の語順に合わせて手話を行うもので、音声言語と併せて用います。人為的手話や指文字（fingerspelling）は、単語を音声言語と同じ順序に並べて、文法的意味を表します。指文字は書記言語の個々の文字を表す手の形を用いて単語を綴るように表します。例えばアメリカ手話では、指文字は一般に認められた手話単語がないことばを表す時によく使われますが、他の国ではろう者が使うことはもっと少ないようです（P-2）。アメリカではろうである母親は非常に低年齢の子ども（まだ読み書きができない）に対しても時には指文字を用いており、指文字は書かれた文字の理解への橋渡しになるという研究者もいます（P-1, 39, M-40）。

　自然手話と人為的に作られた手話の中間的な形式が、ろうの大人と後から手話を学んだ聞こえる大人との関わり合いの中から作られました。そのような中間的な形式（接触手話、contact signing といわれる。L-32）は聞こえる親や専門家などによく使われていますが、それは聞こえる文化での音声言語や、ろう文化に対応する手話言語のどちらについても、その語彙や文法を全て表すわけではないので、リテラシーのスキルや学習のための基礎として機能するかどうか、理論的に疑問視されてきています（J-4）。接触手話は、自然手話言語で用いられる手の動きではない意味単位（特定の表情など）を使うこともありますがその全てを含んでいるわけではありません。そして音声言語で見られる文法的形態素の多くも省略されます。

　ここで、これまでの記述の中で暗黙のうちに「説明の省略（disconnect）」があったことを指摘しておく必要があります。私たちは、ろう児の言語獲得のための「口話（oral）」指導について、生徒に音声言語のスキルを身につける

第 5 章　言語発達、言語、言語システム

ことを目的として集中的に指導し、ドリルを行うもの（したがってこの分野では「言語療法〈speech therapy〉」とよくいわれる）と述べてきました。これに対して、手話によるコミュニケーションについては、発達の全ての側面にとって重要であることは前述しましたが、教育場面、教室での指導の観点から簡単に触れただけでした。この焦点の置き方に違いがあり、そして特にろう児への手話言語の集中的な指導が欠けていることが、手話による教育（後述する手話を用いる二言語教育も含めて）が手話の支持者たち（私たちも）が期待したほどには成功していない原因の一つであるということは当然のことでしょう。ろう児の95％が年齢相応の流暢さの手話を持たないまま教育を受けるようになるようでは、手話言語は指導のための適切な言語とはなり得ないでしょう。

　以下の部分で、聴力損失を持つ子どものためのいろいろなプログラムで、最近では一般的になっている言語発達への指導方法について触れます。それぞれのケースで、初期の発達の速さと発達の筋道に関する研究結果を示します。あるケースでは、他の教育分野でのリテラシーや学習についても言及します（リテラシースキルについてのさらに詳しい検討は第6章）。以下の検討の中で、20世紀の終わり頃の研究は、第一に手話言語の再興、次により重度の聴力損失を持つ子どもでの人工内耳の発達とその使用、に影響され、それに強く焦点を合わせていることに注目することが重要です。補聴器は基本的には音のさまざまな周波数を増幅し、装用している人に音を聞きやすくするものですが、それと違って人工内耳は、体の外と内部につけた部品で、精巧な情報処理のソフトを用いて、聴覚刺激からの信号を神経系で処理できる電気信号に変える装置です(A-3)。人工内耳への注目が高まったことと、それの音声言語への大きな影響から、聴力損失の軽度な子どもの進歩についてと同様に、音声語を用いない言語手段は研究者からは相対的に注目されなくなりました。したがって以下に示すろう、難聴児の言語発達に関する知識の最近の状況についてまとめた研究は、公にされた時期に幅があり、最近の研究の量は、言語へのいろいろな取り組みによって異なっています。

言語発達の聴覚・口話の側面を強調した取り組み

　ろう児に対するいろいろな口話指導法を支持する人々は、身のまわりの文化の言語を理解し用いることができることで、子どもが得られるはずの社会的、言語的、学力的面での効果の可能性を強調します。口話指導の主要な目標は、音声語を理解し、ことばを話す一般的な音声言語のスキルを育てることです。さらに、同じ言語で、音声から活字への直接的移行が可能な子どもは、読むことから書くことへより容易に転換できると期待され、音声言語はリテラシースキル獲得のための最適な基礎を提供するものだと多くの人たちに考えられています（M-40, P-16）。聞こえる子どものほとんどが、音韻的知識（文字の表す音）を文字を読む主要な手段としているならば、音声言語の音韻についての基礎知識を通して、ろう、難聴児のリテラシースキルを強めることができると仮定するのです。人工内耳装用児（重度の聴力損失を持つ）にとって口話指導の結果は、同じ程度の聴力損失を持ち補聴器のみを使っている子どもに比べて、よくなる傾向があります（B-18, G-5）。しかしその違いはまだはっきりとは分かっていません。

聴覚口話法と言語発達

　歴史的に見れば、口話法によって年齢相応の言語発達を示す子どももいます（特にある一つのやり方が有効であるという子どもはいないが）。しかし口話法の支持者でさえも、その子どもたちの、ほとんどではないにしても多くは、聞こえる子どもたちと同じような速さで発達していくわけではないことを認めています（S-46）。子どもの聴力損失が軽度から重度であっても（この程度の子どもの多くは口話法での指導を受ける）、音声語や言語が遅れるリスクは普通の聞こえる子どもよりは大きくなります（E-9, G-16, M-67, 68, N-12）。聴力損失が最重度で口話法による指導を受けている子どもは、21世紀になってからの最近の報告では、音声言語の発達は、人工内耳を使っていても聞こえる子どもの半分くらいに過ぎず、高校生段階で5年以上の遅れを示しています（B-19, 26）。障害は言語発達の広い領域で、音韻、語彙、シンタックス（文法）、語形論などにわたって見られます（G-28, M-69）。遅れは言語獲得の初期の段階にまで遡り、

喃語の始まる時期や頻度、初語の時期にも遅れが見られます (O-4, 5)。このような違いは、早期から人工内耳を装用した子どもや (N-13, 14)、早期に軽度から重度の聴力損失の診断を受け早期介入を受けた子ども (M-7) の場合は小さいのですが、全般的には遅れがあるといわれています。

　口話法の指導を受けている子どもたちと聞こえる子どもとの違いは、前言語的段階を通して、コミュニケーションの実用的機能、語用論が発生し始める時期にも見られます。研究者たち (L-26, N-11, 12) は、口話法による就学前の子どもたちは、コミュニケーションで発見法的技能つまり「情報を共有する」ような機能を使うのはまれであるといっています。このようなコミュニケーションのタイプは、同じ年齢層の聞こえる子どもとは違っていますが、この違いは口話法によるろう、難聴児に限られるわけではありません。それはコミュニケーションの様式 (D-3) ではなく単に言語レベルの遅れの現れでしょうが、これが正しいかどうか十分な証拠はありません（年長生徒については、M-26）。

　ニコラスら (N-12) の研究では、聞こえる子どもはほぼ3歳で音声言語を常に使うようになるが、口話法のろう児はその年齢ではまだ前言語的な発声やジェスチャーを使い続けているとしています。平均12ヶ月で聴力損失を診断されているこれらの子どもたちは、コミュニケーションで音声語だけを主要な表出手段として用いることは少ない（ほぼ3分の1くらいの時間）といわれています。表出される音声語のほとんどは模倣であり、自発的なコミュニケーションではありません。重要なことは、3歳時のろう児の音声語の使用、それは特に要求を出したり、他の人に指示を出したりするものではなくて、コメントを出すことが多いとされていますが、それが5歳時の音声言語を予測しています。初期の遅れは後の言語の達成レベルに繋がります。それに対して、彼らの3歳の時のジェスチャーの使用では5歳時の言語のレベルを予測することはできません。

人工内耳と口話法による進歩

　ニコラス (N-11) は、音声語をコミュニケーションのために使う傾向、つまり音声語の産出は、音声語を受容する能力と関係していることに注目しています。したがって、早期から聴力損失と診断され、人工内耳など進歩した増幅装

置を使っている子どもは、音声言語のより早い進歩が期待されます。人工内耳を装用している子どもの言語発達についての文献は、聞くことと言語の関係について有用な情報を与えてくれます。それは聴覚やそれと同じような情報が増加した時の音声言語の発達についての証拠を提供してくれるからです。

関連する文献の広範囲にわたるレビューでギーア（G-5）は、人工内耳の装用は、特に最近発達した人工内耳の優れた技術により、口話教育を受けている重度のろう児で補聴器を用いているろう児よりも、言語の発達と話しことばの発達を有意に速めていることを報告しています。人工内耳により音声言語の改善が進められたという事実は、人工内耳を装用してからの親子間のコミュニケーションで使われる言語様式が、子ども主導により手話から音声語に変えられたという報告とも相通じます（W-8, 9, Y-4）。

ギーアら（G-8）によると、人工内耳の装用が今日では遅すぎると考えられている年齢（3歳から5歳過ぎ）までにできていなかった場合でも、人工内耳装用児は補聴器装用児よりも表出語彙、文法理解、音声語の産出などの評価で優れています。このような言語と音声語に関連した効果は、子どもが参加している言語教育のプログラム（口話か手話）と関わりなく、人工内耳の装用を始めた年齢が低いほど大きくなることが分かっています（C-17, D-10, F-10, H-35, S-14, 40）。しかし、これらの研究者のほとんどは（あるいは他の研究者も）早くから人工内耳を装用しても、言語能力は聞こえる子どもよりも平均して低いままであるといっています（C-11, G-3, H-35, S-14, 40）。例えばスコールらは、5歳から14歳の子どもは、同年齢の聞こえる子どもと比較して、構音スキルには全体として遅れはないのに、語彙、統語の面では平均して有意な遅れがあることを指摘しています。人工内耳装用の子どもたちの13％のみが、慣用句や比喩つまり文字通りではない表現の理解についてのテストで、年齢相応の範囲内の成績を示しました。その子どもたちは、また聴覚的な実用記憶にも欠陥を示しています（P-25）。

このような報告されている遅れとは違って、人工内耳を2歳までに装用し、従来の口話教育か聴覚言語指導を受けている子どもは、4.5歳までで聞こえる子どもについていわれている平均レベルまで音声言語能力を発達させることができるという事実を示している研究者もいます（N-13, 14, S-69）。例えばニコ

第5章　言語発達、言語、言語システム

ラスら（N-13）は3歳までに人工内耳を装用した78人のグループで、語彙と統語スキルを調べていますが、その結果、語彙の増加と統語に関する二つの面で早期装用の効果が認められました。それは、文法的に拘束された形態素（意味を持つ単位）の理解と、発話された形態素の数で見た発話の長さの二つです。このような効果は口話指導を受けている子どもにとって明らかなのですが、少なくとも平均的な非言語的認知能力を持つことと、他の発達上のまた医学的な障害を持たない子どもに限られます。このような基準に合い、生後12ヶ月以前に人工内耳を装用した子どもは、12〜18ヶ月の間に装用した子どもよりも、3歳半の時点で高い言語レベルを示しています（装用期間は統制）。2歳前後に人工内耳を使い始めた子どもは、4歳半までに、聞こえる子どもに期待される言語発達に追いつくことはできませんが、もっと早く装用した子どもでは可能です。

　人工内耳の装用期間に応じて、初期の言語スキルの急激な伸び（バースト）が保たれていることを見出していない研究者もいます（E-7, G-4）。したがって、ニコラスら（N-13）がいう効果が年齢が上がっても続くかどうかはっきりしていません（M-26）。ニコラスらも、自分たちが用いた測定値は言語スキルの全ての面に及ぶものではなく、「正常の言語発達の全てを反映しているものではない」といっています（N-13, p. 1058）。さらに、1歳までの装用が、1〜2歳の間の装用よりも音声言語の発達に、より効果があるかどうかについて、他の研究者から反対の事実も示されています。例えばデットマン（D-10）は、1歳以前の人工内耳装用の有利さを見出していますが、ホルドラ（H-35, D-19）は見出していません。しかし、ニコラスらの結果は、重度の聴力損失を持つ子どもの多くは早期に装用し、早期の介入を受けると、音声言語の発達の初期の段階を普通の速さか、それに近い速さで通過することができることを示唆しています。

　ニコラスら（N-13）の結果と同じように他の研究者も、人工内耳装用後の音声語と音声言語スキルの発達は、装用する前の補聴器を用いての聴力レベルと関係していることを認めており、人工内耳装用前の聞こえがよいことと、装用後の言語がよいこととは関連しているのです（S-68）。子どもの非言語的認知能力や親の教育レベル、社会・経済状況なども、子どもが受けている言語プロ

73

グラムのタイプに関係なく、子どもの後の音声言語の機能と関係があることが示されています (S-45)。ニコラスらの研究も含めて多くの研究で、非言語的認知能力が少なくとも低目ではあるが平均の範囲にある子どものみを扱っています。ギーアス (G-3) は、人工内耳装用の181人の子ども (8～9歳) について、コミュニケーションの方法が音声言語やリテラシーの発達に少しだが有意に影響しているとして、伝統的口話法（聴覚言語法）によって教育されている子どもは、音声語と手話を用いる同時法 (Sim Com: シムコム) による子どもよりもよいという結果を得ています。しかしその他の研究者たち (C-17) は、それとは反対の結果を示しており、ギーアスのサンプルを含む研究では、一般に早期の人工内耳装用がリテラシーに効果があるとは示されていません。

　人工内耳の装用に関係なく、口話教育の最もよい結果は次のような場合に得られているようです。つまり口話法に一貫して重点を置いている場合、早い時期から、そして一貫して効果的な補聴装置が用いられている場合、早期介入、早期教育がなされている場合、そして、選択した言語での支援と、子どもの言語発達に対して親の強い支援がある場合です (B-10, G-7, 3)。ここに挙げた研究は、口話による指導法で音声言語のよい発達を予測できる要因は、非言語的認知スキル、子どもの状態に適合している補聴レベル、親からのいろいろな支援、聴力損失以外の障害がないことなどであることを示しています。しかし、ビーティ (B-10) は、用いられた特定の言語指導法だけではなく、提供された言語、教育プログラムの質が口話教育の結果に影響すると述べています。

一例――伝統的口話法での子どもの成果

　現代の口話教育の一つの例を示す、よく構成されたカリキュラムの一つの例が、ウィルキンス (W-20) の定性的な研究報告に見られます。アメリカで彼らの私的非営利口話学校について検討する中で、彼らは言語発達への自分たちのやり方を、特に言語発達の初期段階での「視覚と触覚の手がかりで補足される……聴覚情報」を扱うものと定めています。視覚情報は、読唇、読話によるもの、表情で表されるもの、聞こえる子どもや大人の言語受容過程で暗黙のうちにある視覚的な手がかりなどが含まれます。このやり方は、初めは多感覚（といっても手話は使わない）ですが、音声言語のスキルが伸びるにつれて、視覚

第 5 章　言語発達、言語、言語システム

と触覚からの入力を少なくしていくもので、すぐれた歴史を持ち、ムーグら（M-74）による EPIC（Experimental Project in Instructional Concentration, 集中的指導の実験プロジェクト）のカリキュラムで、最も組織的に示されてきたものです。EPIC は補聴装置（補聴器や人工内耳）や、音声言語のスキルについて、個別に、しかしはっきりと順序立てられた目標に注意を向け、状態をチェックします。生徒の進歩をたどる評価手段も開発されてきており、その結果を、それに続く目標をはっきりさせるために使います。語彙、語形、統語については、構成された場面でモデルを示したり、繰り返したりして、練習のために使われる相互に関わる会話活動をしながら、直接的に指導します。グループ指導は、一般に生徒対教師の比率は低くし（ウィルキンスのプログラムでは、1 人の教師に 4 人から 5、6 人の生徒）、時には言語のスキルによる能力別のグループでも行われます。

　ウィルキンスら（W-20）のプログラムへの子どもの参加は、それが適切に行われるために、そのプログラムでの成功の可能性についての注意深い評価に基づいて行われるとされています。これは故意にですが、結果の評価を歪めるものです。その評価で考えられる変数は、非言語的認知能力（そして聴力以外の障害がないこと）、子どもが学校でと同じように家庭でも音声言語をよく使うこととそれに対する親の支援、注意の集中や活動性など子どもの行動機能の側面、それにコミュニケーションや言語についての最初の評価結果などです。この特別なプログラムでは、試行期間を経てからプログラムに入ることになっており、プログラムの継続、コミュニケーション手段の変更、統合教育プログラムへの移行などについての勧告が、6 ヶ月を過ぎてから行われます。言語発達に焦点を当てることに加えて、このプログラムでは初期のリテラシーと数量概念についての実習的学習も行います。

　ウィルキンスらによると、このプログラムに最初に入った 60 人の生徒のうち 7 人はトータルコミュニケーション（手話に併せて音声言語や増幅装置を使う。次節参照）を使う他の学校へ転校しました。このことは明らかに、適切な口話教育プログラムを与えられても音声言語の獲得がうまくいくとは思えない子どもがいることを示しています。子どものグループ比較研究や、定性的なケーススタディによると、言語発達への口話法による指導は、聴力損失を持つ子どもの適切な発達を支援することはできるが、技術的進歩や早期診断がなされても、

全ての子どもについてできるわけではないということが指摘されます。

聴覚音声療法（AVT）

　聴覚音声療法（AVT: Auditory-Verbal Therapy, E-16）といわれる方法は、アクーペディック法、単一感覚法（P-26, 27）と同じようなもので、「口話教育」といわれるもの傘下に入る方法の一つですが、補聴器の技術が進歩し、人工内耳が使われ、聴力損失の早期診断が行われるようになった結果、この方法への期待が高まってきたことから、ここでは別に扱います。聴覚音声療法は、読唇・読話のように聴覚入力に伴った視覚情報に対して、それへの注意を弱める点で、上述したような伝統的な口話法とは異なっています（B-10, H-27, W-20）。

　聴覚音声療法は治療的なやり方で、一般的には就学前の子どもを対象に行う活動であり、高度な訓練を受けた専門家が行うものです（E-14）。親はそこで受けた治療を家庭で強化することが求められ、主要な目的は、子どもに年齢相応の音声言語のスキルを学齢（5、6歳）までに獲得させることです（E-14, R-2, 3）。したがってこれは一般的に行われる教室での実践ではなくて、ろう、難聴児に教室での活動に参加できるよう準備をさせることを期待しているものです。もしこれが学齢期中も引き続いて行われるとすれば、それは学校とは「別の場所」つまり臨床場面で行われます。

　聴覚音声療法に関する著作はたくさんありますが（E-15, 16）、その結果について扱っているのは最近のものだけです。エリックス（E-14）とローデス（R-3）はどちらも使用できる証拠を検討して、そのやり方を支持する事例研究や、記述レベルの研究はあるが、その効果についてエビデンスに基づいた判断を導くのに十分な研究デザインによるものはないと結論づけています（第3章参照）。

　記述的研究でダンカン（D-20）は、聴覚音声療法での就学前の子どもたちは会話での役割交代はできるが、彼らの会話へ参加は聞こえる子どもよりは短く、内容も少ないとしています。またダンカンら（D-21）は、彼らの発語の長さも、文法的形態素も聞こえる子どもより遅れているという証拠を示しています。このろう、難聴児たちは、英語の文法形式は獲得しますが、聞こえる子どもより遅く、全体として年齢よりも1年ぐらいの遅れを示しています。

　ローデス（R-2, 4）は、聴覚音声療法に1〜4年間参加している50〜120ヶ

月の40人——そのうち27人は人工内耳装用——に3種類の標準化された言語テスト（就学前言語尺度-3、コミュニケーション発達質問紙、音声・書記言語尺度）を行い、テストを繰り返してみると、年齢とそのプログラムに参加している期間に従って、どのテストでも得点が上昇し、子どものうち「何人か」は100％の言語発達、つまり年齢が1歳上がるごとに言語尺度でも1年分の上昇を示しました。プログラムでの初めの2年間で、受容言語が最も早い伸びを示し、文法的形態素やシンタックスを含む表出言語の伸びがそれに続いていました。興味深いことに、この研究に加わった子どもの4分の3は、感覚統合と音声-運動協調性のどちらか、あるいは両方の問題を持っていると診断されており、30％は聴覚音声療法を継続しなかったことです（R-2）。統制群や比較群がありませんが、この結果は聴覚音声療法でのろう、難聴児が示す音声言語の伸びは、少なくともケースによっては聞こえる子どもと同じ速さを見せることがあることを示していますが、途中で辞めてしまう子どもの割合が高いことは、かなりの子どもと家族たちが聴覚音声療法プログラムで期待したほどは成功していなかったことを示しています。

　ホーガンら（H-27）は、イギリスでの短期間の縦断的研究で、地方の公の教育プログラムの他に聴覚音声療法に参加している37人の子どもの音声言語スキルの変化の速さを追跡しています。彼らの両親は聴覚音声療法への参加に高い意欲を持っており、治療に参加するために遠距離から通っている人もいます。子どもの聴力レベルは22人が最重度、10人が重度、5人が軽度です。データを取り始めた時、5人は人工内耳を装用しており、追跡の途中から他の18人も人工内耳を装用しました。子どもたちの音声言語スキルを繰り返し評価し、就学前言語スケール-3のイギリス版を、プログラムへ入った時とその後最短6ヶ月間隔で実施しました。この期間の成長を記録し、測定時の言語年齢（言語尺度で相当する年齢）と生活年齢との比を求め、これを言語発達率（RLD: rate of language development）としました。

　ホーガンらは聴覚音声療法を受ける前と、受け始めてから1年経った時の言語発達率を比較しました。言語発達率の1.0は生活年齢の変化と言語発達が等しいことを意味しています。初めのテストの時は、言語発達率が1.0以下の子どもが34人いましたが、研究の終わりには11人でした。この結果は、多

くの子どもの言語発達率は聴覚音声療法プログラム中に改善され、聞こえる子どもの速さと同じように、あるいはそれよりも速く伸びていることを示しています（しかし聴覚音声療法プログラムは生まれた時から始められるわけではなく、言語発達の遅れが分かってから始められるもので、年齢相当まで追いつくためには、聞こえる子どもの平均的速さを越えなくてはなりません）。興味深いことに、研究期間中に補聴器の使用から人工内耳装用に切り替えた子どもには、速度の速い時期が2回あり、1回目は研究が始められた時、2回目は人工内耳を装用した時でした。全体として、37人中23人は聴覚音声療法が始められる前に予測された成績レベルよりもよい言語発達率を示しました。聴覚音声療法に参加した子どものほぼ半数の20人は、追跡期間の終わりには、生活年齢から期待される得点の90％の信頼範囲に入っていました。この高い水準に達していない子どもの中には、他の障害を持つ者もいました。年齢5歳の時、30人は統合教育に入っており、6人は普通学校で補助の職員がついた特別支援学級に、1人は口話教育特別支援学校に入っていました。

　ホーガンら（H-27）は、彼が対象とした子どもたちは、地方で行われているその他のサービスを同時に受けているので、聴覚音声療法による結果と他の特定の介入プログラムの結果とは比較できないし、結果も混同している可能性があることを指摘しています。また、彼らの対象児では、聴覚音声療法に対する親の関わりが強いのですが、他の方法（伝統的な音声言語や手話による指導）でも親の関わりが言語発達を促す要因であることが示されています（M-66, S-40）。さらに、言語発達率の研究での使い方にはその解釈の妥当性に疑問が残るといわれます。それは、成長は直線的なものと統計的に仮定していますが、実際にはほとんどの子どもの成長の速さは、時間を追って変わるものだからです。

　全体を考えてみると上述の研究は、聴覚音声療法は、家族が音声言語の発達を強調することを選び、手話言語や手話システムを子どもの成長のために使うことを望まなかったろう、難聴児には役立ちますが、全ての子どもに対してではないことを示しています。聴覚音声療法は家族の教育レベルがかなり高く、子どもの訓練に強く関わり続け、音声言語に高い期待を持っている家族の子どもに最も効果があるようです。さらに、子どもが聴力損失以上の学習上の問題を持っていない場合の方が、聴覚音声療法で成功するチャンスは大きいようで

すし、人工内耳からの聴覚入力の増加もその効果を高めるようです。音声言語の獲得がほぼ正常にできた子どもの報告もありますが、聴覚音声療法でも多くの子どもはそのようにはなりません。ホーガンらの結論では、聴覚音声療法は可能性のある選択肢の一つで、子どものために自分なりの目標を設定している家族にとって、唯一のやり方であるというわけではありません。

キュードスピーチ

　キュードスピーチは、コーネット（C-21）が、ろう、難聴児のために、聴力損失により聞き取れない音声言語の音韻を理解し、それによりリテラシーのスキルを伸ばすことができるように工夫したものです（彼は、自然手話言語は教室や社会でのコミュニケーションで連続的に使われ、キュードスピーチは聴覚音声療法のような特別な介入場面で多く使われるものと考えている）。英語の語音で唇の動きを見てそれと分かるのは20～30％しかないことから、コーネットは手の形とそれを提示する場所によって、唇の形や動きからの情報を効果的に補い、はっきりさせる一連の手の動きで示すサインシステムを工夫しました。手話言語や手話システム（以下で説明）と違って、キュードスピーチのサインは、意味を伝えるのではなく聴覚による音素（語音）を表すものです。キュードスピーチは音声言語に併せて行うもので、「聞く人」は、理解するために手で示されるキューからの情報と、話しことばからの読唇と聴覚による情報とを統合しなくてはなりません。これらは一つ一つでは「音韻的知覚対象」（言語的に意味のある語音）を捉えることはできませんが、これらが一緒になってそれをはっきりさせます（H-3）。改良された補聴器の使用や早期介入、早期からの人工内耳装用がなされるようになってからは、ろう、難聴児には一般的に増幅された不完全な聴覚情報が提供されていることから、キュードスピーチへの関心が高まるだろうと考えられましたが、音声語と一緒に使われるキューに関する報告は最近の研究では驚くほど少ない状態です。

　キュードスピーチは今まで少なくとも56の異なる音声言語や主要な方言用に修正して用いられるようになっており（C-23）、比較的新しい資料がフランス語やスペイン語を学んでいる子どもたちから得られています（L-7）。カナダやベルギーの研究では、キュードスピーチを用いた英語とフランス語を用いる

子どもの音節や単語、単文での音声語の受容についての資料が報告されています（N-15, P-18）。早い年齢からキューを一貫して強調している環境で育った子どもは、聴取や読唇だけによる子どもよりも、平均してことばをよく受け取っています。キピラ（K-15）はアメリカ英語の語形で、ろう、難聴児には普通特に難しいとされているものについて、キュードスピーチの使用で理解できることを示しています。生後18ヶ月から家族がキューを使っている1人の子どものケーススタディで、聞こえる子どもが普通早期に修得する文法上の語形（現在進行形、複数、不規則過去形、所有格、接続しない連結詞、前置詞のinとon）を5歳までに100%正しく使えるようになったと報告しています。この子どもの獲得の早さは、聞こえる子どもと比較すると遅いですが、同年齢のキューを用いていない口話法によるろう児群と比較すると早くなっています。

同じように、語形の知識が進められたという報告が、生後11ヶ月の時から両親がいつも子どもとフランスキューを用いていた1人の子どものケーススタディ（H-3に引用されているP-17）と、フランスキューを用いるプログラムで指導を受けている8〜20歳の27人を、両親の関わりおよびプログラムの集中度がほぼ等しいろう、難聴児41人と比較した規模の大きい研究（H-2）で示されています。後者の報告のキュードスピーチグループは、語彙と前置詞、文法上の性についてのプリントによるテストでより高い得点を示しました。しかし統計的な有意差を示したのは前置詞のテストのみでした。口話法グループでの文法上の性についての知識は、年齢とともに上達しますが、キュードスピーチを使っている生徒たちは、口話法のグループの生徒たちを上まわっており、11歳までにほぼ上限に達していました。ヘイジら（H-3）は、キュードスピーチの使用により音韻的知識が伸びたことがこの進歩を導いたと結論しています。

ヘルナンデスら（H-22）はスペイン語の前置詞の使用について、キュードスピーチを使っているろう児と、伝統的な口話法プログラムのろう児、スペイン手話を使うろう児、それに聞こえる子どもを比較しています。問題は書かれた文で示され、絵で示されていることを表すように、文章の空欄に入れる前置詞を選択肢の中から選ぶ課題です。ろう児35人の平均年齢は11〜12歳で、17人の聞こえる子どもは8〜9歳でした。キュードスピーチのプログラムにいる子どものほとんどは、3歳までは伝統的な口話法プログラムに入っていまし

た。キュードスピーチを始めたのは遅かったのですが、そのグループの平均正答率は88％で、聞こえる子ども（93％）に近い値を示しています。このどちらの群も手話のグループ（57％）と口話グループ（61％）よりも有意によい成績でした。手話グループと口話グループの間の差はありませんでした。ヘルナンデスはキュードスピーチから得られる視覚的手がかりと読話から得られる手がかりの結びつきが、小さいけれど重要なスペイン語の文法上の語形の違いを、ろう児に知覚的に目立つものにして、それが高いレベルの能力を伸ばしたのだと結論づけています。キュードスピーチを使っている生徒は、聞こえる生徒より年長（平均3〜4歳）ですから、彼らの成績は実際には聞こえる生徒より遅れていることを示しています。

　ボウエイら（B-30）は、子どもたちは韻を踏むことにより単語を音によって類別し、後になってこのカテゴリーと文字との繋がりを作るといい、キューを使う人の韻に関するスキルについて研究している人もいます。例えばラサッソ（L-6）は5歳以前からキューを使う経験を持っているろうの大学生は、ろうでキューを使わない人よりも、書かれた単語リストに韻をつける時、綴りや読唇による表象よりも、聴覚的な表象に頼る傾向があることを示しています。

　レイバートら（L-23）は、普通基本的には聴覚から得られるフランス語の音韻表象の発達が、キュードスピーチからの視覚情報でどの程度進められるのか、一連の研究を行っています。彼らは、先行研究ではろう児は唇の形が同じ時、あるいは韻を踏んでいる単語の綴りが同じ時、韻を識別できるとされている（C-6, D-14）ことに注目しています。そして、それらの研究でのろう児は、韻を視覚情報に基づいて理解する傾向があったとしています。彼らは、キューを家庭と学校あるいは学校だけで用いている学齢児と、手話言語を家庭と学校あるいは学校だけで用いている学齢児、それに聞こえる子どもとの比較をしました。どのグループも平均年齢は11〜12歳です。ろう児群では、家庭と学校でキューに接している子どもは、他の群よりも韻を踏んでいる単語を確認する時、唇の形と綴り（書かれた文字）に頼ることが少ないことが示されました。つまり、これらの子どもは話された単語の口の形とキュー（それと多分部分的な聴覚）を結びつけた信号の経験に基づいた、明らかに内面化し一般化された音韻知識を持っているとしてます。

レイバートら（L-23）は、口話法だけのろう児群、手話を生まれつき使っているろう児群に対し、書かれた文字の代わりに絵を用いてさらに分析を進め、どちらの群もキューを使い始めたのが遅い群と同じように、韻の単語を確認するのに綴りのパターンの類似性に依存していることを見出しています。これに対してキュードスピーチを早期から使っているろう児は、聞こえる子どもと同じように語音パターンつまり絵で示したものの音韻によって韻を判断しています。就学前のろう児群についての研究で、彼らは、読みのスキルをまだ身につけていない子どもでも家庭と学校でキュードスピーチに接していると、聞こえる子どもと同じように韻についてのアイデアを理解できることを見出しています。常にキュードスピーチに接しているろう児は、読みのスキルが獲得される前でも音韻の概念を発達させることができるのであり、音韻の概念は単に読みの経験の反映されたものではないと結論しています。

　子どもがキュードスピーチから有意な利益を得るためには、早期から集中的にキューに接していることが必要です。上述の韻に関する分析の他に、レイバートら（L-23）は家庭と学校で早くからキューに接している子どもは、遅くから始めた子どもと違って、聞こえる子どもがするのと同じように音韻的規則に沿った綴りの間違いをするといっています。このことは、コミュニケーション様式によらない内面化された音韻と視覚入力（ほとんどの子どもにとってはいくらかの聴覚入力が伴う）が、聴覚的な音韻規則の発達を支える可能性を示すもう一つの証拠です。それでもなお伝統的な口話法や聴覚音声療法が言語やリテラシーの発達を促す可能性についての検討の結論のように、キュードスピーチがよい結果を導くには、早期からの経験および両親の大きなモチベーションと支援が欠かせません。キュードスピーチは聞こえる両親にとって、自然手話言語よりも獲得は容易でしょう（L-9, S-63）。そして就学前の小さい子どもたちに両親がキューをよく使うことについてのケーススタディはいくつか見られますが（K-15, P-17, T-7）、両親が身につけている視覚に基づいたいろいろな方法とその使用を直接比較した研究はありません。

　ナッシュ（N-2）による早期の研究では、キュードスピーチは、キューを行う人には見えない位置での微細運動動作と、手の形を作ることが求められることを示しています。キューを表出に使う年少の子どもの能力について、結果が

第 5 章　言語発達、言語、言語システム

矛盾している報告もありますが、どれも個人か、少人数のケーススタディによるものです。コミュニケーション・システムを両親と共有していることは、言語発達特に後の言語発達の認知的側面の発達に必要とされる他の人と関わる経験や、言語的経験を得られると考えられているので、子どもの表出能力の問題は重要な課題です。ナッシュや他の研究（N-2, S-38, M-72）は、キューによく接していても自分のコミュニケーションではよく使えないろう児のケースを報告しています。ナッシュとスペンサーはどちらも、聞こえる両親が、手話を使うように切り替え、子どもたちが容易に手話を表現に使えるようになったケースを報告しています。反対にコーネット（C-22）は、8ヶ月の時からキューに接し、2歳までに300語のキューの表出語彙を持っている1人を報告しています。同様にモーズレイら（M-83）は、キューを表出に集中的に使った4歳児のケーススタディで、年齢相応の英語の統語を示す語形と語彙を使い、キューでのやりとりで適切な、話しかけや反応ができているケースを紹介しています。このような異なる報告を検討する中で、ラサッソら（L-9）は、キューを使う子どもと、手話言語、手話を伴うコミュニケーションを使う子どもの比較研究が必要だといっています。それに加えて彼らは、矛盾した報告は、キュードスピーチプログラムを始めた早い時期に子どもが表出に使用することを重視しない傾向の反映で、コーネット（C-21）が初めキュードスピーチを、コミュニケーション・システムではなく、言語発達のための補助手段として案出したことと整合している、といっています。

人工内耳装用とキュードスピーチ

　ヘイジら（H-3）は人工内耳を装用している子どものキューの使用について検討しています。この子どもたちはキューシステムが考案され、使われ始めた頃よりは、全般的に音声言語への聴覚利用が大きくなっています。この聴覚利用の増大により、文法的な形態素に聴覚的に気づくことや、音素の弁別、つまり音声言語の単語の中の個々の音の弁別ができる範囲を拡げます（S-34）。多くの研究が、人工内耳から得られる信号は、聞こえる子どもが受け取っているほどにははっきりしていないことを指摘しています（H-35, P-23, S-45）。このことは、人工内耳で鮮明な信号を聞き取ることを妨害する騒音のあるところに

83

子どもがいる時、一層明確になります。しかし少なくとも一つの研究では、人工内耳とフランスキューの両方を使っている子どもは、キューを使っていない子どもよりもことばの受容スキルがよいことを示しています（C-14）。キューを使っている子どもは、人工内耳を装用してから5年後、オープンセットのやり方（多肢選択方式ではなく文を繰り返すやり方）で、聞かされた文の理解に100％に近い成績を示しています。これは、キューを使っていなかった子どもには見られませんでした。

同様の結果が、読話の情報にフランスキューを加えると、話されたフランス語の理解がよくなることを示した研究（D-8）でも見られます。この傾向は、3歳以前に人工内耳を装用した年少の子どもでも見られます。ビユーら（V-13）と同じようにコチャード（C-14）も人工内耳とフランスキューを組み合わせて使っている子どもは、発話の明瞭度がよいことを見出しています。しかしヘイジやレイバートらが示唆していることは重要なことです。それは、人工内耳を装用していることの、子どもにとってのマイナス効果で、聴覚による聞き取りが増すと、聞き取りにくい文法的単語や音素についての情報を得るのになお必要であるキュードスピーチの手の信号に、注意を向けることがすくなくなることがあるということです。

言語発達の視覚・手話側面を重視した取り組み

今まで述べてきた言語発達へのアプローチは全て基本的には口話法でした。そこでの焦点は、ろう、難聴児の音声言語の発達と、リテラシー能力を、音声言語の構成要素を基にして直接的に、それが聴覚から受容されるのか、読唇や手の動きなどの視覚から受け取られるかに関わりなく、築くことでした。音の増幅装置や人工内耳を早期から使用していても、ろう、難聴児の平均的音声言語のスキルは年齢レベルに追いつかない状態が続いています。口話法を用いているろう、難聴児の持つ困難さが続いていることへの一つの反作用が、1970年代の初めに手の動きや手話によるコミュニケーションの使用への回帰でした。このようなコミュニケーションのやり方には「トータルコミュニケーション」（TC, H-29）といわれるものがあります。これには、音声言語の表出に、音声

語と手の動きによる符号を組み合わせて用いるもの、使われている音声語の語順に沿って手話をつけるもの、音声語を伴わないで自然手話を用いるもの、などがあり、それらはどれも個々の子どものニーズと能力によって選ばれます。

TCプログラムで用いられる手指を用いるサインシステム

1960年代以来多くの学校で用いられている言語指導法は、トータルコミュニケーション（TC）といわれてきていますが、そのやり方が十分に実施されていることはまれでした。本来TCの考え方では、学校は個々の生徒の、個々の場面でのニーズに合うようにコミュニケーション手段を変えるものだとされていました（M-76）。このことは音声言語、自然手話言語、手の動きの符号化されたサインシステム、指文字、その他の手話などを、聴覚補助装置を効果的に使いながらさまざまな生徒や場面に合わせて使うということを意味しています。しかし実際は、TCといわれる方法のほとんどは、話された単語と同じ順序で、単語が話されるのと同時に使われる手話で構成されています。これはもっと正確にいえば、「同時法的コミュニケーション」つまり「シムコム（Sim Com）」（M-76）あるいは「手話に支えられた音声語（sign supported speech）」（J-4）ということになります。アメリカやイギリス、オーストラリアでは、ろう、難聴児が音声言語やリテラシースキルを学習するのに大きな問題となる文法的形態素を表すためにいくつかの異なるシステムが工夫されていますが、そのようなサインシステムは一般に「手話コード英語（manually coded English）」といわれています。

このようなサインシステムは、自然言語そのものとは決していいません。そうではなくて、それらを音声言語と結びつけて使うのは、手話言語と音声言語スキルのどちらをも視覚的に補助することを意図したものです。SEE1（Seeing Essential English, A-22）やSEE2（Signing Exact English, G-31）、およびフランス語（S-61）から改訂されたSE（Signed English, B-27）などのようなシステムは、18世紀にパリの「国立ろうあ者研究所」（現、国立ろう青年研究所）でド・レペにより推奨されたものです。同じようなシステムがオーストラリアやオランダをはじめ、世界の多くの国で見られます。これらのシステムは、数、動詞の時制、代名詞、前置詞、副詞句などを示す音声言語の形態素を表すために、手話

と指文字とを合体させたものです。初期の研究では、聞こえる親がこれを身につけ、自分の子どもに手話と音声言語を結びつけた形で使うと、子どもの他の人とコミュニケーションする能力と同じように、親子の関わりもよくなったと報告されています（D-3, G-23, M-50）。

このようなシステムの使用が広がるに従って、子どもたちが親や他のろう児たちとコミュニケーションする能力も伸び、ろう児たちにとって言語的にも、社会的、情緒的な発達にとっても有利になることを、研究者たちは示しています（M-50）。TC の使用効果に寄せる期待は、音声言語の統語モデルをより利用しやすい形で示したいことにあったので、多くの研究者は、言語発達のその側面に注目しました。例えばアカマツら（A-5, L-36, M-35）は、TC プログラムで使われる手の動きで表す英語のシステムが、英語の文法的形態素の全てを表すことができないような「簡略化した」形であっても、コミュニケーションに効果的に使えて、英語の言語発達に効果のある基礎を提供している（M-39）とするデータを示しています。しかし、1990 年代まで、聞こえる親が手話を覚えるのが遅いことや、親や教師の使う不正確な手話、および、コミュニケーションで視覚的入力に依存している子どもに必要な視覚的注意や、そのタイミングに合わせることで聞こえる親が経験する困難さなどで、TC の使用が制限されることが多かったと多くの研究が示しています（J-4, S-35, 36, 41, 76, W-26）。つまり、そのようなコミュニケーションでは、子どもが、示されたサインのメッセージと、それが表すものについて、あちこち見ることができるように、コミュニケーションでの役割交代のパターンとその速さを変えなければならないのです（S-75）。さらに、視覚と聴覚では基本的な処理過程が異なっていることが、音声言語と手の動きをうまく合わせることを困難にしており、音声言語の正確なモデルを、随伴する手の動きの中で提供することは、ほとんど不可能に近いとする研究もあります（K-19, S-64, W-28）。このように、聞こえる大人や親、教師の手の動きでの表現は、非文法的、つまり音声言語と自然手話言語のどちらの文法形式をも正しくは捉えていないといわれています（M-7）。

一方、他の研究者（H-39, M-35, W-19）は、音声言語（英語）の統語や意味の効果的モデルはサインシステムで示すことができるが、それが非文法的であるといわれていることは、教師のサインシステムを使うことについての訓練不足と、期

第 5 章　言語発達、言語、言語システム

待不足の結果だといっています。明らかに多様な手話英語、シムコムのスキルを持ち、手で表現する言語システムを使っている人による音声語の文法を視覚的に処理する程度には、大きな幅があります。例えば、レトケら（L-37）は、ろう児のためのいくつかの TC プログラムで、教師が使う音声に対する手話の割合（つまり音声語の中で手話を伴う語の割合）は 76 ～ 99％だといっています。

　話されることばの中での文法的形態素は、教師や両親による手話では示されないことがよくあることは明らかですが、ボーンシュタインら（B-28）は、手指コード英語システムを使うろう児は、これらの形態素について、聞こえる子どもよりも明らかに獲得は遅く、使う頻度も少ないけれど、それを覚え使っていることを見出しています。ギアら（G-9）は、TC プログラムの子どもによる英語の冠詞、前置詞、否定形の獲得も同様に遅れることを報告しています。しかし、シックら（S-8）による精密な記述的研究では、手話で符号化された英語入力（手話と話しことばを結びつけた）から英語を獲得するろう児の能力について、肯定的な証拠と、否定的な証拠の両方を示しています。彼らは、教師が SEE2（G-31）を流暢に使うアメリカの学校に入っている 13 人の若者について、その英語言語スキルを分析しました。その研究では対象者は比較的少ないのですが、言語のサンプルは詳細に深く分析されています。シックらは、その生徒たちの英語のスキルは単文、複文の使用と、埋め込み句の使用について、同年齢の聞こえる生徒と同程度であったことも見出しました。しかし、ろう生徒は表出で、時制や数の表示、助動詞や連結詞の使用のような拘束的形態素で誤りが多く見られました。シックらは、話された英語のこのような形態素は、手話と音声語を結びつけて用いることからは獲得が難しいが、全体として、SEE2 システムの使用は、英語の獲得のための有効な基礎を提供すると述べています。

　パワーら（P-31）は、オーストラリアで、教育場面でいつもオーストラリア手話言語に接している 10 ～ 17 歳のろう生徒 45 人についての研究で、同じような結果を示しています。この生徒の先生たちは、自分の手話英語の使用のスキルと、それに対する姿勢について自己評価を行いました。そして、アメリカのろう生徒について標準化された文法能力テスト（TSA, Q-2）をオーストラリアの生徒に実施しました。このテストは書かれた書面によるテストで、興味がある二つの結果が得られました。一つは、オーストラリアの生徒の正答率

は、52〜86％でしたが、予想した通り年齢には沿っておらず、年齢の高い生徒と低い生徒の間に有意差はありませんでした。二つ目は、平均正答率62％は、アメリカでの標準化集団の平均55％よりも高い値を示しました。この二つの結果は、テストが標準化されてから、オーストラリアでの調査が実施されるまでの30年以上の間に、聴力損失に対する早期診断や早期介入の傾向が広がったことが反映していることで説明されます。それに加えて、このテストの標準化集団は手話を使っている生徒の他、口話法の生徒も含まれているという事実から、アメリカの標準化集団とオーストラリアの生徒の得点を比較することは困難です。

このような制限の他、聞こえる生徒や、他のコミュニケーション手段を用いる生徒の比較群はありませんが、パワーら（P-31）はTC（あるいはシムコム）による指導を受けていることからのプラスの効果を見出しています。生徒のTSA（文法能力テスト）の得点と、オーストラリア手話英語の生徒の能力についての教師の評価には、有意な相関が見出されています。また、生徒の音声言語スキルと書記英語スキルについての教師の評価と、テスト得点にも有意な相関が見られます。さらに、書記言語サンプルの分析から、動詞の時制、数、所有格などの一般的な語形変化での誤りは、18％にすぎなかったことが示されています。これはシックら（S-8）が以前に報告しているこのような語形変化での誤りの率28％よりも低い値です。これらの要素について80％が正しく表されるとする文章の評価基準に達したのは、パワーらとシックらのどちらの研究でも対象生徒の15％で、二つの研究は多くの点（形態素の困難度など）で一致しているといっています。パワーらは、「英語を教えるのにどのような形式であれ手話コミュニケーションを使う教師は……英語を第二言語として教える教師たちが使うような工夫された教授法を用いるもっと複雑な構造に注意を払うべきである」といっています（P-31, p. 45）。また「シムコムが生徒の音声言語に逆効果を示すことは、どの研究でも示されていない」といっています（P-31, p. 44）。要するに、教室での学習に注目したいくつかの研究の結果は、手指コード英語に基づいたTCによる指導は、手話の上手な人により行われれば、中学から大学レベルまで、他の手話形式（特にASL。下記参照）と同様、コミュニケーションに有効であることを示しています（H-38, M-23, N-10）。しかし、

第5章　言語発達、言語、言語システム

年少の子どもについて同様の研究は行われていません。

　上に述べた研究は、教師や両親が手話と音声語を同時に合わせて使っている時の、子どもの文法的統語の獲得に焦点を当てたものでしたが、聞こえる子どもとろうの子どもの両方の研究から、語彙の発達は、言語理解の成長にとって、そしてリテラシーのスキルの発達（L-7, P-11）にとって重要な基礎的な要素であることは明らかです。語彙の発達を検討した研究をレビューしてアンダーソン（A-15）は、「手話で話された（manually coded）」英語を使って言語を学習する子どもに関するデータは、ほとんどないことを指摘しています。親の日記を用いる方法による早期の研究で、グリスワールドら（G-28）は、ろう児12人の小さいサンプルで、語形（名詞、動詞、命題、疑問詞）の使われる割合は、聞こえる年少児についての結果と、極めて類似していることを見出しています。アンダーソンは、グリーンワールドらの研究で、子どもたちが最初に獲得する単語を、聞こえる子どもの場合と比較してろう児は、その単語の獲得は遅いけれども、聞こえる子どもとほぼ同じ順序で、初期の単語を獲得する傾向があるとしています。

　他の研究でも、手指コード英語を使うプログラムの子どもは、聞こえる子どもに比べて語彙の発達が遅いという同じような結果が報告されています（B-29, L-13, M-42, 43）。3〜6歳のろう、難聴児約100人の語彙の学習過程を詳しく分析した研究では、その約半数は手指コード英語の、半数は口話法のプログラムにいるのですが、両群の語彙の発達は、聞こえる子どもの基準から期待されるレベルのほぼ半分に過ぎないことを示しています（L-14, 16）。さらに進めた分析で、認知スキルと新しい単語の素速い習得のプロセス（認知が媒介する単語の学習）はこれらのろう、難聴児も、聞こえる子どもよりは遅いが、可能であることを示しています。限られた語彙だけれども、それが獲得された後、この子どもたちのほとんどは、言語的には妥当な、無意味の手話または、手話と一緒に話される無意味な単語を、単語とそれが表すものの両方に注意が向けられるような場面で、3回提示されただけで学習できたということは印象的です。3ヶ月の間隔をおいた後でも、多くの子どもは新しく学んだ「単語」を再認できただけではなく、一緒に示されたものを見せられると、その単語を産出できました。レーダーベルグとスペンサーは、ろう、難聴児の多くの語彙の遅れは、

TCプログラムの子どもも含めて、単語や手話に十分接していないことによるものであって、持っている認知力や象徴力が限られていることによるものではないと結論しています。

　TCプログラムの子どもの多くが、手話で表される語彙に接する機会が少ないか、接し方にムラがあるという示唆は、スペンサーら（S-35, 36, M-56）が、ろう児（9ヶ月までに早期介入を始めた）の幼児期の表出語彙は、聞こえる母親が使う手話の量（H-15）に有意に関連しているとした結果と一致しています。聞こえる両親を持ち18ヶ月の年齢で聞こえる子ども群の「中間程度」の言語レベルを示すろうの子どもは皆、その両親は手話で表す英語で、TCの形式を使っていました。この中の1人は、中程度の聴力損失で、母親は子どもに話しかける時、手話を頻繁に使っていましたが、子どもは自分では音声言語だけを使っていました。他の5人の母親は、あまり正確ではありませんが手話をよく使っていました。子ども3人は、13ヶ月までに手話をはっきりと使っていました。初めの語彙の獲得は普通の速さでしたが、聞こえる子どもの比較群での一番高いレベルの言語機能を示す子どもはいませんでした。さらに、聞こえる両親が、手話と音声語を組み合わせて使っている子どもは、24〜30ヶ月で、英語の会話発達検査の幼児版（F-1）での成績は、聞こえる子どもよりも有意に低い成績でした。この比較的小規模の研究の結果は、両親が手指コード英語を使うことは、子どもの語彙の発達に役立つという前述した大規模な研究での結果と一致しますが、ろう、難聴児の平均的機能は、早期診断、早期介入がなされても同年齢の聞こえる子どもの「平均よりも少し低いレベル（low average）」に留まっていることを示しています。

TCプログラムでの人工内耳の使用

　TCとシムコムは音声と手話の両方を使うので、人工内耳を使いTCプログラムにいる子どもたちでの人工内耳の使用効果に向けた多くの研究があります。例えばスペンサーら（S-34）は、人工内耳を使っている25人と、補聴器を使っている13人を比較しています。子どもは全てTCプログラムに入っています。人工内耳装用児は31ヶ月を過ぎてから装用したもので、平均装用年齢は5歳7ヶ月で、最近の装用状況に比べると比較的遅い年齢となっています。

第5章　言語発達、言語、言語システム

スペンサーらは、人工内耳装用児は補聴器使用の子どもよりも、音声語の受容と表出と同様、文の形態素の使用も優れていることを見出しています。特に興味深いことは、人工内耳装用児は、文の形態素を音声だけで表出することが多いのですが（使う時の91％）、句や文の中で実質単語を表すには、手話か手話と音声語の両方をより多く使っていることです。例えば、ある子どもは「お父さんは畑で働いている（my dad work on a farm）」と手話をしますが、my dad works on a farm〔訳注：3人称単数現在形の動詞にsをつける〕と話しています。補聴器を用いている子どものグループでは、語尾変化や拘束形態素を手の動きを伴う英語で表出することがあり、そのような形態素の意味に注目してASLの中で工夫して表現する子どももいますが、人工内耳装用のグループでは、文の形態素（動詞の時制、所有格、複数など）を音声語のモードでより多く、より正確に使います。このような音声語による文法に沿った表現は、文の中でのキーワードの手話での表出に伴って出されます。このようにこの子どもたちは、二つのコミュニケーション手段からの情報を調整し、合成することができるのです。手の動きからの視覚入力と、人工内耳で補強された聴覚からの入力のどちらに、どの程度言語の受容と表出で統合され、自動的に処理されるのかについては、更なる研究が求められます。

　トムブリンらの研究（T-6）では、TCプログラムに入っている人工内耳装用児は、補聴器を用いているろう児の比較群よりも、統語の産出力のテスト（S-4）、言語構造のテスト（E-12）でよい成績を示しました。また、人工内耳装用児は年齢とともに、また装用年数とともに成績が上昇しましたが、補聴器使用群はそのようにはなりませんでした。スペンサーらの研究（S-29）では、TCプログラムでの人工内耳装用児は、言語理解、読みによる理解、書くことの標準テストで、同年齢の聞こえる子どもの成績の平均から1標準偏差以内の成績を示しました。いろいろな研究をレビューしてスペンサーら（S-33）は、TC環境にいる子どもの言語やリテラシーの成績には大きな個人差があり、その大部分は聴力損失の診断年齢、使っている補聴技術のレベル、「十分発達した言語システム」に接している量、などに関連していると結論しています。シムコムや手話を伴う英語を用いている子どもは、人工内耳を装用してから少なくとも数年の間手話を使い続けていることから研究者は、TCプログラムでの人

工内耳装用児は、コミュニケーション手段間の切り替え方法を身につけており、聞こえる仲間ともろうの仲間とも、コミュニケーションが滑らかにできるのだろうと示唆しています。聞こえる人の文化や聞こえない人の文化（B-9）のどちらでも快適に過ごすことができることによる子どもの生活上の利点や、自尊心の他に、このような柔軟性が、子どもがさまざまな考え方やものの見方に接することでの認知的発達や言語発達を支えている可能性があります。

　ギーアら（G-5）は、口話法プログラムに入っていることは、音声言語のレベルに少しであっても十分に意味のある貢献をしているとしていますが、ヨシナガら（Y-4）は、音声語や音声言語の獲得に最も強く影響しているのは、言語発達の一般的レベルであって、そのプログラムで用いられている主要なコミュニケーション手段ではないと主張しています。重度から最重度の聴力損失を持ち、早期に診断されている子どもについてヨシナガら（Y-7）は、口話法と手話法のプログラムに入っている同数の子どもが、児童期を通して明瞭な音声語を身につけていることを見出しています。細かい事例研究でヨシナガは、人工内耳を装用してからTCプログラムに入った2人の子どもで、初めは新しい語彙は手話で、後からは音声語で表出した事例を示しています。診断と介入が早くから始められた場合、表出での手話の使用は、子どもの音声語の使用を支えるものであるが、有害なものではなく、子どもが両方の手段から同時に言語記号を受け取る機会を持つTCでの経験には有利さがあると結論しています。

手話、手話二言語、二言語二文化プログラム

　自然手話言語を流暢に使う両親（通常はろうの人）による豊かな手話言語環境で育った子どもについての研究では、聞こえる子どもが音声言語のスキルを獲得するのとほぼ同じ速さと、同じ順番で、手話言語スキルが獲得されることが示されています[2]（B-24, E-11, M-58, S-6, 44）。生まれつき手話を使う子どもは一般的に、6〜8ヶ月頃までに手話の理解ができるようになり、12ヶ月には

　2　ボンヴィリアンらの研究は、対象にろうの両親で、生まれつき手話を用いている聞こえる子どもを含んでおり、その語彙の伸びについて手話とともにいくつかの身振りも教えていることから、語彙を過剰評価していることが後から示されている。

第 5 章　言語発達、言語、言語システム

一つ一つの手話を表出に使うようになることが報告されています。

　聞こえる子どもの音声言語学習のように、両親の流暢な手話から自然手話言語を学ぶろうの子どもは、15～18ヶ月頃までに、手話単語を繋げて複数語での表現ができ始めます。初めはこれらの表現は、時制や代名詞、数などの文法上のマーカーや形態素を用いない、変化のないものです。自然手話言語の文法は音声言語の文法とは大きく異なっており、完全な文法表現に聞こえる子どもと同じステップで達することは困難です。しかしながら、形式は違いますが、同じくらいの年齢での一般的な文法の進展は見られます（手話言語では多くの文法的関係を、類辞といわれる代名詞に似ていて、形容詞のように物の実体の形や取り扱われ方などを示す特定の手の形で表す）。

　自然手話言語環境で育てられたろう児は、2歳までに名詞と動詞の一致表現、手話の位置での表現の理解、類辞の表現が可能になることが観察されています（L-30）。また、遊びながらコミュニケーションの役割交代もできます（M-80）。類辞や文法のその他の面での正確さが、3～3.5歳までには伸びてきますし（L-27）、その頃までに「未熟な文法」のために話し相手に十分理解されないこともありますが、短い話を繰り返すとか、自分から話すことなどを始める子どももいます。代名詞的な内容表示の使用や、いくつかの文を通じての結束、整合性も、少なくとも5歳過ぎても発達していきます（L-28）。複雑な手話言語の文法の多くの側面は、8、9歳までは発達しません（S-6）。

　ろうの両親を持つろう児の言語発達についての大規模な研究の一つは、語彙発達に関するものです。アンダーソンら（A-16）は、手話を使う両親の元でのろう児69人について、コミュニケーション発達質問紙（CDI: Communication Development Inventory, F-2）のアメリカ手話言語版（CDI-ASL）を用いて追跡しています。18ヶ月まではろう児群の平均的語彙量は、アメリカの音声言語CDI標準化集団の聞こえる子どもの平均よりも若干上まわっていました。この現象は、「手話言語の優位性」として時々取り上げられました（A-2, M-58）。2歳まではろう児群の語彙量は聞こえる子どもとほぼ同じくらいで、この結果は、手話言語の優位性は短命であるという先行研究と一致します（A-2, M-58）。語彙の中身も両群はほぼ同じですが、若干の違いも見られます。一つは、最初の数語を使うようになると、ろう児は聞こえる子どもよりも動詞を多く使う

傾向があることです。同じようなことがオランダ手話言語習得についてのホイティング（H-28）の研究でも見られます。二つ目は、CDI の音声英語版では動物の名前と同様に動物の出す音（「ウー」という犬のうなり声など）も含まれていますが、動物の鳴き声などは当然ろう児たちには早くからは学習されません。三つ目は、ASL では体の部分は指示で表され、上記のテストの ASL 版には音声言語に対応するそのような項目はありません。最後に、そして最も興味深いことは、アンダーソンらが示した語彙発達の軌道は基本的には直線的で、以前から聞こえる子どもに見られるといわれている語彙発達の急激な伸び「バースト」が見られなかったことです（D-18, G-17）。

聞こえる子どもについての語彙の急激な伸び（バースト）はどこでも共通して認められているわけではなく、なお十分な説明が求められています（L-14, 15）。しかし、マーシャークら（M-27）は、アンダーソンらの研究でその現象が見られなかったことは、ろう児の語彙の発達に関する研究結果はさまざまであり、それは言語発達や言語学習の元にある認知的手法やそのパターンに違い（つまり、自動的に関係づけて処理することが少ない。M-19, O-10）があることを示していることと通ずるものがあるといっています。アンダーソンらの研究（A-16）で、語彙の急激な伸びが見られなかったことは、ろう児と聞こえる子どもの認知上の違いを反映したものかどうか、ろう児は語彙の獲得過程で偶発学習の利用が少ないのか、両親から示される言語の違いなのか（ろうである親の大多数は、聞こえる親の元で育っている）、単純に研究デザインの違いなのか、今のところはっきりは決められません。

一つの教育育モデルとしての手話二言語方式

　TC やシムコムを使っている子どもによるリテラシーやその他の学力について、期待よりも低い成績がいつも報告されていることと並んで、音声言語と自然手話言語の発達による伸びが類似していることから、自然手話言語をろう児

　　3　重要なことは、そのようなプログラムでの言語の質や、認知の伸び、学力の結果は、立証されているわけではなく、結論は、スタンフォード学力テストなどの標準化研究の一般的な結果に基づいて示されてきている。

第 5 章　言語発達、言語、言語システム

の第一言語とする指導計画を作るようになりました（S-22）。このやり方は「二言語、二文化（bilingual/bicultural）」または「手話二言語（signe/bilingual）」と呼ばれますが、それはある部分カミンズら（C-32）の言語の内部相互依存理論（linguistic interdependence theory）に基づくもので、どの言語も中核的な能力を共有しており、第一言語で発達したスキルは第二言語のスキルに転移すると仮定されています。これをろう、難聴児の教育に当てはめてみると、生徒にとって早いうちから自然な完全な言語を身につけていくことが最も大事なことだといえます。手話二言語方式は、子どもの言語スキルは、滑らかな手話で自然なやりとりを通して発達し、取り囲む文化の音声言語を書き表したものが第二言語になるという期待を持って、豊かな言語環境を提供するものです。

　ほとんどの手話二言語方式では音声言語のいくつかの訓練を、個別の取り出しや特別の時間に行います。音声言語の書記形式の学習は、自然手話言語の生産的な知識によって伸ばされるものと仮定していますが、この考え方を支持する根拠はあまりありません。それに加えて、自然手話言語の年齢相応の発達により、理想的には、子どもが教室や家庭での大人や他の子どもたちとの交流を通じて情報に接することができ、言語の更なる学習と同じように、認知を発達させる機会が得られると期待されますが、もちろんそのような結果は、手話言語に堪能な大人や他の子どもがいるかどうかにかかっています（J-4）。教育に関する研究を解釈する時の困難さの一つに、公にされている書類などでは、教室での実際に行われている活動がはっきりしないことがあります。今行われている二言語、二文化や、手話二言語方式についての詳しい記述研究にはベイルズやその他の研究（B-1, 17, S-70）がありますが、残念なことに、子どもたちの長期にわたる言語発達に関する情報が示されていません。

　アンドリュースら（A-17）は、アメリカの支援制度や施設があまり整っていないある地域で、ASLによる手話二言語方式の 7 人の子どもについて、限られたものですが結果をいくつか示しています。その地域にはろうの大人は多くはなく、同じ年齢の子どももわずかしかいません。子どもたちは 2 歳過ぎまで（ほとんどは 4 歳過ぎまで）二言語方式の指導を受けていません。半数以上が白人ではない少数民族で、ほぼ半数が重複障害を持っています。幼稚園に入る前から 1 年生を通して、1 人のろうの先生と、自然手話がよくできる何人かの聞

こえる専門家が教えています。最初の2年間は手話ができ、ろうの人の能力や文化についての知識を持っている聞こえる専門家が家庭訪問をして、両親に手話を教えたり、その他の援助をします。重要なことは、本の読み聞かせを手話でやって見せ、それを親に勧めていることです。両親には、ろうの人の将来や、家庭で役に立つ道具（字幕読み取り機やドアのフラッシュランプなど）についての情報を提供します。

　カリキュラムは全ての生徒用に国で決められたものに従っていますが、ろう、難聴児向けに補足追加しているものもあります。幼稚園へ入る前の段階では、遊びや話し合い、毎日手話を使っての読み聞かせ——子どもが意味のある場面で英語の文字を見られるように——などを通して基本的な概念や言語を獲得させるように配慮します。幼稚園や1年生の段階での補助的なリテラシーも重視して、お話やその他の情報も、1人の先生が音声言語で、もう1人の先生が手話で提示します。このような「全体言語」を使ったやり方は、読み聞かせも含めて1年生を通じて続けられます。ほとんどの子どもは6歳で、それより年長の子どもも少しはいます。活動には、日記を書くことや、「コンピューターの使い方、算数、理科、社会など、テーマに関連してまとめたもの」などがあります。英語の文法（代名詞、文法の形態素など）については、読み聞かせの本や、生徒や教師が書いた詩などに見られる例を挙げて直接指導します。アンドリュースらは、1年間を通しての子どもの進歩を、基礎的概念、手話の理解語彙、スタンフォード学力テスト、ウッドコック・ジョンソン心理教育検査などで評価しています。資料が得られた生徒のほとんどは、その学年を通して、少なくとも学年相当レベルの伸びを示しています。これはろう児としては注目に値する成績です。しかし研究者たちは、このような伸びに二言語方式がどれだけ影響したのかは決められないといっています。

人工内耳と手話二言語指導プログラム

　手話二言語プログラムでは、音声言語が強調されないことはよくあることで、人工内耳の装用の有無にかかわらず、そこでの子どもの、音声語や音声言語に関する研究が少ないことは驚くことではありません。ヨシナガ（Y-4）は、徐々に視力が落ちてきたこともあって人工内耳を装用したが、それ以前にASLを

学んでいた 1 人について事例研究をしています。この子どもは、6 ヶ月の時から補聴器を使っていましたが、20 ヶ月で人工内耳を装用する直前 183 の表出語彙があり、それは全て手話だけで表出していて、音声言語の発達は見られませんでした。彼女の手話による語彙は、人工内耳装用後も増え続けましたが、35 ヶ月までには手話に発声も伴うことが多くなりました。51 ヶ月の時、親や教師など彼女をよく知っている聞こえる人や、ビデオテープでコミュニケーションを見た人からは、はっきりした話をする子どもと見られていました。51 ヶ月の時の一つの言語サンプルで 226 の発話をしていましたが、その 6 % のみが手話で、明らかに音声言語の使用へ移行していました。ヨシナガ（Y-4, p. 323）は、音声言語は「どの言語モダリティであれ、言語におんぶされている」として、聞くことの経験の質や量はそれへの補助的効果を持つ、と述べています。この結論は、ウィルバー（W-18）がいうように、音声語に重点を置かないとしても、自然手話に焦点を合わせていくことが、ろう児の音声語のスキルを実際に弱めているという証拠はないということになります。

　スウェーデンでは、自然手話言語に接することが勧められていますが、それが家庭でどの程度行われているのか確かではありません。プライスラーら（P-36）は、2 歳から 5 歳までの間に人工内耳を装用し、家庭や幼稚園で手話言語に接し続けていた 22 人の幼稚園児の音声言語の発達を調べています。全体として、手話のスキルが最高レベルの子どもは音声言語でも最高レベルでした。この二つの能力の伸びは並行する傾向がありますが、研究者は、手話言語スキルが高いレベルになることが音声言語スキルでの並行した伸びを保証するのではないことに注目しています。このような結果は、スウェーデンでの難聴児についての以前の研究結果（P-35）と同じです。それらはまたアメリカの子どもの研究で、年齢の小さい時の言語スキルの高いレベルは、それがどのような言語様式であっても、後の音声語の高いスキルをもたらすというヨシナガら（Y-7）の結果と一致します。

　ギャローデット大学クラークセンターでのあるプログラムでは、人工内耳を装用して学校での手話二言語プログラムでアメリカ手話を学んでいる子どもに対する特別なプログラムを提供しています。生徒の多くは手話だけを使うろう児たちとも交わっていますが、音声言語の発達のための小グループか個別での

指導も受けています。これまでの子どもたちの進歩を報告した研究論文の資料はありませんが、会議などで示された資料（S-15）では、手話と音声言語の伸びの間に 0.64 〜 0.97 の相関を示す子どもの発達のプロフィールを示しています。シールらは、どちらの言語様式でもほとんど言語を持たないで就学前プログラムに入った子どもたちは、音声語を使い始めるより前に手話でコミュニケーションをし始めていることに注目しています。彼らは、手話から音声言語への移行を個々の子どもに勧めることについて、その決定には、使われる言語様式の間の食い違いと、子どもを自分の不得手な言語様式に突然頼らなければならないような状態に置くことがないように配慮しなければならないと忠告しています。指導記録をもとにシールらは、そのプログラムでのほとんどの子どもは最終的には音声言語に、少なくとも部分的には頼るようになること、ただしその移行の時間には幅があることを報告しています。

まとめ——音声語と手話による言語学習

　ろう、難聴児の言語発達を支えるためのさまざまな方法や様式の効果については、非常にたくさんの試みや研究がありますが、それらの間が不一致である状態が続いています。それぞれの方法を使って年齢相応の言語発達ができている子どももいますが、それは一般的ではなく、ろう、難聴児は普通年齢が進んでいっても、聞こえる子どもの発達よりもずっと遅れ続けています。早期診断や最近の技術の進歩で言語レベルは上がってきていますが、聴力損失のある子どもと、ない子どもの平均的な差は埋まってはいません。更なる研究が求められていますが、現時点でろう、難聴児の言語発達について、分かっていることと、分かっていないことをはっきりまとめることはできます。

- 言語教育への取り組み方の違いは、それが聴覚・口話と視覚・手話のどちらを重視するか、その程度によるものである。コミュニケーション様式に関わりなく、言語の遅れは、ある言語のモデルにきちんと接していなかったことの結果である。これは、聴覚情報を受け取れないことや、他の場合では完全な視覚的な言語モデルが大人から十分に提供され

第5章 言語発達、言語、言語システム

なかったことによるものである。
- 用いる言語手段を問わず、両親の関わりと支援提供（社会経済的、教育的）、子どもの非言語的認知能力、重複障害の有無、指導の集中度と持続性、などこれらの全てが言語獲得の成果に結びついている。用いられる言語指導に関わりなくろう、難聴児は、語彙の獲得、文法上の形態素やその他の統語（少なくとも英語では）の理解や使用が遅れる傾向がある。
- 早期診断と2歳以前での人工内耳装用ができると、就学前段階で年齢相応の音声言語の発達が予想されるという最近の限られた研究を除いて、口話法での子ども（平均的認知力があり、重複障害がない）は、聞こえる子どもよりも言語発達の遅れ、不完全さを示す傾向がある。聴力損失の程度が重度、あるいは軽度、中度であっても、言語の遅れと困難さを持つ可能性は大きくなる。
- 聴覚音声療法は他の方法と違って、1年生になる前に年齢相応の音声言語を発達させることを目指す臨床的方法であるが、その効果を示す資料は不十分である。しかし、効果を示す記述的レポートはあり、聴覚音声療法を受けた時、暦年齢に沿った速さで発達を示した子どももいる。
- フランス語とスペイン語を学習していて、家庭や学校で早くから一貫して言語に接している子どもで、キュードスピーチが言語のある側面、特に音韻面の発達に役立つという証拠はある。キュードスピーチの研究者は、言語全体の成績よりも言語の特定の側面に注目する傾向がある。しかし結果は、子どもは視覚と聴覚の情報処理を通じて情報を統合したり、合成したりすることができることを示している。
- 話されたことばを手の動きで示すトータルコミュニケーションの可能性は、大人が手話システムの使い方に一貫性がなかったり、または頻繁に誤って使う傾向があることから、明らかに弱められている。しかし、アメリカやオーストラリアの研究では、文中での英語の語順の理解と使用を含む言語のいくつかの側面について、効果的に役立つことを示している。人工内耳を装用してトータルコミュニケーションを使う子どもについての研究では（キュードスピーチでいわれたことと同じように）子どもは視覚と聴覚によって示される言語を合成できることを示している。

- 生まれた時から豊かな自然手話言語に接していた子どもは、同じように豊かな音声言語で育った子どもと同じように、言語を早く完全に獲得する。自然手話言語が第一言語として使われ、中間手話か教室でコミュニケーション手段として使われる手話二言語教育は、理論的にはしっかりした根拠を持っているが、それによる言語発達の成果について評価できるような十分な証拠には欠けている。例外的ではあるがいくつかの論文では、子どもの言語の達成に代わって、プログラムの実践方法に焦点が当てられている。

多くの専門家（両親も）は、ろう、難聴児の言語発達について、あるやり方と他の方法とを比較する傾向がありますが、聞こえる子どもと、ろう、難聴児を「同じ土俵に立たせる」ことに成功した方法はないことは明らかです。最もよい方法を「証明」できないことは、否定的な結果と見なすことができますが、もっとよい方向で解釈することもできます。つまり、研究してきた方法のそれぞれで、言語発達の比較的速い子どもや、高いレベルに達している子どももいるのです。いろいろなやり方の比較研究は、さまざまな特性を持った子ども（その家族も）が、あれこれの研究方法に偏る傾向があることから、本来欠点を持っているものなのです。さらに研究によっては、そこで最も成功しそうな子ども、つまり聴力損失の他に障害はなく、家族はそのプログラムに積極的に参加するような子どもだけを対象とすることもあります。今後、個々の研究（あるいはいくつかの組み合わせ）の「範囲内で」成功が予測できるようないろいろな特性や経験に、適切に焦点を当てるような更なる研究がなされるでしょう。そうすることで、指導計画を作ることや、家族が子どもに対するコミュニケーションの方法やプログラムを選択するのに直接役立つような、多くの情報を得ることができるでしょう。

訳注：speech は一般的な文脈の中では「話しことば」とするが、spoken language（「音声言語」）に対して「音声で表されたことば」と限定的に使われる場合には「音声語」とした。なお、sign は「手話」または「手話記号」、signed English は「英語対応手話」、manual approsch は「手話法」、manually coded English は「手指コード英語」とした。

リテラシーに関わる諸技能の獲得と発達

　ろう教育でおそらく最も長期間にわたって悩みの種である難題は、生徒たちがずっと抱え続けてきている書かれた文字に関するリテラシーの困難さであると思われます。第5章で見たように、いろいろな言語的アプローチを選べるようになってきているにもかかわらず、言語発達に関する遅れやさまざまな課題が続いていること、周囲の状況に関わるその他の情報の入手に関して生ずる諸問題、そしておそらく私たちがろう、難聴生徒にリテラシーの諸技能を教えるのに最適なやり方を知らないこと、などによって、リテラシー諸技能の正常な獲得に対する障壁が作り出されているのでしょう。もちろん、聴力損失を持つ生徒の中にはリテラシーの諸領域で優秀な能力を発揮している者もいるのですが（P-4, T-8）、多くの生徒は聞こえる同年齢の子どもたちに比べてかなり遅れているのです。その結果、アメリカの18歳のろう、難聴者の読書力成績の中央値は、聞こえる9歳の生徒たちの成績とほぼ同じになっています（T-9）。さらにこのような遅れは、対立する主張にもかかわらず、種々の言語的アプローチや用いられる言語様式のどれが使われたかに関わりなく、生じているのです。さらにまた、人工内耳によっても補聴器の進歩によっても、また、これらを用いての早期介入では全般的な改善への傾向が見られるということにもかかわらず、この（リテラシーの）遅れを解決できたという証拠はないのです。

読みの諸技能に影響があると考えられる種々の要因

　ろう、難聴生徒の読むことと書くことの困難さについては膨大な数の研究が発表されており、さらに他のところでの再検討も行われています。しかし、このリテラシーでの明らかな障壁に関して広く行き渡っている知見は、苦闘し続けている生徒たちにもっと高い成績を収めさせるために、より成功している生徒たちのいろいろな特徴や技能を突き止めることの必要性を強調しています。そこでこの章では、リテラシーの技能の発達に影響すると考えられるいくつかの主要な要因を取り上げることにします。これらのアイデアの多くは聞こえる子どもに対する諸研究に基づくものですが、ろう、難聴児のリテラシーの発達を支援するいろいろなアプローチの有効性を評価するのに用いることができる、ろう、難聴児の諸技能のパターンの情報も増えてきています。ろう、難聴のリテラシー技能の獲得を理解するためにも、中心となるこれらの諸要因を、最初に確認しておくことにしましょう。ただし、これら全てについて、直接的な役割を果たすことを示す十分な根拠があるわけではありません。

- 幼いうちから、楽しい状況のもとで大人に読んでもらったり、一緒に読んだりする経験を積むことがリテラシー能力の発達を支える。
- 音韻知識、よくフォニックス（phonics）のスキルといわれるものであるが、これはリテラシー技能の重要な構成要素になっていて、より流暢な読み手では一般に発達している。
- 語彙に関する諸知識はリテラシー能力の発達には決定的に重要で、書かれたもので出会う以前に会話を通じてたくさんの語をマスターしている場合には読み、書きが促進される。
- 書記言語の構文の知識はリテラシーの発達に重要な支えとなり、これと語彙に関する知識とが結びついて、より流暢な「自動化された」読み、書きの技能を促進させる。
- ある一つの言語の知識は、特に中核的な概念のレベルでの知識は、別の言語のリテラシー技能の獲得を促進する。

第6章　リテラシーに関わる諸技能の獲得と発達

　以下の節では、これらの点について一つずつ取り上げ、ろう、難聴児に当てはめた場合にそれが使えるという証拠について、またいくつかの場合には有効性が立証できなかったことについて、紹介していきます。特別な指導方法の効果や、書かれたもののリテラシーの基にある一般的な認知的技能の影響についても触れます。また情報が遙かに少ない領域である、ろう、難聴生徒の書くことの技能の発達については、本章の後の方でまとめておきました。

リテラシー発達を支える初期の相互交渉と前言語経験

　年齢相応の言語能力を備えて学校に入ってきた子どもは、リテラシーを学ぶ上で明らかに有利な立場に立ちます（M-88）。けれどもこのことは、リテラシーの諸技能の発現よりも先に言語が発達していなければならないということではありません（R-9, V-2, Y-1）。ろう、難聴児であれ聞こえる子どもであれ、リテラシーの活動自体が言語発達を促進したり、双方がお互いに支え合っているという場合もあり得るからです（T-2, W-23）。この知見から、言語と書きことばへの気づきの能力の両方を育てるという点で、初期の親と子、および教師と子による読みの経験が注目を集めているのです。

　リテラシーの諸技能が生じることを支援するとして提案されてきた活動の一つが共同読み（shared reading）です。因果関係についての最高級の証明（第3章参照）を求めるガイドラインに照らして、アメリカの教育局の教育科学研究所は、リテラシーの問題を抱える危険性がある聞こえる子どもたちについてリテラシー技能を育てるためには、お話の本を一緒に読むことがよい効果をもたらすと証明されたという結論を出しています（C-27, J-8, W-15）。「共同読み」とは読んで字のごとく、大人（普通は親や養育者）と、幼児が、本や文字で書かれた教材を一緒に見ながら相互活動を行うことです。最初は一緒に絵を見るだけだったり、一緒に見たものの名前を言ったり、話題にしたものの名前を言うくらいでも構いません。例えば、車の絵を見ながら親が「車」と言い、「ママの車」について子どもに何か尋ねるというようなことです。もう少し経てば、絵を見ながら、本にあるお話を、実際の文章通りではなく「話して聞かせる」ようになるでしょう。時折は、あるいはもう少し後になれば、書かれている単語と音声語や手話との関係に子どもが気づくように親が積極的に誘導していけ

るようになるでしょう（R-9, S-17）。このような活動の最初の目的は子どもに本や書きことばがどういうものなのかを手引きすることで、どこを見るかとか、どのくらいの時間見るかについては、子どものリードに親がついていくようにすれば、共同読みの活動はずっとスムーズに進展していくことでしょう（B-40, 41, W-16）。

　共同読みは多くの家庭ではよく行われることではあるのですが、ほとんど行われていないこともあります。ろう児を持つ聞こえる両親は、研究者や教育者に、子どもが本を楽しむことはないし、親も共同読みの活動をどうしたら面白くしたり、その活動に注意を保ち続けることができるかが分からない、と話すことが多いのです（D-7, S-72）[1]。ろう児についてのいくつかの研究では、（聞こえる子どもよりもリテラシーの出現は遅れるのですが）共同読みの活動はよい結果を生むという報告がされています。しかしこれらの研究は対象児が少なく、定性的研究あるいはケーススタディであり、比較群がないという傾向があります（E-21, G-14, W-23）。

　このような全般的傾向の中で、例外的なのがファングら（F-12）が香港の口話プログラムに参加している5〜9歳のろう、難聴児について、3群の比較実験を行った研究です。この研究では共同読みの特別のやり方である「対話による読みへの介入（DR: Dialogic Reading Intervention）」（W-16）を用いてその効果を調べています。対話による読みは、共同読みの活動の間、両親が教師の立場ではなく聞き手や受け手の役割を演じることを強調しており、このやり方はさまざまな民族－文化グループからなる聞こえる子どもたちではよい結果が得られている方法です（J-3, H-8, Z-4）。このプログラムはかなり体系化されたもので、相互交渉での子どもの役割を増やしていくために、両親は特定の一連の促しのことばや、フィードバック、ことばの拡張模倣、繰り返しなどを行う方法を教えられています。子どもたちは文や考えをまとめるように、また、お話から思い出したことを自分が経験した出来事と関連づけ、Wh疑問文と自由回答

---

[1] 自らが流暢なリテラシー諸技能を持っていない多数のろうである両親を対象とした研究は、明らかに企てられていない。共同読みプログラム（S-12）は、リテラシーを持っているろうの両親がその子どもに本を読んでいるところの観察に基づいて開発された。

第6章　リテラシーに関わる諸技能の獲得と発達

の疑問文に答えるように促されます。

　ファングらの研究（F-12）では、ろう児とその聞こえる両親が三つの手続き群に無作為に振り分けられました。最初の群は9人の子どもで、対話による読みの介入（DR）を受けました。読みのための特別の本のセットが、手続き、理論、プログラムの目標などを説明したガイドブックと一緒に両親に渡されました。特定の頁にはメモがつけられていて、特定の指示や質問を使うチャンスを思い出せるようになっています。ファングらは、子どもたちにはお話について話し合ったり質問に答えたりする時に使う絵カード（のセット）、両親には、子どもにお話を繰り返すように指示する時に使う絵カード（のセット）をそれぞれ用意しました。両親はさらに読みの活動をいつするべきかを指示したカレンダーを渡され、8週のプログラム期間の最初の2週間に2回、プログラムのスタッフから手続きについて問題がないか確かめるための連絡をもらいました。2番目の群の9組の両親は、子どもと一緒に読むために同じ本のセットを渡され、いつ本を読めばいいかを指示するカレンダーももらいました。ただし、こちらの両親たちは他の教材は何ももらわず、訓練も受けませんでした。3番目の10人の子どもの群の両親は教材ももらわず、訓練も受けませんでしたが、8週間が過ぎた後に本のセットが渡されました。

　介入前のテストでは、子どもたちの群間には、平均年齢、聴力レベル、レイブンのマトリックステスト着色版（C-24）、非言語性知能テストの成績、のいずれにも有意差はありませんでした。ピーボディ絵画式語彙テスト（PPVT, D-22）の広東語版も介入前に実施されました。統計的に有意な差はありませんでしたが、DR介入を受けることになっていた群はレイブンのテストで他の二つの群（それぞれ70と68）よりよい平均成績（91）でスタートしています。各群がこのように少ない被験者数であることが、この研究での統計的検定力を限定しているために、この差は、結果に潜在的な混乱があることを表しています。しかしながら、介入後のテストではDR群のレイブンテストのスコアがずっと高いレベル、平均で114（標準は100）に上がったのに対して、他の二つの群は本質的に同じレベル（それぞれ66と65）に留まっていました。語彙テストのスコアの変化もDR群ではより大きく、統計的に効果があると認められる「大」の範囲に入っています。介入後の質問紙への回答では、両親たちはDR

群のプログラムが親にも子どもにも役に立ったと確信を持って答えていました。この研究の結果がどの程度他のろう、難聴の子どもたちに一般化できるかは明確ではありませんが、更なる研究の価値があるアプローチのように思われます。特に、DR プログラムの構成的な特性が、聞こえる両親たちに、ろう、難聴の子どもたちとの共同読みに参加してガイド役を務める能力に自信を持たせるのに役立ったようです。

　ろう、難聴の子どもたちとの共同読みの活動の中で出会う主要な課題は、DR プログラムに限ったことではないのですが、子どもたちが、コミュニケーションと、一緒に読んでいる本との双方に視覚的注意を振り分けなければならないということです（S-39）。この問題は、親と子のペアが視覚的注意を必要とするような言語的アプローチを用いる場合には、それが読話であろうとキュードスピーチであろうと手話であろうと、起きることなのです。この問題の困難さは、座る位置を適切にして子どもが親を見やすくすることや、コミュニケーションのペースを子どもが本から親に自然に注意を移すのに合わせることや、音声発話による合図が有効でない場合には、注意を引くのに手や視線を合図に使うなどの方法で軽減できます。けれども、数多くの研究が示すところによれば、聞こえる親たちは自分たちのろう、難聴の子どもたちに対して、概して直感的にそのような調整をすることはないものなので、これらの調整方法を特別にやってみせることが役に立つということです（S-44, 71, 72）。

　視覚的な配慮によるやり方は、ろうで手話をする両親には直感的に使われているらしく、何人かの研究者がそれを記述しています（L-5, S-12, W-12）。例えばシュレパー（S-12）は、ろう両親の観察に基づいて効果的な早期の共同読みの活動についての 15 原則を記述し、聞こえる両親がこの原則をもっと容易に使えるように共同読みのプログラム（SRP: Shared Reading Program）を立ち上げました。SRP の原則の多くは聞こえる子どもたちとの共同読みを促進する原則を反映していますし、使われる言語様式には左右されません。これらの原則には、子どもの興味に従って前向きの関わり合いを促進することや、本への注意を強化すること、原文を詳しく説明し、関連のあることばを聞かせることで書きことばに意味を持たせ、聞かせることばのレベルや量を子どもの言語のレベルに合わせること、お話に書かれていることを子どもの生活での出来事に結

第6章　リテラシーに関わる諸技能の獲得と発達

びつけること、などが含まれています。シュレパーは共同読みの活動で手話を使う場合に特に必要となるその他のやり方を示しています。それには、大人が本の絵や文字のそばで手話をして子どもがその両方を見られるようにすることや、軽く打つなど身体的な合図を使って子どもの注意をコミュニケーションの方、あるいは本の方へ向け直したり、本の文章を手話に翻訳すること——お話と実際に書かれている文章とを結びつけるのは後にする——などが含まれています。

　このSRPはアメリカの多くのところで実際に使われてきています。それは20週の介入用に計画されていて、個別の指導者（必ず流暢な手話使用者であり、多くはろう者）が個々の家族を訪問して、そこで使う本に適切なやり方や手話のデモンストレーションを行い、それと対応した教示用ビデオテープを渡します。デルクら（D-7）は、SRPに参加した116人の1～11歳（平均年齢4.5歳）のろう、難聴児の親について調査を行いました。その結果、親たちは共同読みの質や楽しさが向上したと報告しており、97％は手話の使用が増加したと答えました。残念なことに、観察や直接的評価によるデータが収集されておらず、SRPを利用していない家族の報告との比較もされていません。今までのところ、SRPアプローチのろう、難聴児のリテラシー促進効果の証拠についての発表も、また追試も提出されていません。

　共同読みは、アメリカ、イギリス、オランダではろう、難聴児とその親のための早期介入プログラムに組み込まれています。そうしてこれらの国々からは、このやり方への両親の満足度について、さらに記述的証拠が挙がっています。例えば、オランダのSRPに似た介入で、視覚的注意、本の文章の言語的拡張、子どもの興味に反応すること、などを重視するプログラムを受けた3人のろう児の両親によって、親子が共同読みの楽しさが増したと同時に、より内容のあるコミュニケーションができた、という報告がされています（V-4）。更なる証拠としては、マックスウェルら（M-34, R-14）のケーススタディで、共同読みの繰り返しが、手話と書かれた単語とを関係づける道を拓いたと報告されていて、そこでは英語対応手話シリーズ（B-28）の本をいくつか使っていました。それらの本には、絵と、絵に関連した文章が載っていて、さらに書かれた単語を手指で表現するために手話の手の動きを線画化したものが載っています。両

方の研究で、子どもたちは、最初はページに描かれた手話の動作をすることで「読み」、その後、書かれた単語自体を（手話で）読むことに進みました。

　親子が共同読みから得られる利点についての報告は、小学校の低学年での教師と生徒の一対一か、または少数の生徒との間での共同読みについての定性的研究によって支持され、広げられています（A-18, 19, G-14, R-15）。研究者たちは、このような活動に参加したろう、難聴児たちは、ことばや言語の促進とリテラシー諸技能の出現に加えて、読み、書きの活動に高い意欲を示し、時にはことばや手話を「見ているだけで」はコミュニケーションがうまくできない場合に、読み、書きの技能を自発的に使うことを報告しています（例えばW-23 参照）。

　アラムら（A-30）は、イスラエルの30人の母親とその幼稚園年齢のろう、難聴幼児で、共同読みと早期の支援つきの書く活動の双方について調べました。その家族は、両親に対して、子どもの聴力損失への対処についての情報とガイダンスは受けましたが、初期の読み書きの活動については、調査の以前には何の特別の指導も受けていないある放課後のプログラムに参加していました。子どもたちは全て昼間は統合教育の学校に通っていて、学校で初期の読み、書きについての経験は与えられていました。著者たちは手話や対応手話の使用については何も言及していないので、子どもたちは音声言語を使っていたと思われます。家族たちは家庭で、親子がことばが書かれていないお話の本を一緒に見て、母親が子どもが単語を書くのを手助けする活動の間、というのはその子たちが自分ひとりでは書けないことが分かっていたからですが、ビデオ撮影されました。いろいろな背景的情報が集められ、相互的な読みの活動の評価には、「大人と子どもの相互交渉的な読みの診断表（Adult/Child Interactive Reading Inventory）」（D-4 ヘブライ語に逆翻訳）と、「対話による読みのサイクル（Dialogic Reading Cycles）」（W-15, 16）の二つが使われました。お話の本を読んでいる活動中の母親のWh疑問文の使用についても測定されました。この測度は「本の読み聞かせ」変数を表すために組み合わされました。さらには書き活動への母親の足場作りの評価に、6段階尺度を用いて、母親が子どもに許容する自主性の程度、母親が子どもにアルファベットを書く際に要求する正確さの程度、この活動を大人が指揮するのではなく相互的にあるいは一緒に活動するのだということの理解の程度、が評価されました。これらの評価は「書くことへの仲

介」変数に変換されました。

　アラムら（A-30）の研究の子どもたちについて、初期のリテラシーの六つの評価尺度が作られました。これには発話されたり絵に描かれたりしている単語を書く能力、単語の認識、文字の知識、音韻意識、受容語彙、一般的知識の評定が含まれています。最初の三つの評価はアルファベットに関する諸技能を示すもので、残りの三つは言語の諸技能を示すものだと考えられています。一連の階層的重回帰分析の結果、子どもの年齢、聴力損失程度、母親の読み聞かせの評価を統制した場合には、母親の書くことへの仲介の評価が子どものアルファベットに関する諸技能の差の説明に有意に働くことが示されました。もう一つの付加的分析で、子どもの年齢、聴力損失程度、母親の「書くことへの仲介」の評価を統制した場合は、母親の読み聞かせの評価が子どもの言語諸技能の相違の説明に有意に働くことが分かりました。したがって、母親の「書くことへの仲介」の質と、母親の読み聞かせの質とは、子どもの文字知識と、全般的な言語技能に対してそれぞれ独立に影響を及ぼすものです。しかしながら、この介入に参加しなかった子どもたちから比較のためのデータが得られていないので、因果関係についての結論は出せません。

　結論として、初期の家庭での介入や低学年での共同読みは、聞こえる子どもたちの発達支援に関して実りの多いものであり、語彙発達、音韻知識の構築、書物への集中に対する動機づけを促進する肯定的な効果があるというデータが集まってきています。聞こえる子どもたちの研究では、また、初期の共同読みで得られた読解への効果は、小学校時代全体に及ぶことが分かってきました（Z-4）。ろう、難聴の子どもたちに関する証拠は限られたものですが、しかし得られた報告は同様の効果を暗に示すものです。イースターブックスら（E-4）は、共同読みは、より年長の子どもよりも、初期の読みを支援する方法として有効であるという根拠ある基盤に立つものだと結論づけています。

音韻意識、フォニックスとリテラシー諸技能

　アメリカのナショナルリーディングパネル（National Reading Panel）〔訳注：子どもに読みを教える方法を検討するための専門機関〕（N-6）という組織が、音素意識（phonemic awareness）とフォニックス（phonics）とが、読みの指導の五つの本

質的要素のうちの二つの要素であることを確認しました。音素（phonemes）とは、ある一つの言語に特定された最小の単位のことです（例えば [k] の音、英語では /k/ と /c/ のどちらの綴りであっても）。音素意識の中には、これらの単位（音素）が結びつき、繋がっていって語や文のような、より大きい有意味な単位を作る時の規則を知ることが含まれています。フォニックスとは、ある言語の音あるいは音素を、それらの音の書記素（grapheme）あるいは書記形態（つまり、文字）に結びつける規則についての知識だといえます。音素意識とフォニックスはどちらも、普通、音韻意識（phonological awareness）、あるいは音韻知識（phonological knowledge）といわれるものの見方の一つです。ナショナルリーディングパネルは、音素意識とフォニックスが読みの初心者にとって、さらには年長でもリテラシー技能が低いレベルにある読み手にとっても、重要な手段だと指摘しました。この二つの手段はともに、特にそのために設けられた学習による支援の必要があり、体系づけられた入力なしに発達することを期待すべきではないとしています。ナショナルリーディングパネルはさらに、リテラシーの獲得には、音韻知識が効果をもたらすのは確かだが、それ以上のことが必要なのだということも強調しました。

　ナショナルリーディングパネルは「音素」という用語を、話したり聞いたりすることを基本とする言語の構成音だけに限定して使用しています。けれども、ストーキーやその他の人々（S-61）は、自然手話言語も、音声言語の音素と同じ言語学的機能を果たす視覚的に受容される単位から構成されていることを納得がいくように説明しています（詳細は L-32 参照）。しかしこの章はもともと音声言語の書記形態の読み書き能力に関わるリテラシーを扱うものなので、音素または音韻という場合は、聴覚あるいは音を基本とする音素についていうことにします。もちろんこれらの単位は、少なくとも部分的には読話やキュードスピーチのようなシステムを通して視覚的に受容できる形態として表出されていることはあるのです。

　熟練した聞こえる読み手と同様、ろう、難聴の熟練した読み手はかなりの音韻論的知識を有していて、読んでいる間、ことばの意味を解読したり解明したりするためにそれを使っていることが多いということが分かっています。トレゼック（印刷中）らやパフェティら（P-16）、その他の研究者たちは、そのよう

な知識は聴覚を通してよく獲得されると強調してきましたが、レイバート（L-21）は、多くのろう者は手話、指文字、正書法（綴り字）、構音、読話、それに限られた聴覚をさまざまに組み合わせて得た情報を統合して、音韻論的符号と機能的に同等な表象を作って活用することができるという結論を出しています。それでも、教育者や研究者たちは、重い聴覚損失のある子どもたちに音韻組織を「教える」最上の方法（一つあるいは複数の）を突き止めることで、子どもたちが適切な文脈でその音韻組織を活用できるようにしようと苦闘し続けているのです。

　トレゼックらは、音韻論的知識は単語の認識の助けとなるだけでなく、統語的知識——特に、発話する時に強勢を置かれない時制や数を現す文法的形態素の理解能力——の助けにもなるようだといっています。ろう、難聴生徒が単語を認識する過程において、音声学的な読み取り（解読）は聞こえる生徒たちよりもさらに重要なのかもしれません、というのはろう、難聴生徒は単語の意味を決定するのに文脈を効果的に使っていないのが普通だからです（A-18, D-12）。けれども、音韻論的知識が前もって存在することが、読みに入っていく方法として、単に特別に効果的なだけでなく、どの程度不可欠なものなのかについては疑問が残ります。例えば、全ての単語（見える単語）の学習、形態素の理解、文脈から意味を引き出すなどのことが、理解へ至るもう一つの、あるいは追加の道筋を提供しているとこともあり得るわけです。ナショナルリーディングパネル（2000）は、読みの諸技能が音韻論的知識から発達するだけではなく、それに伴って、読みの活動もまた音韻的知識を強め、拡張していくのだと指摘しています。

　ゴールディンら（G-18）は、音韻論的諸技能と読みの能力との間で実証されてきた関連は、因果関係を表すには不十分であると述べ、ムッセルマン（M-88）とともに、読む活動に関わることが、ろうの有能な読み手に見られる音韻とリテラシーの関係を作る「源」なのであって、その逆なのではないと提唱しました。アンドリューら（A-19, H-14）もまた、ろう、難聴生徒の手話や手話の意味についての知識は、音と文字の関係についての知識を持たないままに、書かれた単語との関係を作ることができると主張しています。最後に、パドンら（P-3）は、指文字は、単語を作っている文字や書記素の視覚－手指的表象

を提供するものとして、書かれた文字を読み解く直接の補助手段として役立つ可能性があると提言しています。

　以上述べてきた主張は役に立つ見解ではありますが、まだ実証的に確認する必要があります。ハリスら（H-11）は優秀な読みの諸技能を持った2人のろう児について記述しています。この2人は有能な手話の話し手でしたが、聴覚的な音韻意識があったという証拠はありませんでした。イッゾ（I-3）は4〜13.5歳の29人のろう児について相関関係を検証する実験を行いましたが、同じく読みと音韻論的諸技能との間に有意な関連を見出すことはできませんでした。全体として、その研究の子どもたちは、音声語対応手話（Signed English）かアメリカ手話（ASL）のどちらかを使っていましたが、絵に基づいた音素的知識のテストでは低い成績でした。しかしこの子どもたちでは、自分で選んだ本を読んで内容に答える課題の点数は低いところからやや高いあたりに分布していて、年齢と手話能力の両方に有意な関連が見られました。回帰分析の結果から、読みの分散の40％は言語、年齢、音韻意識の三つの変数で説明されることが分かりましたが、言語のスコアを統制した場合には年齢は有意な予測因子とはなりませんでした。

音韻知識とリテラシー育成のための聴覚情報の強調

　音声言語の語音に聴覚的にアクセスすることが、読むことと書くことの能力にとって必ずしも必要であるとは限らないという証拠があるにもかかわらず、まさにそのような意識の形成に多くの努力が集中されてきました。聴覚音声療法（AVT）やその他の口話プログラムは、少なくとも部分的には、リテラシーの諸技能は発話と聴取の諸技能によって高められ、それらの諸技能は次には音韻知識の発達を助けることが期待できるという仮説に基づいています（第5章参照）。補聴器や人工内耳を通じて伝えられる聴覚情報へのアクセスは、音韻的発達を促進することをなお一層期待させることでしょう。口話プログラムの生徒たちは、手話プログラムの生徒たちに比べて読むことと書くことの両方でより高い技能レベルを示す傾向があるという、いくつかの研究（G-6, M-78, 89）があることはあるのですが、手に入る諸研究では因果関係については、未だ確認されていないのです。一貫した関連性に欠ける理由は、おそらく主とし

て選択された言語様式によるもので、それが、家庭の社会経済的要因や、付随する障害の有無、子どもの補聴補助装置使用の有無などを含む背景となる要因によって複雑になっているのです。例えばギーアス（G-5）は、口話教育アプローチに最新の技術を取り入れているプログラムでさえも、リテラシーの諸課題は解決されていないと指摘しています。

　人工内耳装用の子どもたちを含む研究の多くは、ことばの聞き取りと発話のスキルがどれだけ伸びているかに焦点を当てています。この二つのどちらも音韻の知識の存在をうかがわせるものだからです（B-25, K-18, S-45）。いくつかの研究は早期に人工内耳の施術を受けた子どもたちは術後3年で、以前に報告されている補聴器を使用している同様の聴力損失レベルの子どもたちのグループよりも、音素をより正確に（約70％）産出していると報告しています（P-15, S-30）。早期の人工内耳施術では、音韻意識もより大きく育つという結果が出ています（J-2）。けれども、パルマー（P-8）は、音韻意識は、その知識が書かれた単語の読み解きに使われることを保証しているわけではないと述べています。彼は、本を読むことを基本にした上で、フォニックスを取り上げて明確に教える12週間のプログラム（Phonographix）が、プログラムの初めでは読みの技能が大きく遅れていた9歳のろう児2人について、読みの改善に成功したと報告しています。2人とも音韻意識と単語の読み取りが有意に伸びたのです。けれども、参加者がたった2人ということから、この知見は一般化できるとは限りません。

　人工内耳は一般的にいうと聴覚に基づく言語へのアクセスを促進するという事実にもかかわらず、いままでのところ、その子どもたちのリテラシーの遅れを取り除くということの証明はできていません。ギーアスら（G-3, 5）は、最初は肯定的だったある成績評価で、口話教育を受けた181人の人工内耳装用のろう児の半数以上が、（8〜9歳で）聴児用の読みのテストで普通の範囲内の成績であったと報告していました。これは改善された聴覚による経験が、読みの諸技能を支える音韻やその他についての能力の発達の基礎を提供するのだと思わせるものでした。しかし、その子どもたちのうち一部の子どもたちが15〜16歳の間に再検査を受けた時には、学年で期待されるレベルより約2年遅れていたのです（G-4）。サンプル内の個人差が年齢とともに大きくなることも、

ギアスら（G-10）がより多数のサンプルについての長期の追跡研究で報告しています。ただし、これらの人工内耳を装用しているろうの年長生徒の読みのレベルは、ろう、難聴児のグループについての過去の研究での平均的レベル（例えばT-9）と比較すれば、良好なものといえます。

　聴覚音声療法（AVT）では早期から厳格に聴覚に集中させるので、もし聴覚による音韻論的知識がリテラシーの発達に決定的な要因であれば、これらのプログラムの子どもたちはリテラシーで高いレベルに達することが期待されます。ロバートソンら（R-12）はAVTのリテラシーの成績で肯定的な量的結果を得ています。彼らの参加者の大多数は、リテラシーの普通のレベルから高いレベルまでに分布していて、主として統合教育の環境で学校に通っているというのです。レイら（W-33, L-19）も、AVTに参加している子どもたちは、アメリカのろう、難聴児で一般的に見られるよりもリテラシーのレベルが高くなる傾向が見られると報告しています。オーストラリアの生徒の調査でも同様の結果が出ています（R-10, 11）。しかしながらこれらの報告はAVTに参加している子どもたちと比較するための聞こえる子どもについての情報がなく、またデータ収集に標準化されていない評価法が使われています。これらの研究はAVTに参加した子どもたちが達成感を持ち、統合教育に入る率が高く、AVTアプローチの目的と一致する年齢相応の読みの技能を持つことを示唆するものではありますが、全てのケースでサンプルは研究者が選んだものであり、調査データが遡及的であり、もともと主観的なものです。

　イースターブックスら（E-3）によって研究されたアメリカのAVTプログラムの62人の子どもたちのリテラシーの成績もまた非常に多様なものでした。その子どもたちは、一対一の言語セラピー（治療）、両親教育、家庭での復習などを行うプログラムに参加している子どもたちです。参加している子どもの家庭は概して財政的に裕福で、教育程度が高く、子どもの教育に「熱心に関わって」いる家庭でした。評価が行われた時の子どもたちの年齢は、発表論文では明らかではありませんが、教育検査の報告に基づいたものです。評価時の男児たちの言語とリテラシーの成績は、平均して非言語認知テストから予期されるより3.8歳遅れていました。女児の言語とリテラシーの成績は、非言語検査から予期されるより2.7年の遅れでした。イースターブックスらは主に性差

第6章　リテラシーに関わる諸技能の獲得と発達

に関心があったわけですが、言語とリテラシーの成績もまた、子どもの周りのものに注意を向ける行動と補聴聴力のレベルと関連している、と述べています。

視覚的言語入力が増えた時の音韻知識とリテラシー

　人工内耳の装用がもたらすろうの子どもたちのリテラシーへの肯定的な効果の可能性は、スペンサーら（S-32）によって行われたトータルコミュニケーション（TC）プログラムの72人の子どもたちの遡及的研究で示されています。人工内耳の装用開始から48ヶ月後の、発話と受聴によって測定された音韻的知識に促進が見られたのです。これらの諸技能は、その後の読みの諸技能に有意に関連していました。子どもたちが話しことばや音声言語を経験する場合に手話を一緒に使うことは、人工内耳から得られる情報を使用することを妨げるようには見えませんでした（S-31）。

　多くの研究者たち（例えばH-11, 14, S-13）が、ろう、難聴の子どもたちは、視覚的情報を自分たちが受け取る不完全な聴覚情報とうまく組み合わせ、音声言語の語音についての情報を得るために読話を用いることができることを示してきています。したがって、読話能力の増加は、音声言語の理解と同様に、読みを支えていると思われます。けれども、読話では英語で発話される音の大部分について明確には認識できないので、その他の情報が与えられる必要があることはよく知られていることです。

　第5章で説明したように、キュードスピーチは読話だけでは得られない視覚的情報を追加して、ろう、難聴生徒たちの音声言語の十分な音韻的知識を育て、それを読みの諸技能の支援に役立てようという試みの一つとして考え出されたものです。コリンら（C-15）は、キューをつけることによってフランス語の音声語に重点を置くプログラムに参加したフランスとベルギーのろう児21人と聞こえる子ども21人の研究について報告しています。ろう児たちのキュードスピーチに接する時間と程度はまちまちで、家庭で両親がずっと一貫してキュードスピーチを使っているという子どもたちも多くいましたし、学校の中では他の手段よりもキュードスピーチを長く使っているという子どもたちもいました。コリンらは、幼稚園の年齢での無意識的に音韻を比較する能力は——韻を認識する能力で示される——第一学年の終わりでの韻を意図的に判断する

115

能力を予測できることを見出しました。さらに、早期の音韻的諸技能と、後からの意図的な音韻の判断力とは、どちらも第一学年での書記単語の認識（力）を予測させるものでした。キュードスピーチに接し始める年齢は、第一学年の音韻的諸技能と読みの諸技能のどちらとも関連が見られました。キュードスピーチをより幼い時から使い始めた子どもたちは、技能レベルがより高かったのです。これらの関連性は暦年齢と非言語的知能を統制して見た場合にも保たれていました。コリンらによると、子どもたちは、幼稚園段階では韻の認識の課題に関わっている間にキュードスピーチの手の動きをあからさまに使うことはありませんでしたが、第一学年になって単語の韻を判断する場合には使っていました。そこでコリンら（C-15）は、早期からキュードスピーチに触れることの効果は、以前から暗黙のうちに持っていた情報に気づき、それを操作できるような認知的レベルに達した時に初めて明らかになってくるのであろうと結論づけました。

　コリンら（C-15）の結果と、さらに別の諸研究からの結果は、フランス語のキュードスピーチの使用は子どもたちのリテラシー能力の発達促進効果には有望であることを示しています（L-21, 23）。けれどもマーシャーク（M-10）は、フランス語やスペイン語を話す環境でキュードスピーチを使っているろう、難聴児たちでの効果的なリテラシー発達の諸報告に比べて、英語を話す環境での結果については、結論を引き出すのに不十分なデータしかないことに注目しています。アレグリアら（A-6）は、この状況は、それぞれの言語において、キュードスピーチが音と綴りの対応関係の規則性に依存している程度による結果であろうと示唆しています。英語では、フランス語やスペイン語の場合よりも対応度が低いからです。

　聴覚情報を補足するために、音声言語の音韻を視覚的に表示するもう一つのシステムが視覚的フォニックス（VP: Visual Phonics, 国際コミュニケーション学習協会〈ICLI〉, I-1）です。いくつかの研究が、VPはコミュニケーションに使う言語様式に関わりなく、ろう、難聴の子どもたちの音韻の発達に有効な補助手段になり得ることを示唆しています。

　視覚的フォニックス（VP）は、音素を、言語を構成する礎であると理解し、それらを使用したり操作したりする能力を発達させることが、実際に聞いたり

第6章 リテラシーに関わる諸技能の獲得と発達

発音したりするよりも決定的に重要であるという考え方に基づいています（T-10）。これは、読話では見えなかったり区別できなかったりする音の曖昧さを取り除くために、音声言語と同時に形作られる手のサインのシステムを利用するものです。VPは二言語あるいは手話／音声の二言語使用の学校において、言語治療の時間に使うことができますし（W-1）、他の言語アプローチ（例えば口話、TCなど）を使っている子どもたちに対して、それ以外の授業時間にも使うこともできます。VPは三つの点でキュードスピーチとは異なります。第一に、キュードスピーチはしばしば通常のコミュニケーション・システムとして使われ、家庭や学校で、通常の（音声言語とともに使う）コミュニケーション手段として最も有益です。VPは主に学校の教科としてフォニックスを教えるという特定の目的で使われるものです。第二に、キュードスピーチはその音が何の音であるかという情報は提供しますが、その発音方法については示しません。一方、VPの手の形は、その音を発音するのに必要な構音運動を生徒たちに思い出させるための写像的な要素を組み込んでいます。第三に、キュードスピーチは音を音節レベルで表しますが、VPは一つ一つの音素を表しています。

　トレゼックら（T-10）は、TCを採用しているある幼稚園と第一学年の小グループ（いくつかの下位技能の尺度で9～13と評価された）のろう児たちに対するVPプログラムの結果を報告しています。その学校は「読みの習得」（E-13）のカリキュラムを採用しています。これは直接的な教示を行う方法で、聞こえる子どもで読みの問題を持っている子どもにも、持っていない子どもにも有効に使われているものです。教師たちはVPの使用の訓練を受け、それを担当しているろう、難聴生徒たちの読みのカリキュラムで実施しました。ウェクスラー個別学力テストⅡ（P-38）を用いた介入前および介入後のテストの結果、この研究の8ヶ月間に生徒たちは、単語の読み、模擬単語（単語に似た文字連鎖）の解読、読解の諸技能で有意な進歩を遂げました。成績の伸びは聴覚損失のレベルとは相関がありませんでしたが、最重度の聴力損失を持つ生徒たちも、高度の聴力損失を持つ生徒たちと同様に利益を得たようでした。その上、教師たちのエピソード報告によると、生徒たちは単語の解読をしている間、VPの手の形を自分自身で自発的に使っていました。

　VPを使った効果についてのもう一つの研究が、トレゼックら（T-11）によっ

て行われています。このアプローチもまた、第一学年と幼稚園で、一般的なリテラシー諸技能を教えるために計画された構成的カリキュラムに付随するアプローチでした。この研究は、口話のクラス一つと、手指で表された英語（TC）を使う二つのクラスにいる20人の子どもについて行われました。聴力損失は軽度から重度の範囲で、このうち10人は人工内耳を装用していました。地域の学区の専門家集団によって、地域全体の読みのカリキュラムが開発されていて、毎日の課業は90分のリテラシーの指導であり、内容は、音素への気づきとフォニックスの明示的な指導、教師が読み聞かせる「大きな声で読む」授業、語彙指導、全体的なガイドつきの読みの活動などです。教師たちはVPの使い方について初めに訓練を受け、それからさらに引き続き訓練を受け、また、プログラムが計画通り実行されるかどうかが研究者たちによって観察・記録されました。

　教師たちは最初、聴力損失のある生徒たちに、その地域の読みのプログラムのフォニックスの部分の授業をすることの難しさを表明していましたが、その難しさはVPの手の動きを使うことで取り除くことができたと報告しています。2学期にわたるプログラムの事前と事後のテストは、カリキュラムが目指した能力を子どもたちが獲得したことを示しています。子どもの読むことと書くことの能力の伸びを評価するテスト（Domonie Reading and Writing Assesment Portfolio, D-5）での音（音素）を書いて表すこと、および綴りの正確さの下位テストで有意な効果が見られました。統計的に有意な効果はさらに、生徒が口頭で提示された単語の中の音節の数を示すという、音素への気づきと分節（phonemic awareness segmentation）のサブテスト、音素削除（特定の音が削除された後に何という単語が残るかをいう）、語頭の音、韻を踏む能力、などのサブテストでも同様に見られました。けれども、研究者たちはこの介入を受けないろう、難聴生徒による比較群を用意できなかったので、VP法の使用と子どもたちの伸びとをはっきりとは結びつけられませんでした。さらには、観察された伸びにもかかわらず、トレゼックら（T-11）は、生徒たちの9点式成績評価（stanine）、それはおおまかに標準サンプルとの比較のためのパーセンタイルに変換できるものですが、それが読みの諸技能のサブテストで時が経つにつれて下がっていったことを見出しています。つまり、ろう、難聴の参加生徒たちは

フォニックスと読みの諸技能では改善したのですが、当初のレベルに基づいて期待された進歩には遅れずについていくことはできなかったのです。

　読話、キュードスピーチ、VP に加えて他のいろいろの方法が、音声言語の音韻を、ろう、難聴生徒にもっと知覚しやすくするために工夫されてきています。それらの中には「語彙の個人教師ボウルディ（the vocabulary tutor Baldi）」のようなコンピューターによる支援システムがあります。それは単語を発話したり読んだりするレッスンと一緒に、頭の内側と外側の両方から見た構音のイメージのディスプレイが現れるものです（B-6, M-30）。これを使ったろう、難聴生徒による一連の多層ベースライン・事例研究の結果は、話された単語を理解することと、単語を発話することで、成績がよくなったことを示しています。このシステムの利点の一つは、生徒がプログラムを、好きな時に一日のいろいろな状況で個人的に使うことができることです。しかし、このようなツールがろう生徒の教育の場でどれほど受け入れられるか、また広く使われるかどうかについては、まだ十分な調査の余地がありますし、成果が上がるという証拠がもっと必要です。

　使っているアプローチが何であれ、大部分のろうの、そして多くの難聴の読み手たちは、初期の学年の何年かの間は音韻について貧弱な知識しかなく、そうしてその知識さえしばしば有効な時に適用できずにいるのです。聴児に比べて、ろう、難聴生徒は単語の視覚的な諸特徴により多くを頼っていますが、そのことは、韻を踏む単語を書くように求められた時に、綴り（orthography）が音韻（phonology）について誤解を起こさせるような場合（cave と have など）にさえも、綴りの類似性に頼る傾向からも分かるのです。それにもかかわらず、少なくとも何人かのろう、難聴生徒は、音韻体系（phonological system）を発達させる中で視覚情報と聴覚情報とを統合できますし、また実際にそうしていて、この統合が読みの諸技能の発達をサポートするという証拠もあるのです（L-21）。

語彙とリテラシーの発達

　音韻意識の発達に関心を寄せる理由の一つは、子どもの語彙に示される書かれた単語を認識したり意味を捉えたりすることに、それが使われていることに

あります。ろう、難聴児たちの語彙のサイズの平均は一貫して聞こえる子どもより小さく、このことが言語の遅れを反映しているとともに、そのことがなければ、より以上の言語発達を促進させるはずの読み書きの能力に障壁をもたらしているのです。その遅れには多様な原因があり、その中には、周囲で起こる会話を耳にする経験が欠けているとか、さらにそのような会話にアクセスできてもそれを活用するのに十分なスキルを持っていないことが多い、とかいうこともあるのです。両親や他の大人たちも、ろう、難聴の子どもたちとのやりとりでは限られた語彙しか使わないことが多いでしょうし、それには子どもの知識や聞き取りの力に低い期待しか持っていないとか、時には大人の側が十分な手話表現能力を持っていないとか、口話コミュニケーションを明確に行う能力を欠いているとかいう理由もあるでしょう（C-3, E-1）。発達の他の側面と同じように、ろう児たちの語彙発達は、両親が子どもや、子どもの学習経験にどれだけ関わっているかということも反映していますし、また多くの場合は、同年齢の子どもたちや、きょうだい、それ以外の子どもたちとの相互交渉の機会が限られていることの反映でもあるのです（M-18, 66）。レダーバーグら（L-11）は、聴力損失を持つ子どもたちの語彙の発達は、一つの単語に触れる頻度、その単語が示される時の視覚的な分かりやすさ、それに、その語の使用がその子どもの興味や注意の焦点に関わっている程度に関連しているのだと結論づけています。

　この点から予期されるように、ろう、難聴児の読みの能力は、語彙を扱うスキルと特に強い関連を持っていることが分かっています（H-21, K-35, L-7, M-18, P-14）。一般的にろう、難聴児たちは、限られた数のよく知っている動詞と具象名詞（concrete noun）を濫用して書くことからも分かるように、いろいろな品詞を使うことがうまくできないのです（D-11, T-11）。さらに、多くのろう、難聴の子どもは、語彙の知識が聴児よりも豊かでないか完全ではない傾向があるために、また、平均的な聴児よりも少ない文脈でしか単語を見たり聞いたりしていないために、一つの単語に複数の意味があることの理解に特に弱点があります。この問題を克服するためにポール（P-10）は、語彙の教示について、伝統的な学び方、すなわち文脈の中で使う以前に周囲とは切り離された形で語の定義を学ぶという方法はやめにして、いろいろな状況の中で新しい語と

第6章　リテラシーに関わる諸技能の獲得と発達

出会うようにする必要があると示唆しています。さらに、一つの単語を、いろいろな意味のある文脈で繰り返し経験すると同時に、一つの単語の複数の意味的側面について話し合ったり、図式に表現したりすることが語彙発達を支援するためにはよりよい方法だと主張しています。語彙に制限があるということで、ろう、難聴児は聞こえる子どもよりさらにたびたび、ある単語を知らずに、また会話の言語でのその意味を表すものとして使ったこともないまま、それを書かれた単語の形で学習しなければならないということになります（H-20）。しかしハーマンスら（H-21）は書きことばで語彙を学ぶことは、子どもたちがその概念や実体を表す手話をすでに知っている場合には容易になると指摘しています。そうして、書かれた単語の認知の最初の段階は、それが記憶の中で手話と組み合わされた時に起きると考えています。書かれた単語に繰り返し遭遇すれば、いろいろな統語的、語用論的文脈で使われるにつれて、その単語の理解が深められるというのです。この考え方は、統語論と意味論（単語の意味）は相互的に働いて読みの理解を形作る（以下参照）というケリーの主張（K-3）と一致しています。ハーマンスらが描いている理解の第三の段階は、その単語を見た時に、単語の意味が無意識のうちに利用できるようになることを意味していて、そのため、新しい文脈の中で見た場合も、単語の意味を理解するために余分な認知的判断材料を必要としないのです（B-11、K-5参照）。一つの単語の意味の理解についての一般化と深化の機会が与えられないと、その意味は「化石化」して、一般的には含むはずのいろいろな意味的側面を持たなくなってしまう可能性があるとハーマンスら（H-20）は示唆しています。

　単語の認知と理解が自動的にできるようになるのは、ある単語の意味を表す複数の手段を持った時、つまり、子どもたちが文字、発話、手話による表現を知った時に促進されます。ウォーターズら（W-11）もまた子どもたちが獲得した単語の意味を経験する感覚の数（聞く、見る、嗅ぐ、触るなど）が増えると、単語の獲得は強められ、したがって語の理解がより素早くまた自動的になることを見出しています。興味深いことに、このアプローチは語の意味を純粋な言語学的手段によって獲得するよりも効果的であることは分かっていたのですが、ろう児たちより聞こえる子どもたちに役立っていたのです。

　ろう、難聴児にいくつもの表現形式を教える機会を提供する方法の一つが

「チェーン化（chaining）」と呼ばれているもので、流暢な手話を使う教師たちによって教室でよく使われていることが知られていました（P-3, 4）。この方法は、教師が一つの単語を書記、手話、指文字を使って、そのまま続けて実演してみせるのです。こうしてその単語の文字、つまり綴りは2回現れ、（通常はその単語の最もよく使われる意味で）手話の形が常にそれに伴い、多くの場合は繰り返されるのです。このアプローチを拡張したものが、このチェーンに音声語を加えて、単語の話しことばの形態を形成するプログラムで使われてきました（S-15）。ろう、難聴児が、書かれた単語を指文字によって直接に解読しているという徴候はほとんど見られないのですが（M-88）、このチェーンの中でそれが自然に使われているということは、多くの教師たちが、それが書かれた単語の初期の学習の助けになることを、経験によって知っていたことを示しています。

　人工内耳を装用している幼児の語彙の発達は広範囲にわたって研究されており、それらの多くは年齢相応の語彙のサイズを確立するというよりは、発達を予測できるものをはっきりさせることが目的となっています（C-17）。概して、研究者たちは人工内耳装用児たちが、同様の聴力レベルで補聴器を使用している子どもたちよりも、多くの音声語の単語を理解し産出することを見出しています。コナーら（C-17）は語彙発達について、言語様式と人工内耳の施術年齢の効果を調査しています。研究の始めの段階では、TCプログラムを受けている66人の対象児は、口話プログラムの81人の子どもたちより、平均表出語彙が多くありました。TCプログラムの子どもたちは毎日手指コード英語に接しており、また集中的な聴能発話訓練も行われていました。両群の語彙発達は、人工内耳を装用していないろう児の典型的な発達に比べると速いものでした。しかし、この両群で人工内耳を装用している子どもたちは、音声語のみでテストした受容語彙発達では、通常の聴児に比べて遅く、この子どもたちの成績は時間が経つにつれて次第に聴児の規範から外れていったのです。語彙発達の速さはTCのみの子どもたちが口話のみのプログラムの子どもたちより速かったのですが、それは、子どもたちが人工内耳施術を早期に——5歳以前に——受けていた場合のことだったのです。

　コナーら（C-17）は、人工内耳の施術年齢、埋め込み技術の特性、それに手

話の使用による初期の語彙レベルの構築など、どれもが子どもたちの語彙発達に影響を及ぼすと結論づけています。同様の結果は他の研究者たちによっても報告されています（S-14 など）。コナーら（C-18）は少なくとも 4 年間人工内耳を使用している 91 人のろう児（平均年齢 11 歳）の読みの理解で、他の全ての因子を統制して単一因子の効果を特定できる統計手続き（SEM: Structural Equation Modeliing, 共分散構造分析）を使用して、語彙の成績が読みの諸技能の予測に有意であることを見出しました。施術以前の語彙のサイズは、TC プログラム（話しことばと音声言語を強調するものを含む）の子どもではより多い傾向があり、施術後の語彙サイズを予測していました。施術後の語彙量は、読みの成績に直接的で肯定的な効果をもたらしました。読みの成績への直接的効果はまた、人工内耳施術の年齢（幼いほどよい読みの成績に繋がる）と、社会経済状況（低いことが低成績を予測させる）とにも見出されました。読みの技能は年齢とともに促進する傾向が見られましたが、ろう児の成績と聞こえる子どもの平均水準とのギャップもまた年とともに開いていったのです。

　よくいわれる仮説に反して、音声語の語彙発達を助けるために手話を使うことは、ろう児と同様、難聴児にとっても利益があることが示されました。例えばモリンクら（M-75）は、手話つきのオランダ語を使ってろう児のための分離教室で教育を受けているほぼ 4 歳半からちょうど 8 歳を過ぎたまでの子どもで、補聴器を使用している 14 人の難聴児を調べました。事前テストでのろう児たちの非言語性認知機能の平均は、このテストで聴児のために設定された平均より多少低めで、視覚的短期記憶のテストでも同じような結果が見られました。語彙の訓練が次の四つの条件下で行われました。それは、特別な訓練を行わない統制群、オランダ語の音声言語だけを用いる条件、手話とオランダ語の音声言語を組み合わせて用いる条件、オランダ語の音声言語による語彙を、その語彙と関連した色の名前と結びつける条件、です。子どもたちは訓練が始まる前にオランダ語の音声言語についてテストされ、訓練終了の 1 週間後、および 5 週間後にテストされました。最も効果があったのは訓練中に手話と音声言語の両方が使われた条件でした。統制条件の枠を除いた全ての子どもについて、（音声言語で）正しくいえた単語の数は、事前テストと訓練終了後 1 週間目のテストの間で有意に増加していました。訓練後 1 週間のテストの点数は 5

週間後の点数よりも統計的に有意に高かったのですが、事実上の差異はあまり大きくはありませんでした（平均正答率がそれぞれ 39.5％と 36.5％）。したがって、訓練から得られた効果は訓練が終わった後にも持続していたのです。

　モリンクら（M-75）は単語の意味の学習とその記憶力を、それぞれの単語を表す手話の写像性――すなわち、手話が表している事物に似て見える程度――に基づいて分析しました。以前から知られている通り、写像性は学習全体については有意な効果を持ちませんでしたが、訓練後 1 週目と 5 週目の点数の変化と写像性の程度の間には相互関係があり、訓練後 5 週目に低い点数を示した単語は、点数が高い単語に比べると、写像性がより低かったのです。この現象をさらに調べるためには、より多くの被験者によるもっと多くの研究が必要です。いくつかの疑問は残りますが、この研究の結果は、一つ以上の言語様式で単語を提示することは、ろう、難聴児が音声言語の表現を学ぶ妨げにはならないという他の研究結果と一致するものです。

　これらのことをまとめると、上記の諸研究が見出したことは一つに収束していて、種々の介入法があったとしても、書かれた語彙の知識の発達は、ろう、難聴児に関しては限られたままであり、リテラシーの諸技能については、それを促進しようとする場合には特別な努力が必要な領域だという点で一致が見られます。語彙の指導は単純なドリルや練習、あるいは定義を覚えることによるのではなく、意味を持った文脈の中で行われる必要があるということはよく指摘されていることです。しかしながら、語彙というものが特に取り上げて取り組むべきものであり、直接的な指導なしには十分な発達を期待できないことも認められているのです（D-2, D-12, E-4, M-88, P-11）。ケリー（K-5）は、単語の認識が自動的にできるようにして、読解をサポートするために、短くて焦点を絞った読みの活動を頻繁に、また繰り返して行わせるような、書きことばの語彙の集中的な練習をすることを奨励しました。重要なことは、ケリーが強調しているように、この活動は発達的に見て適切なものでなければならないこと、そして、進歩のためには結果へのフィードバックが決定的に重要である、ということです。イースターブックスら（E-4）はさらに、単語の意味をはっきりさせるために、文脈を利用した指導と、英語の文法的形態素の書記形態を確認することで、語根、語基、接頭辞および接尾辞についての理解を作り上げる特

別の活動を用意することを奨励しています（G-2 参照）。もとより、このレベルの書きことばの単語の理解は、音韻論、意味論、語彙、統語論の知識を必要としますので、これらについて最後に見ていくことにしましょう。

統語論の知識と読み

「統語論（Syntax）」とは、文中の語順を表す他に、数、動詞の時制、前置詞、冠詞、それに言語によっては名詞の性、代名詞、修飾語句などの側面を表したり、限定したりする文法的形態素の使用法を示す用語です。多くのろう、難聴生徒は文法の形態素的側面を学ぶ時に特別な困難に直面します、というのもイギリス手話（BSL）やアメリカ手話（ASL）〔訳注：日本手話も〕のような自然手話言語の統語は、その子どもたちが読み書きしなければならない音声言語の統語とは対応していないからです。この困難さに加えて、英語対応手話のような手指コードシステムを使う人は、文法的形態素を手話でうまく表せないことが多く、また話しことばの中ではこのような単語の構成要素は勢を置かないので、聞き取りが難しいからです。文レベルの統語的構成には他のものより難しいものもいくつかあるわけですが、読むことと書くことの両方でろう、難聴生徒が感じている困難点は無数にあるのです。例えば、トレゼックら（T-11）は、他の研究結果（K-13）を要約して、ろう、難聴生徒は文レベルで、否定、接続詞、質問形、代名詞化、動詞と動詞の時制、補文構造、関係詞節、離接的関係詞（disjunction）、選言（alternation）などの文法的要素に関して困難があるとしています（p. 100）。ゴールスタッドら（G-2）は、文法的形態素の使用および理解と、単語の分節においては、聞こえる中学生の方が、標準化された読みのテストでは同じような成績であるろうの大学生より優っていることを示しています。

ケリー（K-6）は、最重度聴覚障害で主として手話を用いている青年について、読みのスキルがある 16 人と、それよりスキルが劣る 14 人を調べ、読みの素材の複雑な統語的構造が両群ともに読みの速度を遅くしていると結論しました。読解のスキルが低く、だいたい 5 年生レベルの群では、処理の速度が急激に落ちました。ケリーは、統語的な複雑さは、読んだ材料に関する作業記憶を減少させる一つの要因であると結論しています。この知見は、口話プログラムで教育を受けた 100 人のろう青年、TC プログラムを受けた 113 人、高校プログラ

ムに入っている211人の青年についての、ケリーの以前の研究結果（K-3）と一致しています。この研究の結果は、統語的能力が低い場合は、もしそうでなければ語彙の知識から得られるはずの利点を十分に利用することができないことを示しています。一つの領域での困難点や遅れは、このように他の領域での諸技能の利用能力に影響を及ぼすのです。ケリーは、統語的な諸技能がろう生徒たちの読解に直接的にも、間接的にも影響を及ぼしていると結論しました。

ケリーは、単一被験者多層ベースラインによる他の研究（K-4）で、11人について複文（関係節や受動態構造を持つ）の理解が、文の意味が実演されている無声ビデオを通じて促進できることを示しています。この研究では、生徒たちはそのビデオで表現されている文を自分で選ぶことが求められ、その正しさについてフィードバックが与えられていました。多くのろう、難聴生徒が統語的な遅れの問題を抱えているのに、残念なことにその特性の改善を特に目標とした研究はほとんど報告されていません。

しかし統語的発達が遅れているために、これらの生徒たちには書記言語を理解したり自分で書いたりするのを助ける他のアプローチや方略が必要となっているのです（B-11, K-5）。可能性のあるやり方としては、背景にある知識の応用と、複雑な統語的構造の曖昧さを取り除くために文のレベルを超えた文脈を利用することがあるでしょう（E-19, M-47, N-17）。しかし、そのようなやり方も、ろう、難聴児の背景にある一般的知識の少ないことから、読みの活動に先立つ十分な事前指導がなければ、その有効性も制限されかねません。

特定の統語的知識の欠如を補償するもう一つの可能なやり方は、複文の中での主要な単語の出てくる順序に頼ることです。生徒たちは文の中での最初の名詞は文の主語であり、動詞や補語や目的語がそれに続くと仮定することがよくあります。シックら（S-8）は、英語の語順についての知識は、手指の動きで表された英語システムを集中的に経験したろう、難聴青年では、文法的形態素の使い方は不完全であるが、比較的よく身についている、と報告しています。このことは、語順方略は助けとなる場合があることを示しています。しかしながら、ろう生徒たちの語順理解の程度についての知見は普遍的なものではありません。例えばミラー（M-59）は、イスラエルの19人の難聴生徒（ほとんどがヘブライ語対応手話とヘブライ語の音声言語を使用）、206人のろう生徒（ほ

とんどがイスラエル手話を使用)、それに 35 人の聴児生徒で、単語と文の読みの成績について比較しました。聴力損失のある生徒の約半分だけが語順に反映される統語の知識を要するテストに適切に答えることができました。他の生徒たちはキーワードとなる内容語を見つけ、それを文章を理解するのに用いようと試みる傾向がありました。このやり方は、文章中の情報が生徒たちの既知の知識や経験と一致している場合には成功しましたが、それが新奇なものや変則的なものである場合には、うまくいきませんでした。

聴力損失のある生徒たちの、読みや書きの中に見られる統語上の諸問題の少なくとも一部に関しては、音韻論的知識の欠如に原因があるとされてきましたが (L-29)、ミラーの研究で最低の成績をとったうちの幾人かが難聴生徒たちであり、このことは、聞く力 (およびおそらくは音韻への気づき) 以上のものが、統語的知識の読解への適用を決めるということをうかがわせるものです。この見方と一致する結果がニコロポウロスら (N-16) の研究によって出されています。この研究では、7 歳以前に人工内耳を装用し始めた 82 人の子どもたちに、音声言語の文法的対比の理解についてのテストを行いました。このテストは、名詞、動詞、否定構文、単数／複数形、受動文、関係節の理解に関するものです。その結果、子どもたちが人工内耳を装用する以前では、テストの規準サンプルである聞こえる子どもたちの最低パーセンタイルグループと同等の成績に達したのは、たった 1 人の子どもだけでしたが、人工内耳を装用して 3 年後には、40％の子どもが、少なくともこのレベルに達し、3 年から 5 年後には 67％がこのレベルかそれ以上に達したのです。パーセンタイルは同年齢の聴児たちとの比較であるわけですから、この結果は使用年月を基にした相対的な増加 (つまり、人工内耳装用の経験が長いほど文法的な諸技能がよくなる) を示すものです。ただし、1 パーセンタイルの成績ということは、規準群の 99％より下の成績ということであって、テストの領域内ではよくなったとはいえないのですが。

この研究データを別の角度から見ると、4 歳以前に人工内耳を装用した 18 人の子どもたち (47％) は、装用 3 年後に 1 〜 25 パーセンタイルの成績、2 人 (5％) が 25 と 75 パーセンタイルの間、3 人 (8％) が 75 と 100 パーセンタイルの間の成績でした。それに比べて、4 歳以降に人工内耳を装用した子ど

たちでは、9人（21％）のみが1〜25パーセンタイルの成績、1人（2％）が25と75パーセンタイルの間で、それ以上の成績の者は誰もいませんでした。つまり、人工内耳の利益は装用経験によって増大するのですが、聴覚的情報が使えるようになった年齢も発達に影響するのです（このような結果での認知的発達の役割についてはマーシャーク〈M-26〉参照）。年齢の効果を考慮に入れても、上記の研究での成績には大きなばらつきが見られますが、全体としては、聞こえる子どもの大多数よりも低いままでした。

第二言語のリテラシーの基礎としての第一言語の知識

　カミンズら（C-32, 33）は、言語間には共通する基盤となる能力があり、一つの言語での流暢さはもう一つの言語の流暢さをサポートすると仮定しました。このような言語学的な相互依存論に加えて、豊かな自然手話言語の環境にいる子どもたちは手話言語をよく発達させていることを示した第5章で述べた観察結果は、ろう、難聴児に対する二言語二文化、あるいは手話二言語プログラムを作ることを支持しています。一般的にいえば、これらのプログラムは一つの自然手話言語を発達させ、次いで書記メディアを通じて第二言語を獲得することに焦点を絞るものです。つまり、子どもたちの第二言語は、周囲の聞こえる社会での音声言語の書記バージョンなのです。したがって、有効な二言語アプローチについての研究のほとんどは、子どもたちの生来の自然手話言語（アメリカ手話やイギリス手話など）の技能と、彼らの読みの技能との関係、そして時には書く技能との関係に焦点が当てられています。

　カミンズの理論（C-32）をろう、難聴児教育に適用することは普遍的に容認されているわけではありません。例えばメイヤーら（M-40）は広く読まれているある研究誌の中で、カミンズの研究は、アメリカ手話から英語への転換ということには直接当てはまるものではない、それは、この二言語間にはいろいろなレベルでの構造的差異（例えば形態素、知覚様式）があるからであり、また手話には書きことばの形体がなく、もう一つの別の言語に書き換えることができないからである、と主張しています。メイヤーらの見解は、ムーアら（M-78）の研究結果と一致しており、それによれば、青年たちの手話での会話の流暢さの評価と、英語の「統語能力テスト」（Q-2）や、ピーボディの個別能力テスト

(PIAT, M-6)、その他英語の機能を評価するテストとの間には関連がなかったのです。

　ホフマイスター（H-25）はムーアらが使用したアメリカ手話の評価は概括的なもので、より詳細で洗練された測定法を使えば、アメリカ手話と英語の読みの技能との間の関連をもっとよく確認することができるかもしれないと反論しています。さらに、ムーアらの研究で用いられたアメリカ手話の尺度では、比較的多くの子どもたちがトップレベルとして評価されており、測定法が持っていた天井効果により、測定値間の有意な相関を見るには制限がありました（S-65, 66）。しかし、コンベルチーノら（C-19）もまた、ろうの大学生たちのアメリカ手話技能の評価と、書かれたものによる学習との間に有意な関連を見出せませんでした。手話と書かれたものとの両方（つまり手話と文字の同時提示）による教室での学習成果は、報告されていた同時コミュニケーション（シムコム）の技能から有意に予測できるもので、教室で二つの言語を取り扱う際の柔軟性が、それぞれの言語の単独での能力よりも重要なことを示していました。

　デレイナら（D-6）は、公立校の手話/英語の二言語プログラムに参加している25人の生徒の縦断的研究をまとめています。この研究には、流暢なアメリカ手話のモデルを示すことに相当な努力がなされているある校区の6人の教師が参加していました。分析が行われた時点での生徒たちの学年が2年生から高校生までに分布していたので、他の生徒たちを対象とした研究より多くのデータが得られていたことになります。スタンフォード学力テスト第9版の読解サブテスト（H-7）が読みの成果についてのただ一つの測定尺度でしたが、背景となる人口統計的な諸変数の情報が数多く収集されました。記述的データによれば、読解の成績は年齢とともに上がり、生徒たちが12歳に達した後も伸び続けていましたが、多くの場合、その生徒たちの読みの成績の学年レベルは、学校での実際の学年よりも低いものでした。生徒たちがアメリカ手話プログラムにいた年数は読みの成績と有意な相関がありましたが、計算上で生徒たちの年齢が統制された様子はなく、アメリカ手話の技能を測定する公的な方法も使用されていませんでした。両親ときょうだいの聴力の程度、家庭で主に使われる言語、両親のアメリカ手話の技能、社会経済的状況、聴力損失の発症年齢、聴力損失レベル、増幅技術の使用、民族などのどの関数においても、

生徒たちの読みの成績の違いに関して、統計的な有意差は見られませんでした（C-19 も参照）。けれども教師が評価した両親の子どもへの関わりの程度は、読みの伸びの大きさと、より高い成績とに有意な相関があることが分かりました。統計的有意性が容認できるレベルでの補足的修正が行われないまま多くの相関が計算されているので、この肯定的な知見にも疑問は残りますが、ろう、難聴児たちの進歩に関する以前からの諸報告（M-66, S-40 など）と一致するものです。

ストロングら（S-65, 66）は、アメリカ手話の技能の詳細なテスト（P-37）を用いて、手話と英語の技能のいくつかのテスト（ウドコック心理教育テスト、W-29 に含まれる）との関連を、8〜15 歳の寄宿制聾学校生徒 155 人について分析しました。結果では、年齢や非言語性 IQ を統制した後でも、手話技能がより高い生徒たちは、英語のリテラシーの測定でもより高い点数を示しました。リテラシーの測定では、全般的に、ろうの母親を持つ生徒たちは聞こえる母親を持つ生徒たちより優れた成績でしたが、この差は手話技能の評価が中程度より高いレベルの生徒たちではなくなりました。これらの結果は、手話の技能は英語に関する技能の発達を妨げないということを納得がいくように示すものです。しかし、ストロングらは手指コード英語や、音声言語、さらには残存聴力の効果を利用する能力について評価したり考慮に入れたりすることができていなかったために、彼らの分析からは、アメリカ手話技能が英語のリテラシーの発達を促す基になっているということはできませんでした。

ホフマイスターら（H-25, 26）もまた、アメリカ手話の技能は英語のリテラシーの技能の発達に関連があり、妨害はしないことを見出しています[2]。彼らは手話の技能（類義語、反意語、複数と数量詞などの知識）について、アメリカの四つの学校（通学校 2 校と寄宿制校 2 校）の 8〜15 歳の生徒 78 人を調査し、手話技能と、手指コード英語の技能および英語の読解（SAT-HI, スタンフォード学力テスト聴覚障害版 1973 で測定）との関連を調べました。アメリカ手話のテストには書記英語は使用せず、記憶の制約が最小になるようにした認知方式を

---

[2] これらの結果も、同じチームによる関連する研究も、査読のある研究誌には載っていないので、これらの結果の厳密さは明確ではない。

第 6 章　リテラシーに関わる諸技能の獲得と発達

使用しました。最初の二つのアメリカ手話の課題で、ろうの両親を持つ生徒たちは、両親が聞こえる人でアメリカ手話に接する経験が少ない生徒たちより有意に高い成績でした。

　ホフマイスター（H-25）はまた、SAT-HI の読解成績を 50 人の生徒のサブサンプルで調べ、手話を集中的に経験している群と経験が限られている群に分けました。手指コード英語の知識はロードアイランド言語構造テスト（Rhode Island Test of Language Structure 1983, E-12）を使用し、複文構造を作ることで評価されました。当然ながら、アメリカ手話を集中的に経験している群の方が、経験の少ない群よりアメリカ手話の知識で有意に高い成績をとりました。しかし、アメリカ手話の経験が多い群はまた、手指コード英語の課題でも有意に高い成績をとったのです。これは、手話経験がより多いことの効果はアメリカ手話だけに特定されるのではないことを示しています。さらに、年齢を統制した場合でも、アメリカ手話経験がより多い生徒たちは、読解の結果でもまたより高い成績を示しました。ホフマイスターは、アメリカ手話より手指コード英語を多く経験している子どもたちであってもアメリカ手話の規則を学習しており、アメリカ手話を経験しているろう児たちも、手指コード英語の測定でよい成績であると結論づけました。こうして彼は、「ろう生徒たちは一つの言語から他の言語へ諸技能を転化できるし、またそうしている」（p. 160）と主張しました（H-25）。

　これらの結果から、彼（H-25）は「アメリカ手話での集中的な言語経験は、手指コード英語と読みの成績に表れたように、言語的機能を強化する」（p. 158）と結論しました。しかし彼はこれらのデータにはもともと見分けがたい混同が存在すると指摘しています。つまり、アメリカ手話の諸技能をより多く持っている生徒たちは、流暢な手話言語の経験が学校での経験に限られている子どもたちに比べて、通常、全体として言語をより多く（そしてより早くから）経験しているのです。アメリカ手話の知識と手指コード英語および読みの間で見出された関連は、少なくとも部分的には、どれか特定の言語からというよりは、早期から一貫して言語を経験したことから来た結果であろうというのです。これらの利点が、流暢な手話、手指コード英語、効果的な増幅や人工内耳に基づく音声言語のどれによるものかは全くテストできなかったのです。

131

オランダで行われた研究で、ハーマンスら (H-20) は、流暢なバイリンガルのシステムを築き、それを達成することは、聞こえる子どもたちよりもろう児たちの方が難しいことだと報告しています。彼らは、この原因の一部は提供される入力モデルの量と質の違い（つまり教師や両親の手話語技能の差）に、また一部はろう児たちの大多数が第一言語（手話）または第二言語（音声言語）の両方の流暢さが十分発達する以前に第三の表現システム、つまり書記言語を学習することにあると考えています。そうして、読みの技能がよいと、よりよいネイティブ手話（ASL、BSL、NGT、アメリカ手話、イギリス手話、オランダ手話など）の技能もよい、ということを示している諸研究は、「概念的知識、メタ認知的かつメタ言語的知識や方略」が第一言語と第二言語の間で転移するという証拠を示していると述べています。しかしハーマンスらはろう児たちの書きことばの語彙獲得をサポートするために、早期に熟達した手話を学習することの重要性を強調しています。つまり、ろう児にとって最初に手話で広範囲の語彙レパートリーを獲得することが重要で、そうすればその手話が、表す意味と書かれた単語の間を結びつける基礎を提供できると結論しているのです。その手話の理解が豊かであるほど、連合される書きことば単語の意味の理解も豊かになるのでしょう (M-46)。

　オランダの特別支援学校のろう児たちで、言語とリテラシー能力を分析したもう一つの研究でハーマンスら (H-21) は、手話語彙のサイズが書記形式の語彙の知識を予測すると考え、年齢、非言語的認知技能、短期記憶技能を統制したところ、結果はそれを裏づけました。彼らは、NGT（オランダ手話）を好んで使う子どもたちは、そうでない子どもたちより語彙サイズが大きいことも見出しています。ろうの両親を持ち、したがって早期から一貫してオランダ手話を経験してきた子どもたちは、そうでない子どもたちより手話語彙のサイズが大きく、また手話語彙の得点は、オランダ語で書かれた物語の理解と、オランダ手話による物語の理解のどちらについても関連がありました。オランダ手話での物語の理解と、オランダ語で書かれた物語の理解もまた、有意な関連がありましたが、この関連は語彙のサイズを統制した場合には有意ではなくなりました。

　ハーマンスら (H-21) は、以前に行われた読みと自然手話言語の技能との間

第6章　リテラシーに関わる諸技能の獲得と発達

の関連を示している諸研究は、語彙量の差異を考慮していないと指摘しています。「手話課題での高得点は必ずしも書記言語課題での高得点とは関連しない」(p. 527) と結論しているのです。そうしてさらに、この研究の書きことばでの語彙のテストで90パーセンタイル以上の得点であった子どもたちは、教師たちの報告や、オランダ語の音声言語で提示した物語の理解でも見られたように、オランダ語の音声言語の技能でも最上位のランクにあることが多いことに注目したのです。そこでハーマンスらは、研究者たちが手話の技能とリテラシーの測定結果の間にある明白な諸関連を特定する際には、音声言語の能力が混乱を引き起こしていないか、またはどの程度引き起こしているのかを突き止める必要がある、と注意を促しています。

　ある単語の音声言語の形態を知っていることは、その語の意味についての多様な情報源を得る可能性を増やします。とはいっても、これは後にろう児たちが読みを獲得する段階になれば必然的に起きてくることです。それゆえにハーマンスら (H-21) は、教師は、「子どもたちの辞書的下位構造（文字、書記素／音素、および音節）の知識を促進するために」は視覚的フォニックス (W-31) や、指文字のような方法を使うのがよいし、また、音声言語についての情報を伝えて、手話の知識に基づく情報と結びつけるためには、キュードスピーチを使うのがよいと提案しています。

　教育での手話二言語方式を完全に実施するためには、指導スタッフの専門的な訓練および諸技能が要求されることは明らかです。一般に、教師には子どもの発達についての知識、教育実践、自然手話言語を使いかつ理解する強力な技能、それに第二言語の流暢なリテラシー技能などの組み合わせが要求されます。ウィン (W-25) は、オーストラリアの教師養成訓練を受けている学生たちは、手話の技能は自分たちの教育の準備のためには不可欠なものだと考えていると記しています。また、オーストラリアで教育環境の多様化が進んでいる中で増えつつある多様な生徒たちのニーズに対応するには、教師たちのために現行のオーストラリア手話のコースが必要になると結論しています。

　シムら (S-22) は、アメリカのギャローデット大学にある、手話二言語教育の場で働く教師の養成を特に目的としている学部および大学院プログラムの構成について報告しています。このプログラムは自然手話言語の流暢な使用と、

手話二言語方式での手話言語の役割の理解、ろうの人々の文化と歴史の理解、ろう生徒たちが達し得る成果への高い期待、それにろうと聴者の教育専門家たちの間の協力のための能力に重点を置いています。シムたちは、ろうの学習者は視覚的な処理に強みを持っており、ろう中心の指導プログラムでは、聞こえる生徒たちの学習スタイルのモデルに基づいたプログラムよりも、発達のある種の側面、あるいはある技能の発達の側面に重きを置くことになると考えています。直観的な言い分ですが、このようなプログラム編成はその結果についての実証的な検定が欠けているように思われます（M-27 参照）。

　おそらくこの種の幼児向けプログラムで最もよく知られているのは、ギャローデット大学に現在置かれている CAEBER（Center for ASL/Engrish Bilingual Education and Research: アメリカ手話・英語二言語教育研究センター）でしょう。そのウェブサイトによれば、CAEBER は「アメリカ手話と英語の両方の熟達を促進させることによってろう、難聴生徒たちの高い学力を目指す」ものです。明らかに、現在入手できるプログラムの結果についての情報は、基金を提供しているアメリカ教育省に対する 2002 年の 5 年報告書だけです。この報告書で提出されたデータによれば、この二言語プログラムに入っている 8 ～ 18 歳の生徒のスタンフォード学力テスト第 9 版での読解の成績は、トラックスラーが（T-9）報告しているこのテストの基準サンプルの全てのろう、難聴児たちの成績より高くはなかったのです。この結果は、CAEBER のサンプルの生徒の 33％はろうの両親を持っており、したがって聞こえる両親を持つろう児より高いリテラシー諸技能を持っているとしばしば主張されるグループを代表しているということを考慮すれば、特に注目すべきものです。

　入手できる公表データから、第一言語である自然手話言語が流暢になることがろう、難聴生徒にとって第二言語のリテラシー技能を強化する手段を提供するかどうかを確かめることはできません。このことは手話二言語教育のプログラム編成の効果がないことが分かったというわけではありませんが、しかし理論的展望のアピールにもかかわらず、肯定的な証拠が欠けているのです。ムーアズ（M-77）は、さらに研究が必要だというだけでなく、「二言語・二文化（"Bi-Bi"〈bilingual, bi-cultural〉）」あるいは手話二言語プログラムでのろう、難聴児たちの進歩について入手できるどのような情報についても公表されるよう呼びかけて

います。ハーマンスら（H-20）も同様に、多くの国々で20年にわたる手話二言語プログラムが行われてきたのに、なぜろう児たちは依然として同年齢の聞こえる子どもたちに見合ったリテラシー成績にならないのか、と疑問を提出しています。そうして、子どもたちがリテラシー技能を獲得する際に、最初の言語（この場合は手話）と文字で表されたその言語とが、相互に影響し合うということを心に留めておくことが重要だと示唆しています。その例としてハーマンスらは、ある概念の手話による表現が、文の読みに実際に干渉したと見られる読み間違いの例（p. 158）を挙げ（ポール、P-11と同様に）「書記言語技能の獲得においての音声言語の役割」（p. 157）が、手話二言語教育アプローチの支持者たちに不当に軽視されてきたのではないかと論評しています。

指導方法と読解の発達

　読解は読むことの中心的目的であり、文書から意味を構成する積極的な過程です（L-34, p. 6）。文字によって伝えられるメッセージを理解するには、これまで述べてきたいろいろな能力の全てにおけるスキルが要求されます。さらに、読み解く資料を認知的に処理し、記憶するためには、語彙、統語、それに音韻論的／形態論的知識の適用がかなり素早く、あるいは自動的になされる必要があります。読む材料について接しやすくする予備知識と経験もまた文書の解釈を助けます。

　ラックナーら（L-34）は（アメリカで容易に入手できる雑誌で発表されたものを中心に）1963年から2003年までに、英語で発表されたろう、難聴生徒の読解研究を検討しています。それらの研究には実証検討の全てのレベル、実験的な、あるいは無作為化された臨床的試行、事例研究または定性的研究、相関的あるいは記述的研究、および単一事例研究などが含まれています。彼らが取り上げた研究のおよそ半分は、介入の手続きを検討したもので、多くの研究を通じてまとまった知見は、以下のような方法が肯定的な結果を生み出したことを示していました（L-34, p. 9）。(a)理解するための読解の方法についての明確な教示を用いる、(b)物語の構造、ことばの使い方を教える、(c)指示に従って読み考える活動（DRTAs: Directed-Reading Thinking Activities, 質問によって特別の目的へ読みを導く）を修正し用いる、(d)読みの活動に先立って予備知識を活性化させ、

形成する指導を行う、(e)興味深く、よく書けていて、文法や語彙選択が単純化されてはいない読みの材料を使用する、(f)語彙知識を形成するために特定の活動を用意する、(g)統語や文法を教えるのに、孤立した単独の文ではなく一連の繋がった文を用いる、(h)読んでいる間、イメージを思い浮かべるように励ます、(i)文書の読解を助けるためにキーワードを探すことを教える（S-2 も参照）。

　イースターブックスら（E-4）も、現在ある諸研究を検討していますが、研究で提示された証拠の確実性の程度を評価するために、もっと厳密な規準を用いています。分析には、州のウェブサイト、州の省庁の教育行政官、ウェブをベースにした査読研究誌の索引などを用いて、リテラシー諸技能全般をサポートするための「最良の実践」だと考えられる上位 10 位までの活動を選定しました。続いて彼らは、それらの実践の結果を評価した研究の質と量を評価しました。そして、読むことのみに使われた時間の量とその成果の関連を調べた研究はほとんどないこと、およびウェブに基づく教示のプログラムが読みに対する有用な視覚的サポートを提供できることを示す研究資料は未開発途上であること（B-7）を見出しました。読解への道筋としての音韻への気づきとフォニックスを教えることの有効さに関する諸研究では、まちまちな結果が示されているだけでした（I-3, L-37）。ラックナーら（L-34）と同様に、イースターブックスらも、方向づけられた読みの活動が役立つという証拠、つまり、理科や社会科のような内容教科での読みは、一般的な読解と相互に支え合う関係にあることを見出しました。そこでイースターブックスらはこれが、最良の実践の定義に合うものと決めたのです。共同読み（shared reading）の活動は、年少時期には最良の実践の規準に合っているが、年長児やよりよい読み手には必ずしもそうではないことが分かりました。意味ある活動を通して語彙や形態素の知識にアプローチすることは、どちらも読解に効果的であることが分かり（D-12, P-10）、「最良の実践」とされました。

メタ認知と読解

　以上述べてきた文献研究調査は、認知プロセスの応用を促し、また読むことをリテラシー諸技能を促進するのに効果的なアプローチであると同時に、課題解決の活動としても奨励しているような実践を確認しました。シャーマーら

(S-11) は、メタ認知あるいは自分自身の理解力の自覚と、それをサポートする手段を意図的に使用することが、効果的な読みにとっての重要で効果的な要因であると指摘しています。メタ認知は、ろう、難聴の読み手たちの場合、自動的には働いていないことがよくあることも見出されています (W-2)。例えば、ろう生徒は読んでいるものの内容が分からない場合に、聞こえる生徒よりもその自覚が足りず、文章を予測したり理解したりするために、適切な予備知識よりむしろ絵に多くを頼り、全般的に、教師に促されない限りは読解に積極的に取り組もうとしない「受け身」の読み手である、と報告されています (M-25, S-9, 10, pp. 6–7)。

　シャーマーら (S-10) は、ろう、難聴生徒たちがメタ認知的方略を比較的わずかしか使用しないことの責任の大部分は、教授法によるものと考えており、教え方が自立ではなく依存を助長してきているのではないかとしています。そうして既存の研究を要約して、教師たちが質問することによって、生徒たちが予備知識を応用することを促したり、結論を引き出す基盤として読んだことの重要な細部を用いたりするようにさせ、それにより、生徒たちが、自分の読んだものを分析し、統合し、評価する能力を高めさせ、自主的にメタ認知過程を適用することを促進できるといっています。ウォーカーら (W-2) は、ろう、難聴生徒たちに単純な推論と複雑な推論の両方をさせるようにデザインされた 30 課程 (lesson) のカリキュラムが、読解を促進する結果をもたらしたと報告しています。

　シャーマーら (S-10) は、読んでいる間に使われるメタ認知の方略の使用についての 2003 年の研究 (S-9) と同じく、「声に出して考える」やり方を採用しています。全部で 16 人のろう生徒が二つの研究にわたって評価されました。使用している方略を明らかにするために、子どもたちが言語化 (手指コード英語の一形式を使用する TC プログラムの生徒たちなので主に手話で) したものの記録について、内容分析を行いました。生徒たちは、言い換え、視覚化、解釈、および意味を構成する主要な考えを探す、というようないろいろな方略を使うことが分かりました。その一方で、生徒たちは全般に自分たちの読解を注意深く点検することがなく、他の研究で見られたと同じく、解釈できなかった場合にもそれに気づかないことがよくありました。したがって別のやり方をした方

がより適切な場合であっても、やり方を修正したり別の方法を使ったりすることができなかったのです。ろう生徒たちは、聞こえる生徒たち同様に、読んでいる材料を検討しているという証拠は見られるのですが、その検討が主として情動的であり、文章の書き方の善し悪しについて自発的に言及することはありませんでした。ろう生徒たちはまた、段落をどんな時にざっと読むのか、いつゆっくり読んだり、再読したりして読解を深めるべきなのかについて、意思決定をしている証拠も見られなかったのです。これらのろう生徒たちは、読解の失敗が予備知識の欠如の結果である場合に、それを理解できないことが多かったのですが、そのような予備知識が使える場合には使っていました。

シャーマーら（S-10）は、この二つの研究の対象者が限られた数であることから、確かな結論を出せないということを認めています。しかし、自分たちおよび他の人の研究に基づいて、ろう生徒たちに対して、書かれたものを読解するための方略についての「体系的で明確な指導」(p. 13) を提供するように勧めています。このような方略には、文章の特色をチェックしたり、何のために読むのかを意識したり、文章に注意を集中し続ける際の自分の問題点に気づいたり、読みのペースを考えて、もう一度読むとかもっとゆっくり注意深く読むべきか、いつそうするかについて判断を下したり、さらに文章の特質と表現されている考えの両方を吟味したりすることが含まれています。彼らは、生徒が読んでいる間に見せる声を出して考えるなどの言語的習慣を捉えることは、個々の読み手が使用する方略をはっきりさせるための有効な方法であり、結果として個々人への指導の計画を立てるためによい方法だと結論づけています。

書くこと

読むことと書くことの諸技能を発達させる過程は密接に絡み合っていますが、書くことは、読むことよりも言語的・認知的処理に大きく依存していることが一般に認められています（M-37, 76）。したがって、ろう、難聴生徒たちが文章を作る作業で遅れや問題を生じることは予期できないことではありません。17～18歳の一般的なろう、難聴生徒たちは、書くことでは8～10歳の聞こえる生徒たちと同じ程度であると報告されています（M-37, P-11, 12）。ろ

う、難聴生徒たちの書いたものは、年齢から期待されるよりも短くて簡単な文章からなっていて、形容詞、副詞、前置詞、接続詞をあまり使っていないといわれます（M-20）。形態素や文法構造の面での問題は特によく見られることです（Y-10）。形態上のこれらの問題があるにもかかわらず、書いたもののサンプルを見ると、ろう、難聴生徒も同様の数のT-ユニット（命題あるいはアイデア）を使うことが分かっており（M-89, Y-10）、表層レベルの形式上の難点に比べると、意味的な表現においては比較的に損なわれていないことが知られています（M-20, S-67, Y-10）。

　ろう、難聴生徒たちが書記言語において抱える問題を解決するために一般的に行われている言語発達支援アプローチというものは見当たりません。同様な問題が、音声言語、手指コードシステム、自然手話言語などを使用している種々のプログラムの子どもたちについて広く報告されています。例えばバーマンら（B-39）はイギリス手話（BSL）を第一言語とする子どもたちの書記言語技能の評価の試みについて報告しています。対象とした子どもたちの多くの書いたものが、イギリスの生徒のための基準の最低レベルのスコアにさえ届かなかったために、特別の評価方法を工夫する必要がありました。バーマンらは、自然手話言語を使用している子どもたちが音声言語を書き表すためには、特別なプロセスを踏まねばならないといっています。統語的な差異に加えて、多くの手話と音声言語の単語の間には一対一の対応がないことを指摘しています（その例として"up until now〈今までずっと〉"がイギリス手話では一語で表現されることを挙げています）〔訳注：日本手話でも同様〕。

　アメリカで行われたある大規模な研究の中で、シングレトンら（S-23）は、書きことばの語彙の使用について、学校でアメリカ手話を経験している1～6年生72人を、英語だけを使う同年齢の聞こえる生徒66人、および英語を第二言語とする聞こえる生徒60人と比較しました。アメリカ手話を経験している生徒たちは、アメリカ手話能力テスト（American Sign Language Proficiency Assessment, M-5）に基づいて3群に分けられました。このテストでの能力得点（低、中、高）は年齢とも学年とも関係がないことが分かっています。参加した生徒は全員が「うさぎとかめ」のビデオを見てから、物語を英語で自力で書くのです。以前の研究と同様に、ろう児たちは全体として、英語が第一言語、お

よび第二言語である聞こえる生徒たちより、少ない語数しか使いませんでした。
　アメリカ手話の技能が低いろう児たちは「最頻度語」(L-35)を使用する割合が他の2群より多かったのですが、その割合は英語が第二言語の生徒たちとの差では統計的に有意ではありませんでした。手話技能が高かった群は、英語を第一言語とする群と、手話技能の低い群の両方よりも、使用頻度の高くない単語を多く使い、英語の語彙をより創造的に使うようだということが分かりました。けれども英語の文法的単語、「機能語」(すなわち、代名詞、前置詞) を比較した場合には、英語を第一・第二言語とする群が、どのろう児群より多く使用していたのです。ろう児群の中で、手話技能が高い群は、文法の機能語を、それがアメリカ手話言語と対応するものであれば、より多く使っているようでした。けれども全体として手話技能の低い群 (主としてあるTC校からの生徒) は実際に、手話技能の高・中群よりも多くの文法的機能語を使っていました。
　全体的な状況についていうと、手話技能が中・高の子どもたちは、書いた物語において、聞こえる子どもたちと同様に創造的であり、幅広い語彙を使用していましたが、手話技能の低い生徒たちは生産的ではありませんでした。しかしながら、アメリカ手話から英語へのどんな変換も、意味的かつ概念的語彙に限られていて、アメリカ手話で一つの手話単語では表現されていない機能語あるいは文法的単語は変換されませんでした。カミンズら (C-32) が仮定した転移は、少なくともこの年齢レベルでは、概念的、そしておそらく認知的レベルでは生じていますが、文法的な仕組みのレベルでは起きていなかったのです。シングレトンら (S-25) は、英語を第二言語とする聞こえる生徒たちのリテラシー諸技能の獲得モデルは、ろう児たちには当てはまらないと結論しています。そうしてよく使われる機能語や文法的形態素の学習でろう児たちが直面する困難に触れて、聞くことは「英語の語彙の、変形することの多いパターンに曝されるという点で有利な立場」を与える (p. 100)、と主張しています。彼らのデータ (S-25) は、その研究対象のろう児たちは自分たちの第一言語を学習する過程にあって、手話二言語プログラムでの第二言語である書記言語の流暢さに到達するには、学校での第6学年を超える時間を要するということをも示唆しています。
　次の例は、ある手話技能の高い子どもが書いたものの一部ですが、シング

レトンらが指摘するような、概念面で優れていて、英語の文法的な面で弱点を持っていることを示すものです (p. 101)。

Turtle and Rabbit Race Try
Who win turtle
Raabbit sleep tiptoe Turtle and Wake Rabbit...

これに対して、第二言語として英語を学んでいる、ある聞こえる子どもが書いた次のサンプルは、文法体系は完全から遠いものの、機能語の配置と必要性は把握しているように見えることを示しています。

One day rabbit and turtle was race.
The rabbit can run fast then turtle.
The rabbit think that turtle is far away from rabbit
So rabbit sleepy...

聞こえる生徒の書いたものと、ろう、難聴生徒の書いたものには違いがあるにもかかわらず、同じような流れもいくつか見つかっています。読みの場合と同じように、書くことの技能は早い年齢時期から現れ始め、発達段階は聞こえる子どもたちと同じようにたどり、たとえいくらかは遅れているにしても、次第により通常の形式をとるようになるのです (R-17, S-11)。ろう、難聴幼児たちは、指文字や手話を文字と結びつけ、ノートに書いたり、私的のコミュニケーションの手段として使うように動機づけられていると報告されています (C-20, W-22)。

より年長のろう、難聴生徒が書くものの質は、書く目的や、それをどのような領域で書くのかということに関連しています。ムッセルマンらの研究 (M-89) では、特定の要請への返答として書かれた文章は、画像を見て書かれたものより念入りで複雑なアイデアの表現が見られました。ただし、書かれたものの長所と弱点はどちらの場合でも同じようなものでした。生徒たちの綴りや句読点の誤りは比較的少なく、多様な内容が表現されて（意味論的能力を表して）

いましたが、文法的表現には問題がありました。

　ろう、難聴生徒たちの書いたものには結束性の方策（談話規則ともいう）が欠けているという報告もあります（D-11, M-36, Y-10）。けれども、マーシャクら（M-20）は、ろう児たちが文のまとまりを作って、談話規則を適切に使用する能力において、同年齢の聞こえる子どもたちと同等であることを見出しました。そこで、流暢に書くことを妨げているのは語彙と統語の諸問題だと指摘しています。統語に関する諸問題が書かれた内容の構成を大きく妨げているのですが、他の原因による問題もまた見つかっているとする人もいます（M-38）。これらの他の原因の中には、全般的な認知や問題解決の諸技能があります（M-17）。例えば、繰り返しいわれてきているように、ろう、難聴児は系列的記憶が短く、また情報の種々の小片を結びつけるのが難しいのです（M-11, P-25）。これらの認知上の差異のどちらもが書いたものの全体的構造やまとまりに影響を与えますし、これらは事実上、学習障害を持つ聞こえる子どもたちの多くについて報告されている問題と異なりません（S-23）。

　アンティアら（A-27）は、多くの研究者たちが、ろう、難聴児たちの抱える問題のいくらかは書くことの諸技能を教えるために使われている教室での指導のあり方が源であると結論していることを指摘しています。基本的な文構造を作り出すことに非常に重点を置くことが、文章のどの段階においてもまとまりや意味的結束を作り上げる学習に不利に作用していると示唆しているのです。以前の研究でも（例えばE-20, W-17）同様の結論が出されています。書くことの指導で、高度に構造化されたドリルを用いたやり方の結果に対する失望が、1980年代に、「全体言語」つまり、より自然主義的教育のやり方への転換をもたらしたのです（M-44）。そこでは、書く活動を本来社会的なそして伝え合うものだとして、意味を表現してそれを共有することに焦点を当てるということの必要性を強調しているのです。しかし、メイヤー（M-38）は、書くことに対する生徒たちの構えを変え、考えや内容を表現する能力を作り上げようとするこの教育学的活動の結果は、生徒たちの文法構造や形式には実際的改善をもたらさなかったとしています。

　明確で分かりやすい文を作り出す能力において、聴力損失のある生徒たちが聞こえる子どもたちに全般に遅れているとしても、研究者はこの点での大

きな個人差があることを指摘しています。アンティア（A-27）は公立校の3〜12学年（8〜18歳）の110人の生徒についての研究で、書記言語テスト-3（TOWL-3: Test of Written Language-3, H-5）の平均得点が、聞こえる生徒の規準にてらして「平均より低い」レベルにあることを見出しました。しかし、ろう、難聴生徒たちの得点の幅は、聞こえる生徒たちに比べて平均以上のものから書きの質が低いために採点できないものまでに拡がっていたのです。以前の研究でと同じく、聴力損失のある生徒たちの得点が最も低かったのは、語彙および統語の下位テストで、これらの領域に関する部分のテストでは、得点の幅が最も広くなっていました。けれども、予期しなかったけれども希望の持てる発達のパターンが生徒の得点に見出されました。聞こえる生徒の規準と比較してみた時、ろう、難聴生徒の上位の学年（7〜12学年）は、3〜6学年の生徒たちより得点が高かったのです。つまり、聞こえる生徒たちと比べた場合の、ろう、難聴生徒たちの占める位置は、年齢や学年が進むにつれて劣っていくのではなく、よくなっていく傾向がありました。したがって、以前のいくつかの研究とは異なって、アンティアらは、聴力損失のある生徒とない生徒とのギャップが年齢や学年が進むにつれて狭くなることを見出したのです。書くことの技能に関連する他の変数には、性別（女子の成績は平均で男子よりよい。M-89 も参照）、社会経済的状況、聴力損失程度、および通訳の使用（これは書くことの得点が低いことを予測する）[3]、などがあります。コミュニケーションの様式、および通常学級で過ごすように決められた時間数は、どちらも書くことの成績の予測にはなりませんでした。

　これに対してムッセルマンら（M-89）は、口話プログラムの生徒たちの書いたものが、TC経歴の生徒たちより文法形式がよいことを見出しました。この結果はギーらら（G-6, M-78）の以前の研究と一致していますが、これもまた、この結果が、用いる言語の選択に関わる背景を反映しているのか、それとも言語訓練自体の効果なのかは明確ではありません。なぜなら、口話プログラムの

3　アンティアらは通訳の質は状況によって変わってくると示唆し、マーシャークらは、通訳の質が保証されている時でさえも、通訳された授業についての生徒の理解は限られていることがよくあると述べている。

生徒たちは、少なくとも理論的には、書いたものに表されるはずの音声言語の完全なモデルをより多く経験しているので、その両者を結びつけることはできやすいと思われるからです。

　音声言語へのアクセスが書かれたものの質にどれだけ関わるかということでは、人工内耳の装用は有利になるはずです。スペンサーら（S-29）は、音声言語と手指コードシステムの組み合わせを使用している TC プログラムで、人工内耳を装用している子どもたちの書くことの技能を調べています。言語の基礎の臨床評価Ⅲ（the Clinical Evaluation of Language Fundamentals-Ⅲ, S-16）を用い、人工内耳装用児の言語の表出と理解の諸技能を評価しました。対象児は平均年齢が約 9 歳で、人工内耳の装用歴は平均で 71 ヶ月でした。言語スコアを書記言語サンプルの成績と比較しました。このテストの成績は、聞こえる子どもたちの比較群より遅れていましたが、書かれたものの成績と高い相関（r=70）がありました。表出された T-ユニット（意味の単位）の平均数では、人工内耳のろう児たちと聞こえる子どもたちの間に有意な差異はありませんでしたけれども、人工内耳装用群は、代名詞、動詞、限定詞、副詞、接続詞、前置詞の使用数が少なかったのです。したがって一般的に、子どもたちに聴覚的言語入力をたくさん受容できるようにしている人工内耳の使用も、参加したろう児たちが抱える書記言語の諸問題を解決してはいなかったわけです。

　アンティアら（A-23）は、聞こえる子どもたちと一緒に通常学級に一日に 2 時間あるいはそれ以上出席しているろう、難聴児たち 197 人についての 5 年間の研究のデータを出しています。アンティアらの以前の報告（A-27）と同様に、書くこと（および言語）の諸技能において、時が経つにつれて平均成績は同年齢児たちと同じような伸びを示しました。平均スコアは聞こえる子どもたちに期待される年齢レベルより幾分低いところに留まっていましたが、ここでも大きな個人差がありました。この分析では、表出と受容のコミュニケーション、授業への参加度、親の関与、およびコミュニケーション様式（口話プログラムの子どもたちに利点が見られた）が、書くことの伸びと有意の、しかし中度の関連がありました。コミュニケーションの変数は、書くことの成績全体での変動の 16 〜 20％を説明できるものでした。

　書くことの発達に関するデータは比較的少ないのですが、ろう、難聴生徒た

ちは時間が経つにつれて進歩していることを示しています。しかし、アンティア（A-27）の結論は、「聴覚を通して口頭の英語に接している生徒たちでさえも、書くことのいろいろな側面で困難を抱えており、おそらく通常教育の教師と、ろう、難聴教育の教師の双方からの教育的支援——聴力損失を持つ大部分の生徒に焦点を当てた書くことの指導——を必要としている」（p. 254）というものでした。読みについてと同様に、書くことの指導は、意味にベースを置くものである必要があり、構造的な規則に取り組む場合には、形式面の容易なレベルで文章を制作する練習がもっと必要なのです。しかしながら、読みにおいてと同様、直接的な指導と、実用的で自由に書くことの機会とをバランスよく提供する指導が欠けているように思われます（M-18）。

まとめ——リテラシーへの継続する課題

　ろう、難聴児の読むことと書くことの成績のパターンは、平均すると聞こえる生徒たちより低いレベルにあって、同時に大きな個人差が存在するということを、研究は引き続き示しています。ですから、よりよい教育的介入方法を考案し実行するための種々の努力が依然として必要になっています。エビデンスに基づいて設定され、うまくいっている介入アプローチは依然として極めて限られているのですが、背景となる情報や、指示に従った読みの活動、読解方法についての明確な指導、年齢相応の読み物の使用、内容教科での読み書き両方の活動、などの提供を促進していくことについては、概略的な裏づけがあります。この点では、いくつかのことが明らかになっています。

- 共同読みは、ろう、難聴児にリテラシー経験への意欲を促進するという定性的研究の証拠がある。親が、共同読み、つまり読み聞かせに熱心に係わっている子どもたちの言語発達は、よく促進されることを示す定量的研究が少なくとも二つは入手できる。けれども、このような効果が読みの技能を改善したところまで追跡した研究はない。見て分かりやすい読みや相互交渉活動の中で、やって見せたり、説明したりするような共同読みの活動は、聞こえる親たちによって肯定的に評価されてきたが、

それが親や子どもの相互行動の変化や、子どもの言語またはリテラシーの成長にどれほど役立ったかを示す数量的データはない。

- ろう、難聴児たちの音韻的知識を支援する方法はいろいろある。けれども、音韻への気づきや音韻知識がどれほど読みの経験やその技能によいのか、については議論がある。聴覚の利用の増進（例えば人工内耳の装用）や、語音をはっきりさせるために視覚情報を多く提供する（キュードスピーチや視覚的フォニックス）などの介入が、ろう、難聴生徒の音韻的能力を改善してきたが、このような介入を増すこととリテラシー技能の改善との関係ははっきりしないままである。入手できる資料の多くによれば、口話中心の指導を受けている生徒たちのリテラシーの成績は、視覚言語により強く焦点を絞ったプログラムの生徒よりはいくらか優位であることを示唆しているが、それでも年齢相応のレベルには遅れをとり続けている。しかしながら、TCとキュードスピーチのプログラムの子どもたちについての研究は、読話や他の視覚的フォニックスを使用している介入プログラムの子どもたちについての研究と同様に、一様にろう、難聴生徒たちが、視覚と聴覚のプロセスを通じて受け取った音韻的情報を結びつけ、統合する能力を持っているという証拠を提出している。用いる言語様式の種類にかかわらず、早期に多くの音韻入力を経することは音韻の知識と諸技能の統合を促進するし、読みの技能を支援するように思われる。

- 語彙は多くのろう、難聴生徒にとって問題となる領域の一つであり続けており、語彙が乏しいことは生徒たちの書かれたものの理解を遅らせたり、混乱させたりする原因となる。語彙の発達には、豊かな言語環境に浸っていることと、そして特に聴力損失がある場合は、単語知識を作るための直接的指導との両方が必要である。直接的指導は、理解しやすくて魅力があるものであることが必要であり、いろいろな文脈での単語についての多様な経験と、意味のさまざまなニュアンスに接していることが最も役に立つように思われる。人工内耳の装用は語彙発達を促進させることが示されてきており、また人工内耳を装用する前に獲得された手話語彙は、音声言語の語彙の獲得を妨げるよりはむしろ促進することを

第6章　リテラシーに関わる諸技能の獲得と発達

示す研究がいくつもある。新しい単語を手話で導入することは、話しことばで導入するのと同様に、音声言語形式での語彙の獲得を支えることになる。

- ろう、難聴生徒が音声言語（書記言語でも同様に）の統語に弱みを持つことを示す研究は多くあるが、生徒たちの統語能力を直接的に促進する方法についての手引きを提供するようなデータはほとんどない。語順に関しては、前置詞や代名詞、それに時制や数を示す拘束的文法形態素の使用より困難が少ないことが示されてきている。文法的形態素は聞き取りが難しく、自然手話言語と音声言語では全く異なるメカニズムで、手指の動きを伴う音声言語ではよく省略されるので、そのような諸要素を学習することには混乱が起きやすい。人工内耳を通して聴覚的入力を増幅することは、やはりこれらの形態素の単位の理解を増進させるようだが、視覚的情報の付加もまた役立つようである。語彙の場合と同様、統語についての直接的指導も必要だが、それは個々の短い句よりも大きい区切りの中で、意味ある状況において行うことが必要だと強くいわれている。この領域に関わる種々の発達促進の方法については、その有効性の根拠は出されていない。

- 読解がよくできるためには、語彙と統語の理解が自動的にできることが必要である。そのために、ろう、難聴生徒についてはメタ認知的な直接指導が役立つが、必要なレベルには達していないことがよくある。このようなやり方には、自分自身の理解をチェックすることや、読みの目的を設定すること、読む時に疑問を持つとか、予測を立てることなどが含まれる。読みの活動の中で書くことを活用することも、自分の考えを整理するために有効であることが分かっている。

- 出版されている査読専門誌のデータでは、手話二言語による指導法（そこでは子どもたちの第一言語は自然手話言語であり、それがやがて第二の書記言語の基礎を形作る）は、リテラシー発達を支援するために他のどのような教育・言語指導法よりもよいという証拠は示されてはいない。

ろう、難聴生徒たちの書くことの技能の獲得は依然として困難な課題です。

英語で書いている生徒たちに関しては、語順は、代名詞や前置詞、時制や数の指標のような文法的な単語や形態素を使うことよりは損なわれていないことが多いのです。ある一つの言語様式、あるいはまた別の言語様式での英語の会話技能が、書くことの技能を促進するであろうという仮定がなされてきているのですが、用いる言語様式や人工内耳の使用のいかんにかかわらず、非常に難しい種々の課題が残っているのです。したがって、ある一つの言語様式を用いている生徒たちによるリテラシーの進歩について、他のやり方を用いている生徒と比較するような研究を続けることは合理的ではないようです。その代わりに、用いられている言語様式、指導法とは関わりなく、リテラシー諸技能を強化する方法を見つける研究が必要となっています。

認知、知覚と学習様式

　ここまでの章では、ろう、難聴生徒の学力の課題を取り上げてきました。この学力の困難さは、以前にいわれていたこととは違って、知的に劣っていることの反映ではありません。ろう、難聴生徒の認知機能に関する非言語性のテストの成績は、重複障害を持つ生徒を除けば、聞こえる生徒と有意な差はありません（M-3）。それに対して、言語性の知能テストでの結果は、聴力損失を持つ生徒と持たない生徒の言語発達の機会の違いを反映して、聞こえる生徒の平均から1標準偏差も低くなる傾向があります（M-4）。

　言語性知能検査でのろう生徒の成績は、指導計画を決めるのに役立つ情報を提供してくれるといわれていましたが（A-4）、そのようなテストの結果は、彼らの認知能力の妥当性のある測度ではないことは、疑いのないところです。事実、聴力損失が一般に知能や認知能力を低下させるという根拠はありません。しかし、マーシャークら（M-8）は、ろうの人が聞こえる人と全く同じように能力があるということと、ろうの人が聞こえる人と全く同じように考え、学び、行動するということと同じではない、と指摘して注意を促しています。事実、ろうの子どもと聞こえる子どもを取り巻く環境と経験の違いから、学習への取り組み方が異なり、知識を違ったやり方で組み立て、いろいろな面でのスキルのレベルが異なってくる、といっています。したがって、そのような違いをはっきりさせることが、学習のための最適な支援を提供するためには欠かせ

ないことなのです（H-17 参照）。

学習の基礎――遊びと心の理論

遊 び

　マーシャーク（M-8）は、年齢が低くても、聴力の状態によって、また特に言語発達の速さとパターンの違いが明らかになってくるに従って、認知スキルの現れ方は変わることを示す研究結果をいくつか述べています。遊びは、乳幼児の認知スキルが発達してきていることの明瞭な表れであるとする見方はずっと受け入れられてきています（R-16, S-43）。ただし、言語が出るようになると人との相互関係はできてきますが、クイットナーら（Q-3）は、言語が出てくるのに伴って、遊びは、記号つまり他のものに代わってそれを表すものを理解したり、それを用いたりすることで、子どもが成長したことを示す証となるものであると指摘しています。そこでスペンサーらは、遊びを、ろう児の認知発達ができてきたことを示す「窓」といい、そのような発達が生ずる「部屋」だといっています。

　スペンサーらの研究グループ（M-56, S-43, 47）は、母親と 9 〜 18 ヶ月の幼児の三つのグループ、ろう児とろうの母親、ろう児と聞こえる母親、聞こえる子どもと聞こえる母親、について縦断的研究を行いました。生後 9 ヶ月では子どもの遊ぶ時間の長さや、遊びのタイプには違いがないが、12 ヶ月では違いが見られ、聞こえる子どもはどちらのグループのろう児よりも、玩具を実際の対象物として認め、実物のように扱うふり遊びの形で、ある物を別の物に見立てる代象レベルでの遊びを多くすることを見出しています。このような遊びの型は、18 ヶ月になるとまた変わって、その月齢になると、年齢相応の言語を持っているろう児は（この場合のほとんどの子どもはろうの母親から手話を身につけている）、聞こえる子どもの遊びと同じように、表象レベルや象徴的といわれる高いレベルの遊びをたくさん行っていました。象徴遊びは、ある物を別の物と計画的に、あるいは意図的に置き換えることで典型的に見られるもので、単純な代替遊びよりも、認知的にもっと複雑なものです。このような遊びのどちらも目の前の物の直接的な知覚から距離を置き、シンボルを頭の中で扱うこ

とを示す行動で、クイットナーら（Q-3）が仮定するように、記憶を支え、過去の経験との比較を促す「内的」つまり「心理的」な言語シンボルがあることを表しているものです。

18ヶ月での遊びの変化は、子どもの聴力の状態とは関係がなかったのですが、子どもの言語レベルによって違っていました。この言語レベルはスペンサーら（M-56, S-47）が、用いる語彙の多様さや、構文の複雑さなどで測定したものです。母親と子どもとの関係の質もまた子どもが参加する遊びの量とレベルに強く関わっています。メドウら（M-55）は、同じ被験者の資料の分析から、視覚的注意の発達の速さも、言語と母子関係の質の両方と関係があることを示しています。このように複雑な関係が示唆されているのです。

スペンサー（S-37）はさらに、24ヶ月から28ヶ月のろうと聞こえる子どもの三つの別のグループ（ここでも二つのろう児のグループと、一つの聞こえる子どものグループ）の資料から、認知的遊びの違いは、聴力とは関係ないが、表出言語のレベルと関係があることを見出しています。言語レベルの低い子どもは、象徴的遊びの量は少なく、メドウら（M-55）の研究のように、主に聞こえる親を持つろう児たちでした。言語スキルの高い（言語様式に関わりなく）子どもには予想遊び（pre-planned play）がより多く見られたのに加えて、より複雑な表出言語を使う子どもには、**標準的な**（canonical）順序に従った遊びが多いのですが、このような遊びは、より大きい全体あるいはテーマを構成する論理的、現実的活動の順序を示しているのです。このことはまた、検証されてはいませんが、そのような順序に従った遊びをするということは、記憶の中への保存と取り出しの順番ができているということを示すもので、これに早期に気づくことは重要なことです。

他の研究者たちも、ろう児と聞こえる子どもの遊びの違いは、言語レベルと強く関係していることを示しています（B-29, 35, S-28, Y-9）。年少の頃、複雑な象徴遊びに参加できる能力というのは、学習の機会を与えてくれるものなので（S-43）、聴力損失と言語発達の遅れが結びついた場合には、情報や経験による基礎が大きく遅れたまま、就学年齢を迎えることになります。メドウら（M-56）は、初期の言語発達と遊びの両方での違いについて、少なくともある部分は、ろう、難聴児（聞こえる親を持つ）と聞こえる子どもの初期からの他

の人との交わりの経験の違いによるものだと示唆しています。ろう、難聴児は母親との交わりを通して、母親から応答的で、足場を作って支えてもらうような経験が少ないといわれています（ただし、レダーベルグら〈L-12〉は違う観点を示している）。自分の子どもの理解言語のレベルが高くなってきて、母親が遊びや他の認知スキルを育てるのが容易になったと気づくと、この状態はさらに継続して繰り返されるようになってくるのでしょう。

　上に述べた諸研究は、言語能力は聴力の状態よりも遊びの行動を予測するものであることを示していますが、言語も遊びも間接的に聴力の状態の影響を受けています。ろうの子どもは本来視覚によるコミュニケーションに依存しているので（手話やキューを見たり、読唇したり）、役割交代のペースとタイミングは、ほとんどの聞こえる大人が期待するものとは食い違っています。聞こえない母親の多くは、初期のコミュニケーションの視覚的な側面を、直感的に肯定的に扱っていることが知られていました（手話をする場所を子どもの注意が向いている方に合わせたり、注意を向けさせるためにある決まった仕草を用いるなど）。しかし、そのような調整は聞こえる大人にはずっと難しいことと思われます（H-10, 13, S-39, W-12）。それでも子どもが聞こえても、聞こえなくても、その子どもが12ヶ月から15ヶ月頃までに、物や人に向けられる注意の切り替えが柔軟にできないとすれば、母親とろう、難聴児との関わり合いの中で、注意を管理する母親の役割はより重要なものになり、また複雑なものになります。遊びは認知発達の現在のレベルを示すものですが、それ以上に、認知発達を続けさせる原動力でもあります（S-43）。したがって、遊びの初期経験が最適な度合いよりも少ないと、認知や言語の面の発達を遅らせることになります。

心の理論

　幼稚園年齢で見られるようになる認知発達のもう一つの指標は、心の理論（ToM: Theory of Mind）です。心の理論は、メタ認知能力、つまり直接知覚できる環境から離れて、抽象概念で考える能力です。ピーターソンら（P-20）は、心の理論を、「自分や他の人の行動を決定する記憶や信念、欲望、意図などの心理状態が今どのようになっているかに気づくこと」（p. 502）と定義しています。アル・ヒラワニら（A-7）は、二つの非常に違った文化（中東部アメリカと

第7章　認知、知覚と学習様式

北部アメリカ）のろうと聞こえる子どもで、感情を表す表情の写真を識別するという、心の理論の一つのタイプについて比較したところ、差は見られませんでした。オドムら（O-2）は初期の研究で、7～12歳のろうの子どもは同年齢の聞こえる子どもと同じように、ある感情を表す表情は識別できましたが、ろうの子どもは一連の出来事の写真から、どのような心的状態や感情が生ずるかを予測する能力では、聞こえる子どもよりも有意に劣っていたことを示しています。このように感情を識別することと、その基にある原因が分かることとが一致していない、という結果と同じように、心の理論の他の側面に触れる課題で、聴力損失の有無によって一貫した差が見出されています。

　心の理論を判定する課題で最も頻繁に行われ、報告されているのは、サリーとアンの課題として知られているもので、誤った思い込みに気づく課題です。そこでは、部屋の中である場所に物を置く場面を2人の子どもが見ており、1人の子どもが部屋を出た後、その物を別の場所に移しますが、それをもう1人の子どもは見ています。その子どもに、外へ出ていた子どもが部屋へ戻ってきた時、その物を探すのにどこを探すと思うかを尋ねます。この課題では、その子どもに、一連の出来事の順番を覚え、そして、他の子どもはその子どもが見ていた出来事を知らないので、前に物を置いた場所を探す、ということの理解を求めています。2番目によく行われる課題は、中に入っている物とは違う名前が表に書いてある箱の中に予期しない物（お菓子が1個）を見つけた時の反応を見るもので、このトリックに気がついた時、びっくりしたかどうか、他の子は箱の中に何が入っていると思うだろうか、を問います。

　この課題のどちらも、単に質問を理解するだけの複雑さの言語が用いられており、言語スキルが正反応に結びついていることは当然です。したがって平均的な聞こえる子どもは4～5歳までにこの問題に正しく答えられるようになりますが、多くの研究で、聴力損失を持つ子どもは、その多くは言語発達の遅れがあり、このようなメタ認知スキルで遅れていることを示しています（C-25, 26, M-70, W-13）。しかし、コーティン（C-25）は、ろうの両親を持つろう児は、用いる言語様式に関係なく、両親が聞こえるろう児よりも心の理論でよい成績を示すことを見出しています。この結果は、言語の遅れが心の理論での遅れの重要な要因となっているという見方を支持しているものと思われます。

153

シックら（S-7）は、上に述べたのと同じような概念的処理過程を用いるが、心の理論の証しができる最小限の言語を用いる課題で、4グループ176人をテストしました。四つのグループは、聞こえる子ども、口話法で育ったろう児、手話を用いる両親でASLを用いるろう児、ASLを用いるが聞こえる両親のろう児、で、年齢は4～7歳です。シックらは以前の研究結果と同じように、ろうで言語の遅れがある子どもは、その多くは聞こえる両親の子どもですが、ろうや聞こえる子どもで言語スキルのよい子どもよりも、間違った思い込みについての課題（サリーとアンの写真版や、予想外の中身の課題）で、成績はよくなかったことを示しています。この成績の違いは、（隠されたラベルゲームのような）言語レベルの低い心の理論の課題でも見られました。

　シックら（S-7）は、言語スキルの低い子どもは、誤った思い込みを持っている人が関わる課題について推理することに、実際に問題を持っていると結論しています。ろうの両親を持つろう児は、生まれた時から滑らかな言語のやりとりを経験しており、彼らが心の理論の課題に聞こえる子どもと同じように反応するという事実は、他のろう児群に見られる心の理論での遅れの要因が、聴力損失ではないことを示しています。シックらはその他の分析を基に、心の理論のような課題に重要なものは、一般的な文法的能力ではなくて、ある独特の文法構造（英語の補文）からの見通しであるといっています。しかし重要なのは文法的形式の表面的な構造ではありません。というのは、英語の話しことばとASLでは違ったように表現されますし、ASLの流暢さも、間違った思い込みの課題での年齢相応の反応に役立っています。実際チュンクら（C-10）は、表層構造での補文構造が異なる言語の広東語と英語を話す聞こえる子どもについて研究し、補文構造と心の理論の理解との相関は、一般的な言語理解を統制すると、有意ではないことを見出しています。そして、特別な文法的知識ではなく、一般的な言語スキルが心の理論の発達を促していると論じています。

　シックら（S-7）は、文法に加えて語彙の知識が心の理論に関係していることを見出しています。このことは、心の理論の能力に有利となる豊かな会話のやりとりに参加する機会が重要だとする考え方に結びつきます。この結論は、初期の研究（L-38, P-19）の結果と一致しますし、遊びの発達を進める重要な要因であると認められている他の人との関わり合いの質が、認知発達に影響し

続け、心の理論も出来上がってくることを示唆しています。

　心の理論の能力ができるメカニズムと、課題の変化に応じて変わる心の理論の課題での反応の違いは、理論的に重要なのは明らかですが、十分はっきりしているわけではありません。例えばマーシャークら（M-16）は、9～15歳のろう児と聞こえる子どもが作った話を通して心の理論を検討して、全体としてろう児の87％、聞こえる子どもの80％が、その話の中で気持ちの状態（mental state）の関わりを表現したことを示しました。最初に得られた結果は、ピーターソンら（P-19）やその他の研究者が示している聞こえる親を持つろう児についての結果よりも、誤った思い込みの課題での成功率はずっと高いものでした。さらに興味深いことは、ろう児は同年齢の聞こえる子どもよりも多くの気持ちの状態の関わりを表現しました。このことは最年少の子どものみについて見ても同じでした。このような結果からマーシャークらは、誤った思い込みの課題は普通、他の人の気持ちの状態を認めることと、それに基づいての行動を予測することを含んでいるといっており、7～12歳のろう児は、関連する行動に感情の状態を結びつけることで有意に遅れている（O-2）ことを示す結果から、物語を作らせるやり方は、心の理論を評価するのにより直接的ではっきりした方法だといっています。

　異なった形の心の理論の課題からのいろいろの結果は、心の理論の獲得と、それをさまざまな場面で用いる（自動的にあるいは意図的に）能力や傾向のどちらも、単純なものでも一面的なものでもなく、さまざまな知識や基になるスキルを含んでいることを示しています。同時に関連する多くの研究の結果は、ろう児の多くは学校での学習場面に、聞こえる子どものようには認知スキルを広く持ち込んではいないことを示しています（H-17参照）。特に、心の理論のスキルは、それにより子どもが教師のことばをより大きな文脈の中に位置づけるようにさせるので、教え学ぶという行動には基本的なものです。しかし、心の理論と学力との関係はまだ明らかにはされていません。

視覚による注意、言語とコミュニケーション

　聴力が低下することにより視力が上がるということは示されてはいませんが、

ろうの人と聞こえる人とでは、視覚的注意力に違いがある徴候はあります（D-24, M-56, Q-3）。ろうの人は、周りの変化について聴覚の信号なしに気づかなくてはならないし、その場面に反応するために、聞こえる人よりも視野周辺の物や動きに敏感になっていることが、行動学や神経学の研究で示されています（N-8, 9, S-74）。多分この周辺視野での敏感さの結果として、ろう、難聴児は聞こえる子どもよりも視覚的に気が散りやすく、衝動的であると親や教師たちからいわれてきました（M-56, 64, Q-3）。したがってろう児の母親は、ろう幼児に対して、注意を向けさせたり、行動を維持させるために一連の特別な行動をとることが観察されています（H-12, S-39, W-12）。いろいろな研究を通じていえることは、視覚的注意は、ろう児と聞こえる子どもの認知の違いを示す一つの領域であるということです。

　視覚の領域で、周辺視野での敏感さの他に、視覚的注意を維持したり、選択したりすることに関するテストでも、ろう児は聞こえる子どもよりもうまくいかない結果を示しています（D-24, Q-4）。このような結果についてダイら（D-24）は中立的観点から、「視空間全般にわたって……注意を繰り返し分配する」（p. 253）ことの証拠と解釈していますが、それは明らかに教室での学習に影響しています。手話言語を使う人もまた、顔を識別する能力を高めており（B-13）、また積み木の画像の3次元での回転を理解するのは、聞こえる人よりも優れていることが示されています（E-11, T-1）。このように生活への適応や経験は、聴力損失を持つ子どもの視覚的スキルの配分を相対的に強くすることに影響しているように思われます。このことは、スミスら（S-27）の報告している資料からも支持されています。彼らは、人工内耳を装用しているろう児は、選択的に注意を向けることがよくできるようになり、それにより聴覚情報をより受け取りやすくなっていると報告しています。スミスらはいろいろな感覚にわたって刺激を統合する機会は、注意を集中するスキルを伸ばすのに役立つが、それはまた環境の変化を自分で聞く能力が視覚的な警戒の必要性を弱めることになる可能性があるといっています。

　シムスら（S-22）は、教師たちはあまりにも永く聴力損失の結果と想定された能力不足に注目してきているけれども、そうではなく視覚的情報をうまく用いて視覚による情報処理ができるようにカリキュラムを構成することが勧めら

れるといっていますが、ろう、難聴児は周辺視野での活動によって教育環境が混乱される傾向があります。したがって、ダイエら (D-24, p. 260) は、ろう生徒には「視覚的に予測できる環境」を整え、聴力損失を持つ生徒が、教師や仲間たちをいつでも見られるようにしておくことで、学習をうまく進められるだろうと示唆しています。この見方は手話二言語教育を主張する人たち (E-17) や多くの統合教育の状況とは違って、一つの教室に多数のろう生徒がいることに異論を唱えるものです。

　視覚によるコミュニケーションの活用は、少人数の教室や一対一の会話であっても、視覚によるコミュニケーションのニーズから生ずる複雑な困難さを解消できるわけではありません。リテラシーのレベルがさまざまであるのと同じように、ろう、難聴生徒によるコミュニケーションの理解や表出のスキルも多様です。特に、言語獲得の年齢の違いや手話が導入された時に接する手話モデルの一貫性や流暢さの違いなどからそのようになります。言語スキルが会話をするのに不十分であれば、コミュニケーションは妨げられます。このような可能性に加えて、コミュニケーションのために視覚に頼ることが多くなることから、そこで求められる視覚的注意のパターンの違いが、読話のためだけであってもろう、難聴生徒への指導の適切な速さにも影響していることがあります。

　指導場面でろう生徒に情報を言語で（ことばや手話で）提示する時、話し手や手話者から目を離して、関連して提示される視覚的な補助資料に注意を向ける間をとることができるよう、提示する速さを調整する必要があることは一般的に知られていることです。例えば、生徒には、ホワイトボードやパワーポイントを見て、読み、そして説明者の方へ視線を戻して、そこでのその資料の意味を理解するために必要とされる時間が与えられなければなりません。このためには多くの場合、説明者の話を聞きながら視覚的に提示される資料を見ることができる聞こえる生徒だけの場合よりも、教師は情報を伝えるためにゆっくりと進めることになります（よりよい結果を導く状況。M-41）。マシューズら (M-31) によると、教師が教える授業時間中、ろう、難聴生徒が教師を見ているのは50％に満たないことから、このような状況はさらに複雑なものになります。教室の中での話し合いで、手話を用いる仲間にさえも注意を向ける時間が少なくなる傾向があります。

ろう、難聴生徒を含む教室で視覚的注意やメタ認知での発達の違いは、特に言語の遅れと結びついて、通常の授業や会話で理解される情報の量に差を生じさせます。例えば、マーシャークら（M-12）は、コミュニケーションの相手との間の、理解度と聞き返しについて、ASL を使う大学生同士、音声言語を使う大学生同士、1 人は ASL を 1 人は音声言語を使う大学生の組み合わせ、で調べています。その結果、このような一対一の最適な状況であっても、単一の文を理解し、それを繰り返すことは三つのどの組み合わせでも全く低い成績でしたが、ASL を使っている人たちは他の場合より幾分よくできる（コミュニケーションの 66％は理解していた）という結果でした。口話での対話では相互に理解ができているのは 44％で、ASL と音声言語を使うグループでの対話の結果と差はありませんでした。さらに、学生は相互に理解ができていないことに一般に気づいているという証拠はなく、実験者がそうするように勧めているにもかかわらず、確認の質問をすることはまれに見られるのみでした。
　マーシャークら（M-12）は、ろう生徒は自分の勉強や教室で間違って理解していることに気づかないことが多く、これがメタ認知の失敗を反映している、つまり生徒たちは理解できなかったことに気づいていないということを示唆しています。一方、理解の確認をしないことはコミュニケーションのギャップを認めたくないことを反映しているのでしょう。それは、ろう、難聴生徒の多くは、教室での会話を完全に捉えることを期待はしないという経験から身につけたことと考えられます（N-1）。どちらの説明も、ろう、難聴生徒の教師は、理解することと適切に反応することとのギャップに気をつけることが特に求められることを示しています。
　教室で使われる言語からろう、難聴生徒が理解を得る能力についてマーシャークら（M-24, 25）はさらに研究を進め、統合教育で優れた教師とよく訓練された通訳がついているろうの大学生の、教室で学習したことについての成績は、事前の知識を統計的に統制しても聞こえる学生と比較すると、低い成績となることを一貫して報告しています。重回帰分析では、聴力損失の程度や失聴年齢、両親の聴力の状態、読みのレベルなどの背景にある変数は、どれもろう学生の学習結果を予測できないものであることを示しました（C-19）。学生の音声言語と手話言語のスキルも、また通訳者の手話が ASL か英語対応手話

第7章　認知、知覚と学習様式

かの違いも、統合教育での学習成績を予測することはできないことが示されました。

マーシャークら（M-23）も、教師がろうであっても聞こえる人であっても、教師が手話を使っても、通訳者を入れても同じような結果を得ています。しかし、初期の研究と違って、これらの実験での教師は皆ろう生徒を教える経験を十分持っている人たちで、ろう生徒は事前テストと比較して聞こえる生徒と同じように伸びていましたが、それでも、彼らは授業の前でも、終了した時でも学習内容についての知識は少ないままでした。このような結果を基に、マーシャークらは、手話ができる教師がいることよりも、ろう生徒について知っており、彼らがどのように学ぶのかを知っている教師がいることの方がより重要であろうとの仮説を立てています。この仮説が正しいかどうか、また、どのような生徒に、どのような設定ならばこの仮説が正しいのか、更なる研究が求められます。

記憶処理過程と、知覚、学習

100年以上もの間、ろうの人は、言語性と非言語性の両方を含む系列記憶スパンで聞こえる人よりも劣ると研究では示されてきています（S-42）。そのような結果は、一般的な知的な遅れの表れであると考えられていましたが、最近の研究では、これは聴力よりも、本人が主として用いる言語の様式によるもの、あるいは、テストの用いられた言語様式に影響されたものだと考えられています（H-4, M-11）。音韻論的な、音声語のスキルが比較的強いろうの人は、系列記憶の課題に特に合っているような音韻論的、時間的符号化の手段を使う傾向があり、よい記憶を示します。視覚や手話言語を主として用いている人たちは、順序を保持するためにはあまり適切ではない視覚的、空間的符号化の手段を使う傾向がありますが、空間での位置の記憶はよくできます。トッドマンら（T-4, 5）は、このように、ろうの子どもは、複雑な視覚的図柄の記憶は聞こえる子どもよりよくできるが、図柄を構成する部分を順番に記憶せねばならないような場合には、この有利さは見られないとしています。ホールら（H-4）は、このような結果と、聞こえて話す人よりも、ろうで手話をする人の方が視空間

での記憶がよいという結果から、系列記憶課題はろうで手話を用いる人には本来不向きなものであり、能力の違いよりも、記憶の符号化の選択の仕方を重視することが、この研究の主題になると主張しています。

ろうの人は系列記憶の課題に対処する時でも、視覚空間的手段を用いる傾向があるという考え方は、ウィルソン（W-24）の研究結果で支持されています。彼らは、ASLを使うろう児（両親もろう者）は、数系列記憶で、順唱でも逆唱でも同じ成績を示すことを見出しています。逆に聞こえる子どもは、順唱の方が逆唱よりもかなりよい成績で、これは経時的な言語的符号化の直接的結果です。同じような説明が、ピソニーら（P-25）による、数系列の記憶は人工内耳装用の子どもは同年齢の聞こえる子どもよりも短いことを示す一連の結果にも当てはまるでしょう。これらの子どもたちは音声言語を使っており、それを記憶課題にも用いて、系列記憶をよくしていると考えられます。しかし、人工内耳の装用年齢が高い（3歳過ぎ）ことから、記憶課題での成績は、神経学的、行動学的柔軟性が十分ではないことを反映しているのでしょう。つまり、人工内耳からの情報提供はその子どもが身につけている情報処理の習慣を変えていない（まだ変えていない）のであり、効果的な系列的符号化の手段をまだ発達させていないのです。それゆえマーシャーク（M-27）は、ろう児、特に手話言語を用いているろう児に読みのような活動で必要なところでは、経時的な処理過程を用いるようにするか、あるいは直接的に指導するように修正することが必要だということを認めるよう求めています。

情報の統合と問題解決手段の使用

学習での重要な側面は、バラバラの情報を関連づけて概念を構成し、関連性を明らかにする能力です。認知のこの側面での困難さについては、ろう児やろうの大人の読みの活動についていわれてきていることです（B-5, M-14）。これらの研究では、ろう児と聞こえる子どもは個々の細かいことや単語については、同じように記憶をしますが、聞こえる生徒は、まとまったアイデア、原因と結果、概念的関係を記憶し表出することがよりよくできることが示されました。このような結果は、ある部分、読みそのものの困難さを反映し、ろう生徒が

情報を読み解くのにより多くの周辺的資料が必要となるとを示しています。しかしマーシャークら（M-11）は、自動的に関係性を処理することが相対的に欠けていることは、記憶や問題解決に関するいろいろな研究の結果と同じもので、ろう生徒の一般的な情報処理のスタイルの特徴を示しており、これが学習に特殊な影響を与えることもあるといっています。例えば、オテム（O-10）は文献をまとめて、ろうの子どもや大人は、認知的課題で複数の概念や刺激要素、情報の一部などを関連づけたり、まとめたりすることが求められる場合には、聞こえる人のようにはうまくできないことを示しています。つまり、一つだけの特性で物を分類するような活動では、聞こえる人と同じようにできますが、複数の特性（色、大きさ、形など）を心に留めておかねばならないような活動では、聞こえる人の方がよい成績を示します。最近リチャードソンら（R-5）は、教室で聞いたことと文献からの情報を統合したり、合成したりすることは、聞こえる生徒よりろう生徒の方が困難を見せることを見出しています。

　関連性の情報処理でろう生徒と聞こえる生徒が違いを示す例は、マーシャークら（M-15）の「20の質問」ゲームでの反応で見られます。それによると、7～20歳の未熟なろうの被験者は、カテゴリーに基づいた「対象を限定する」質問（例えば「それは動物ですか？」）をすることが少なく、その結果、聞こえる人よりも答えが見つからないことが多くなります。しかし、このゲームに慣れたろう生徒は、カテゴリーに基づいた質問ができ、聞こえる生徒と同じようにゲームができます。このように群間の差は、このような問題解決場面に、関連づけ方略が用いられるかどうかによるものであって、聞こえる生徒は、経験により適切な認知方略をより速く用いることができるのです。同じような結果が、第8章で述べる数学の問題解決（A-21, B-20）についても見られます。問題解決場面に対応する時のろう生徒と聞こえる生徒の違いは、偶発的学習で身につけた背景となる知識の違いも反映しています。マクエボイら（M-46）は、ろうと聞こえる大学生の概念知識の整理の仕方に違いがあることを示し、マーシャークら（M-13）は、聞こえる生徒には見られない、カテゴリー見本の関係づけでの不均衡さを見出しています。マーシャークとエバーハートの仮説（M-15）とは対照的に、マーシャークらの結果（M-25）は、ある知っているもの（見本）があるカテゴリーに含まれることは、聞こえる生徒にもろう生徒にも明ら

かなものですが、ろう生徒はあるカテゴリーの名前を見た時、記憶の中の見本を自動的に頻繁に思い起こすことはあまりないことを示しています。このような情報処理のやり方の違いが、ろう生徒の読みの理解だけではなく、記憶や問題解決にも影響しているのです。つまり、入ってきた情報を背景にある知識と自動的に結びつけることは、効果的な読み、問題解決や学習に欠かせない要素なのです。既知の知識を呼び覚まし、適用することはろう、難聴児ではあまり自動的にはできず、それが読みや、問題解決での彼らの成績に影響しているのでしょう（M-11, O-10）。

認知的介入への反応

　聴力損失を持つ子どもと持たない子どもについて、一般的的な認知機能で見られる多くの違いをここまで検討してきました。理解できていないことにあまり気づかないでいて、その後確認することも少ない傾向の子どもの場合、学力を伸ばすための必要な道具という点からいえば、このようなことは欠陥と考えることもできます。その他の例で、視覚空間情報と系列情報のどちらかの記憶がよいとか、視野の中心にある物より周辺視野にある物に注意が向けられる、というような例は、欠陥というより違いと考えた方が適切でしょう。しかし全体的に見ると、聴力損失を持つ生徒は、情報を統合することの困難さに遭遇する傾向があるということから、言語的、概念的理解ができていないことに気づかないで、役立つというよりも情報をあまり与えてくれない視覚的情報に注意を向けるようになることがよくあります。確かにろう生徒は、持っていると思われる知識を、それが役立つであろうような場面で用いないことがよくあります（L-25, M-15）。幸いなことに、ろう生徒は、その他の面で概念的な方法論的な知識を見せることがあるので、学校での学習など決められた課題や、自由な場面での課題で、問題解決を強めるような介入の可能性が示されています。

　モーズリーら（M-85）は、ろう、難聴生徒のメタ認知を伸ばし、より効果的な数学問題解決の方策を教える介入の可能性を示しています。彼らは、ハノイの塔問題（Towes of Hanoi, 何本かのペグ〈クギ〉のセットに決められた順番で円盤を置く、多様な動きが必要な非言語性の課題）を含む三つの実験を行っています。

第 7 章　認知、知覚と学習様式

　最初の実験では、読みの成績の高い生徒と低い生徒に、ハノイの塔の理解とそれを解くために用いるやり方について説明（手話を用いて）を求めます。そして、目標と自分が用いたやり方を書いて記録させます。その後、解答に似たような論理を用いる数学の文章問題を提示します。その結果、読みの能力は非言語性の問題解決には関係がありませんでしたが、手段を記録することと、数学の文章問題を理解し解くことには関係がありました。

　2 番目の実験では、ろう生徒にハノイの塔を解く手順を少なくとも 2 分間見せます。このようにやり方を見せることの目的の一つは、考え、計画する時間をとらせることで、急いであまり考えずに問題を解こうとするのを防ぐことです。被験者の一つのグループには、やり方を見せて説明を行い、他のグループには、上に述べた初めの実験と同じように行います。全体として、解く過程を見せたグループの方が、円盤を動かす回数は少なくて問題解決ができました。モーズリーらは、視覚化の過程が、軽率に円盤を動かす回数を減らしたと結論しています。

　3 番目の実験は、教師が数学の文章問題の解き方を詳しくやって見せます。教師はその問題について考え方を説明し、生徒に一歩ずつ問題を解くように導きます。一つのグループは、広範囲に、問題に焦点を合わせた提示を行い、他のグループは通常のやり方で行います。結果は、モデルを見たグループは、問題解決のステップを一般化して、同じようなしかし違う問題の解決に用いることができることを示しています。モーズリーらは、読みのレベルは数学の問題解決能力に影響を与えているが、そこには重要な非言語的な要因があると結論しています。そうして、ろう、難聴生徒は、大学生年齢でも、よく発達した問題解決方策も自分からは用いないことが多いといっています。さらに重要なことは、視覚化して問題解決をする時間を生徒に与えるよう、手段と装置を構成的にして教示することは効果的であり、成功を増すことが分かったことです。

　ろう、難聴生徒のメタ認知スキルを育てる異なったアプローチがマーチンら（M-28）によって行われています。彼らはフォイエルスタイン（F-3）によって開発された IE プログラム（Instrumental Enrichment program: 機能強化プログラム）の効果についての評価を検証し発展させました。最初の研究（M-29）ではアメリカの中学生の 2 グループを用いました。実験群 41 人で、IE 活動（全体と部

分の比較、視覚的関係性の推定、空間関係の確認、指示に従う、分類システムを作る）を2年間行います。教師は少なくとも週2回その活動に参加し、問題解決の方法についての話し合いを、メタ認知的に助けます。41人の対象群は、IEの要素を入れていない通常のカリキュラムで指導されます。その結果、実験群は、読みと数計算、数概念のテストおよび、レイブンのPMテスト（漸進的マトリックステスト）で測定する非言語的認知スキルで伸びを示しました。質的には、実験群の生徒は、順序立てて細部を説明することで伸びを示し、また書かれた質問に筆答する時、きちんとできました。

マーチンら（M-28）による追跡研究が中国（ろう生徒のみ）とイギリス（ろうと聞こえる生徒の両方）で行われました。参加した教師は、IEシステムの考え方と創造的思考についての知識、多重知能理論（G-1）、メタ認知の課題について、そしてまた認知活動の仲介者としての教師の役割について、9時間の訓練を受けました。教師自身は自分の教室で使われるであろう活動のいくつかについて参加し、創造的思考や問題解決へ向けての自分自身のやり方に反映させる機会を持ちました。教師たちは、1週間に2、3回認知活動を授業に取り入れるように求められましたが、もとの実験と異なって、6ヶ月間だけ続けます。この介入の前、後の評価は、実験群と統制群で、事前事後にレイブンのPMテストを受けた限られた人数について行いました。さらに全ての生徒に、訓練前と訓練後の問題場面への自分の反応について、記述したものか口頭による返答を求め、教師には、生徒の創造的、批判的思考スキルについての質問紙に記入を求めました。

イギリスのろうと聞こえる生徒は、レイブンのテストで中国の生徒と同じ伸びを示し、イギリスの実験群は問題解決での批判的思考で伸びを示しますが、創造的思考では統制群と差はありませんでした。両方の国の教師は、教師はより高い認知レベルでの質問を使うことが多くなり、生徒はより注意深く聞くようになり、介入後は認知に関係した語彙をより多く使うようになった、と報告しています。特に興味深いことは、聞こえる生徒もろう生徒も、このプログラムの恩恵を受けており、認知的な基盤に基づいた問題解決の授業に焦点を合わせることは、ろう、難聴児の授業の範囲を超えて有効なものであることを示唆していることです。

まとめ——思考と学習について

　ろう生徒と聞こえる生徒には一般的知能の差はないが、さまざまな認知的手法の使い方には違いがあることは、就学前の段階から、行動の調整や、自分を客観視する能力などで報告されていることです。このような差は、言語能力の違いや、早期からの周りの人々との交わりの経験と関係しているのでしょうが、それはまた、基本的に聴覚の代わりに、視覚による情報処理に頼っていることと結びついている特別な情報処理スタイルの早期からの表れでもあるのでしょう。

- 周辺視野での変化に注意が向けられやすい、など、視空間での処理についての違いもまた神経活動の記録で明らかにされ、適応機能を表しているように思われる。しかし、このことからの当然の結果——中心視野で注意を集中したり、持続したりすることが少なくなる——から通常の教室での学習や、視覚注意の集中が求められる教育活動を困難にすることもある。
- ろう、難聴児は通常聞こえる子どもに比べて、言語的なそして非言語的な材料ともに記憶が弱くなる。特に順を追って示される情報の処理が困難になる。しかし、生後すぐから生まれつき手話を使っているろうの大人の視空間記憶は、聞こえる大人と同じか、それよりもよくなることが分かっており、現実世界での経験の違いに適応し、それに伴い脳も発達していると考えられる。観察された記憶の差がどこまで学習に影響しているのか、特に手話と音声言語の両方を使って育ってきた大多数のろう、難聴生徒ではどうなのか、はっきりさせる必要がある。
- 従来からの教育環境での学習は、系列記憶やいろいろな情報をまとめたりすることの困難さや、問題解決での軽率で思慮を欠いた反応、時にはコミュニケーションについて、理解したのか理解できていないのか、メタ認知的に自分で気づいていないことなどから、困難なものになる。もちろんこれらの問題には個人差が大きく、問題は、特異な認知的処理が全体としてあるか、ないかということよりも、それがどれだけ自動的に

なされているかということである（B-11）。これらの問題について、聴力損失を持つ人と持たない人との間での散らばりの差があり、聴力損失を持つ人の間の個人差の方が大きいことが示されている。

　これらの特性の個人間の散らばりに関わる要因については、それがあることが分かったばかりで、これらをさらに詳しく分析し、原因となる要因をはっきりさせる必要があります。認知面に焦点を当てた介入への反応についての更なる研究が特に重要で、研究によってはろう、難聴生徒が有効な学習方法や問題解決の方策を用いることが多くなっていることを示しているものもあります。そのような研究の結果を待たなくても、ろう、難聴の学習者は、聞こえる生徒の普通の行動やニーズとは、程度やタイプが異なる問題解決や認知による学習方法などが求められる教育環境に置かれることを認めることが重要です。それゆえ教師には、聴力損失を持つ生徒の学習のニーズに適切に応えようとするために、特別な訓練が求められるのです。結局、カリキュラムや教室のデザイン、教育、学習活動での提示の仕方や指導へのアプローチなどは、ろう生徒と聞こえる生徒の違いの認識に基づいてなされるべきであって、コミュニケーションの妨げがなければろう生徒と聞こえる生徒とは同じ知識を持ち、同じ学習方法をとるという仮説によるべきではないのです。

数学と理科の成績

　数学と理科は、その内容と、その学習を達成する基礎をなす推論と問題解決という点で教育の中で特に重要なものです。これらの領域を達成することは生徒の学業成績や、最終的には就職の機会にまで影響を及ぼすものです。残念なことに、聴力損失を持つ生徒は数学でも（A-21, T-9, W-26）、理科でも（M-49, R-8, M-17）聞こえる生徒より遅れていることが分かっています。その結果、最近ではこの領域での指導過程やその成果についての研究が多くなされてきていますが、その数は数学についてずっと多くなされてきています。いろいろな問題の中で、次のような問題が検討されています。

- ろう、難聴生徒のこの領域での成績は聞こえる生徒に比較してどのようになっているか。
- ろう生徒の数学や理科での問題解決や推論の基礎となる特徴は、ろう生徒群内で、また聞こえる生徒と比較して、どのような特徴なのか。
- 理科、数学、工学、科学技術などの領域でろう生徒の学力を上げるために、教育方法や教育環境にどのような修正ができるか。

数 学

初期の発達

　最近の研究によると就学前の年少のろう児たちは、数学の学習に必要となる基礎的な知識のいくらかは持っているが、それ以外の領域では聞こえる子どもよりも遅れていることが示されています。[1] 例えばレイバートら（L-24）は、3～6歳のろう児は、並んでいる物を数えるとか、数に従って物を分けることなどでは聞こえる（ほぼ1年年下の）子どものグループと同じようにできるが、機械的に数えることや抽象的な順序づけなどでは2年ほどの遅れがあることを見出しています。レイバートらは、ろう児は数や量の基本的な概念は持っているが、数えることの言語的な側面で遅れているだけだと結論しています。ザーファティら（Z-3）は、ろう児と聞こえる子どもの数の概念の比較について、もっと肯定的な結果を報告しています。1個ずつ順々に提示されていく物の数をいっていく課題では、ろうと聞こえる子どもはほぼ同じような成績でしたが、一列に並べられて提示された物の数をいう課題では、ろう児の方が優れていました（O-1）。

　これらの報告は、ろう児は基本的な数概念についてのある重要な部分は理解しており、配列が視覚的に提示されていれば、強みさえ発揮することを示しています。初等数学能力テスト（TEMA, G-13）を28人のろう児に行ったクライツア（K-33, 34）の研究では、4～6歳のろう児は最も基本的なレベルより上のレベルでは、数を比較すること、一つずつではなくて数えること、何桁かの数字を読んだり書いたりすることなどのスキルで聞こえる子どもよりも遅れが見られました。このようにろう児たちは、学校へ入学する前からすでに数学学習の基礎的な部分で遅れていたのです。このテストで最も高い点をとった6人のうち5人は、両親の少なくとも片方はアメリカ手話を使う聾者であることから、クライツアら（K-34）は基本的な言語スキルだけでなく、親子の間の

1　前言語期の幼児でも、数や量の違いのいくらかは分かることを示す結果は、後になって獲得する数的概念の基礎を生得的に持っていることを示す。これは聞こえる子どもにとっては、よく行われている研究領域であるが、ろう、難聴児については未だ明らかではない。

コミュニケーションの側面も数学の概念の獲得にとって重要なことだと提唱しています。しかし高い得点をとった、ろうの親を持つろうの子どもでも、テスト結果は聞こえる子どもの基準と比較すると「平均」に過ぎず、それ以上ではないことも指摘しています。

　クライツア（K-33）は、ろう幼児の間に見られた初等の数学的概念とスキルでの差異の原因について、用意された問題解決活動に参加した親子による定性的研究で検討しています。2009年の研究では、数学的スキルの最も高かったろう児3人と、最も低かったろう児3人について注目しました。成績のよかった2人（1人は計画した活動に参加できなかった）とも両親がろうであり、成績の低かった3人は聞こえる両親の子どもでした。ろうの両親はアメリカ手話を使っており、聞こえる両親は話しことばに手話を添えていました。クライツアは、問題解決活動の中で物を類別するのに必要な数量的な概念を、親がどのように表現し、どのように伝えるかに関心を持ちました。その分析によると、成績のよかった2人の子どもの親は、他の親よりも数概念に関わる表現をより多く用いており、また数量について話し合う時には、批判的な考え方を必要とするような問題解決場面を多く提供していました。クライツアは、成績のよい子どもの親の方が、数量を表す抽象的な用語（「どれもみな〈everything〉」「全て〈all〉」など）をより頻繁に使っていたと指摘しています（A-14）。けれども、成績の低かった3人は、介入活動の中で数的概念が提示されても、親たちは数に関連した語彙を使っていませんでした。この成績の低かった子どもの親たちはまた、子どもにカテゴリーをはっきりさせることに注目した問題解決の方略の使用を勧めるよりも、物の名前をいう練習のような分類活動をより多く行う傾向がありました。この観察結果は、グレゴリーら（G-25, B-37, 3）のいうように、第一言語を親と共有することは、ある程度は言語の訓練に費やす時間が少なくなるという理由から、ろう児に数に関連した偶発的学習の機会をより多く提供することになるという結果と一致します。したがって、そのような結論は直感に反するもののように見られますが、言語能力の発達は、就学前の段階であっても数的な概念やスキルの発達に影響を及ぼしていると考えられます。

学齢期の数学の発達

　ろう、難聴の学齢児の数学的操作や数概念についてのほとんどの研究が、聞こえる生徒に比べて、発達のパターンは同じでも遅れが見られることを示しています（H-40）。マーシャークら（M-9, 17, 27）は、聴力損失を持つ生徒と持たない生徒の間の認知や学習スタイルの違いから、ろう、難聴生徒の学習を支援する教育的方策を修正することが求められると提案しています（第7章参照）。同時に、ほとんどのろう、難聴生徒に提供されている数学や、問題解決の学習経験は、望まれた結果を達成するには頻度でも構造でも不十分であることは広く指摘されていることです（H-40, K-24, 34, P-7）。

　得られている資料によれば、今日までの教育的アプローチは、ろう、難聴生徒のための数学学習を最適化することができていないことを示していますし、また少なくとも40年以上にわたる資料も、数学スキルの年齢相応の発達が壁に直面していることを示しています（A-8, K-9, S-18）。例えばバル（B-37）は、ろう生徒は一般に、量の概念、分数の概念と操作の発達で遅れていることを指摘しています。トラックスラー（T-9）はアメリカの全国的なサンプルの詳細な分析から、ろう、難聴生徒（8～18歳）は、スタンフォード学力テストの数学の問題解決の下位テストで、聞こえる生徒よりも成績が低く、聞こえる生徒の平均の約80パーセンタイルに当たるにすぎないことを見出しています。トラックスラーの結果やクイら（Q-1）の分析によれば、17～18歳のろう、難聴生徒の成績は、平均してほぼ5～6年生（11～12歳）レベルで、計算スキルでも同様でした。これは、ろう、難聴生徒の読みの成績に比べれば高いのですが、年齢や教育年数から期待されるよりも低くなっています。ブラトーら（B-20）は、中学校から大学生年齢までの間ろう、難聴生徒の数学スキルは有意には伸びていないことを示し、その学力レベルは、聞こえる生徒よりも初めから低く、そして低いままでいるといっています。クイらは両者のこの差は、過去30年以上も定着しており、よくなったとはいえないと指摘しています。

　このような結果についていろいろな理由が提案されてきています。それらは、聴力損失を持つ人と持たない人の情報処理の方法が感覚的、言語的に異なる（M-17）ことのほか、数の概念に関する初期経験の欠如（K-34）、言語発達の遅れ（G-25）、数学の領域での授業の質と実践（M-18）、などが挙げられています。

しかし、リテラシーの能力と同様に数学能力に優れているろう、難聴生徒もいることを忘れてはなりません。ウッドら（W-27）は、ろう生徒のほぼ15％は（イギリスで）学校を卒業する時、グループとしては聞こえる人よりも遅れたままですが、それでも聞こえる生徒の平均かあるいはそれ以上の成績を示していると報告しています。したがってそのような発達を支えることができるような要因をはっきりさせることに特に関心が持たれます。

　アメリカでの（N-5）通常教育およびろう教育への提言（数学担当教師全国評議会、D-13）では、低学年での文章題の形式を用いた問題解決活動を頻繁に行うよう求めています。しかし、パグリアロら（P-6）は、ろう、難聴児のクラスではそのような活動がほとんど見られないとしています。彼らが調査した1～3年生の担任教師36人（5校で、ある程度手話を用いている）のうち、毎日文章問題を課していると答えた教師は5分の1以下でした。教師たちは、文章問題は、それが手話で提示されても、音声と手話であっても、また書かれた文章であっても、生徒が基礎的な数学と読みのスキルを身につけるまでは難しすぎると、明らかに考えています。それゆえにろう、難聴生徒の数学問題解決学習の経験は低学年の間限られたままで過ごすことになります。パグリアロらは、反対に、ろう児に数学的に思考し、問題解決のプロセスを経験させるために、最低学年から文章問題を使うべきだと主張し、教師は「文章問題を導入する前に『基礎を身につける』のを待つのではなく、むしろ『基礎』を作るための手段として文章問題を取り入れるべきである」（p. 116）といっています。

　パグリアロらの研究で最後に示されている知見も、ここに関心を示しています。彼らの調査資料によれば、教員養成課程で少なくとも一つの数学の指導方法について学んでいる教師は、現職教育を受けただけの教師よりも文章問題を多く用いていました。そこでパグリアロらは、ろう教育の教師になる人は全て、数学の内容について知り、生徒の数学的概念の学び方や、効果的な教え方を学ぶコースを必修とすることを主張しています。

　聴力損失を持つ生徒は、数的概念を獲得するための均等な機会を欠いたままで学齢期を過ごすことになります。ケリーら（K-9）は、アメリカの6年生から12年生（12～18歳）のろう生徒に提供される機会について、就学している学校や教室の種別との関係を示しています。そこには学校や教室の種別を超え

て多くの共通点が見られます。彼らは、ろう、難聴生徒の数学の教師132人から数学の文章問題の指導に関する調査資料を集めました。センターや特別支援学校で教えている教師68人、聞こえる生徒との統合教育のクラスでろう生徒を教えている教師29人、統合教育学校でろう、難聴生徒の特別クラスで教えている教師35人です。これらの教師間には問題解決学習にかける全体の時間数には有意な差はなく、また、いろいろな形の問題解決学習の指導方法で重点の置き方にも差はありませんでした。これらの指導方法には、目標や鍵となる情報の設定、ある問題を解くのに必要な個々の操作の計画や設定、計画や得られた結果についての推定や評価、試行錯誤手法の使用、仮説を立て、それを試してみること、などがあります。三つの群のどの教師も問題解決に具体的な視覚化方略（図表、イラスト、実地活動、手話）を、分析的主導型の方略よりも多く用いていましたが、アンゼル（A-21）やブラトーら（B-20）による結果では、中学校から大学までの生徒たちはそのような方法をうまく使いこなせてはいませんでした。

　ケリーら（K-8）の研究での教師群は、練習問題（その問題の解き方は習っている）を行うのと、「本当の」問題（問題解決により焦点を当てた問題）を行うこととの間に頻度の違いはありませんでしたが、使っているテキストのレベルには違いがあり、統合教育で聞こえる生徒と一緒に教えているクラスでは、他の二群よりも、学年相当のテキストをより多く使っていました。また、教師の準備状況にも違いがあり、統合教育のクラスの方が、数学の専門の知識を持つ教師が多くいました。数学の教師の資格を持つ教師の方が、文章による問題を理解するのに類推を用い、問題を最近身につけた情報と関連づけるような分析的な問題解決方略を用いることが、他の群の教師たちより多いようでした。このように統合教育の教室の生徒の方が、やりがいのある、微妙な違いのある問題解決手法を多く経験しているようです。最後に、統合教育の生徒に接している教師は、生徒は問題解決能力について高い認識力を持っており、生徒の英語のスキルが、文章による問題を解くことの基本的な妨げになっていると明言することは少ないようです。

　同じようにパグリアロら（P-7）は、アメリカの小、中学校のろう、難聴生徒の教師たちは最近勧められている「刷新された」活動を教室で用いることが

少ない傾向にあることを指摘しています。学校管理者から「優れた数学教師」と認定されている290人についての調査で、「個別的な」あるいは実生活に基礎を置いた問題解決学習（A-21, B-20）に時間を割くことはほとんどないと指摘し、これは、少なくとも部分的には、教師の数学についての訓練不足によるものと考えています（K-24, P-5）。

このような違いは、通常学校（統合教育学校も）の高学年の教師には、教科内容に特化された訓練が求められ、ろう、難聴の特別支援学校や学級の教師には、ろう教育の専門性が求められていることを考えれば、当然のことと考えられます。しかしケリーら（K-8）が指摘しているように、「3通りの教育措置のうちの二つで学校教育を受けているろう生徒は、数学教師の資格を持っていない教師に数学を教えられており、他の一つでは、ろう生徒の特別なニーズについての訓練を受けていない教師に教えられている」（p. 115）のです。また生徒のスキルについての教師の捉え方の違いは、類推的論法のような言語を仲介とする分析的なやり方をよく用いるのと同じように、生徒たちの就学先の決定に繋がる現実的な差に影響を及ぼすことも指摘しています（S-57）。統合教育の教室にいる生徒たちは、もし就学措置が適切であれば、高い言語力を持ち、数学などのようなその他の領域でも、学年相当あるいはそれに近い能力を持つことが期待できます。しかしケリーら（K-8）は、「教師たちがろう生徒に、文章による問題を解くのに、認知論的にやりがいのある状況で取り組むような機会を提供していなければ、問題解決課題でよい成績を期待することはできないだろう」（p. 117）と結論しています。

数学学習の構成要素

ろう、難聴生徒の言語スキルは、教師の期待や指導方法に影響するだけではなく、言語の遅れにより、専門用語の理解や書かれて提示された問題と問題解決の手順を自分で理解する能力が制限されることで、数学上の概念や数学のスキルに基礎的なレベルで関係しています（G-25）。ハイドら（H-40）は、オーストラリアのろう、難聴生徒は、文章問題の中の語彙と同様に英語の文法構造の理解も困難で、「第一に、そもそも（at the start）」というような句を理解できなかったり、二つの文章で、後の文が前の文についての情報を補っているよう

な関係を理解できなかったりすることがある、といっています。二つの数量を比較してその違いをはっきりさせるような問題では、物事が実際に生じた順番をそのままに表してはいないような文の構成では、特に困難になります。ハイドら（H-40）は、その研究結果が、基本的にはウッドら（W-26）による以前のイギリスのろう生徒での結果と一致すると結論づけています。

　ケリーら（K-7）の研究によると、NTID（国立聾工科大学）のろう大学生の数学学力テストの得点を、読みのテスト、特に英単語の形態論的単位（または意味的単位）の知識に関するテスト結果と比較して、形態論的知識と一般的な読みのスキルは、数学のテストの一つであるNTID入学試験でのアメリカ大学テスト（ACT: American College Test, A-12）の成績をよく予測するものであり、また、他のテスト（NTIDの就学クラス分けテスト）とも正の関連がありました。ケリーらは、形態論的スキルがいつも自動的に用いられていると、数学で必要とされる特定の語彙もより容易に獲得され、応用されるだろうといっています。そして、手話通訳者は数学の理論や実際についてのディスカッションの場で広く使われるような技術的な用語に代えて、単純なことば、手話を使うことがよくあることを指摘して、指文字や数学特有の手話（ニュージーランド手話で作られているような専門用語）を用いることを求めています。しかし、ケリーらは自分たちの研究で、全般的な非言語性認知機能についての尺度——言語と数学の両方の成績の予測変数——を含めていなかったことを認めています（C-19）。

　ケリーら（K-7）の研究で示唆されるように、ろう、難聴生徒は大学生レベルであっても、数学では種々の困難さを抱えています。ドワリビーら（D-17）の結果では、NTIDの準学士コースの2年生248人のろう学生のうち79％は、ACTの数学テストで50パーセンタイル以下の成績でした。ブラトーら（B-20）は、数学テストの成績をろう生徒と聞こえる生徒、中学生で18人と、48人、高校生で28人と51人、大学生で39人と62人、それに準学士コースのろう学生64人（比較群なし）を加えて比較しました。数学のテストはハガティーら（H-19）のテストを多少修正して（イギリス英語をアメリカ英語に変換）、それに論理的な問題解決を強調する短い文章問題15題を加えたテストを用いました。そして生徒の視空間能力を、視覚的な図形完成テストと、提示された図形の部分から図形全体を予測するテストで評価しました。さらに生徒が問題を解いて

第 8 章　数学と理科の成績

いる間に作った「メモ」や「作図」を集めて、生徒が作った図形とそれを関連づけて分析しました。生徒が作った図形が「問題で示された物と物、あるいは、ある物の部分と部分の関係」(p. 438) を示していれば、示された刺激を「図式的に」符号化されたものとします。視覚的に「絵として」示されたものは、問題で意図したものを示すものですが、それらの間の関係やパターンの違いを識別しているものではありません。図式表現として提示されたものだけが実際の推理や問題解決を示していると見なされました。

　どの年齢層でも、数学のテストと視空間のテストの両方で、聞こえる被験者群の方がろう生徒よりも高い得点を示しました。数学のテストでの発達の様子は、両群で違っており、聞こえる生徒の方が得点が急速に伸びていました。したがって大学生レベルでの聞こえる学生の優位性は、中学生より大きくなり、学習の累積性を示していました。

　問題を解いている間に作った下描きメモによる図式的表現得点は、大学の学部生を除いて聞こえる生徒の方がろう生徒よりも高い結果を示しています。図式的表現得点は回帰分析の結果によると、どの年齢群の生徒についても数学のテスト成績をよく予測できるものですが、単に絵を描いただけの表現は、数学のテスト得点とは負の相関を示す傾向がありました。ろう生徒については、中学校、準学部および学部レベルで、視空間テストの結果は、数学テストの予測度が増していました。視空間テストの得点は、聞こえる生徒では中学校レベルでのみ数学のテスト成績を予測でき、図式的表現テストの結果でさえも、回帰分析の結果では高等学校、学部レベルで数学の成績の予測力は弱くなりました。ブラット-ヴァリーら (B-20) は、問題を解いている間の絵による表現は、問題の表層的理解を示すのみであり、問題の内容相互の関係についての図式的表現は、発達に見られる現象であり、(聞こえる生徒の場合) 中学校レベル以上で数学的処理が自動的になされるようになると見られなくなる、と結論しています。このような処理の仕方を用いないままでいると、年齢とともに数学の得点の伸びることもなくなり、ろう生徒は自分なりの問題解決のやり方に留まり、年齢とともに聞こえる生徒からますます遅れることになります (T-9)。

　ブラット-ヴァリーら (B-20) は、この結果を、マーシャーク (M-9) の、認知的プロセスと学習はろうと聞こえる人とでは異なるという考え方と関連づけ

ています。ろう、難聴児は、数の表現、概算、一般的計算スキルのような数学的スキルのいくつかで、単に遅れているだけのように思われます（B-37, H-23, N-18）。数量が空間的に同時に表示された時は、数の表示や弁別などでの遅れは見られていません（Z-3）。しかし、情報の一部を他の操作や計算が終わるまで心に留めておかねばならない時のように、問題解決に継続的な記憶が必要とされる時には、聞こえる子どもの方がろう児よりも一般的に優れています（O-10）。実際、時間的な情報の処理などは、ろう、難聴児が聞こえる子どもより劣る一つの領域であるといわれています（B-37, T-5, Z-3）。さらに聴力損失を持つ子どもは、情報の各部分や変化の過程の各段階を自発的に関連づけたり、調整したりすることがうまくできない傾向があることが示されています（H-17, M-17）。

　ろう、難聴児は、数学的スキルを獲得するような課題に、以前からの知識や経験を持ち込むことが聞こえる子どもよりも少ないようです（M-23）。ケリーら（K-10）は、ろう大学生33人と聞こえる大学生11人についての研究で、読みのスキルは、ろう、難聴学生が示す数学の文章問題での困難さを部分的に説明できるにすぎない、と論じています。ろうの被験者たちは正しい解決方法を用いていながら、多くの計算間違いをしていました。ケリーらはこのことを、問題への集中を維持することができないのだとしています。また、ろう生徒は文章問題を解く能力に自信がないとコメントして、その問題が解けないことがよくあり、意欲の問題もあるとしています。クライツア（K-34）は、年少のろう児がそのような注意集中の問題を示す時、それは基礎的な数学的スキルと概念が欠けていることの表れではないかとも示唆しています。

ろう、難聴生徒への数学指導

　バル（B-37）は、聴力損失を持つ生徒の数学指導では、彼らが視覚空間的方向づけと、数学的問題解決能力についてあまり自信を持っていないこと、の両方を認めること、を勧めています。ヌネスら（N-19）は、数学問題の要素間の関係を視覚的に提示することと、聞こえる子どもは通常理解している基礎的で核心的な数学的概念をろう児が学ぶために、ろう児の持っている視覚空間的な長所を用いるようにするというアイデアから考えたプログラムを開発していま

す。それは、2年生から5年生（7〜11歳）のろう、難聴児向けのもので、加法的構成（数と尺度の概念）、加法的推論（加法とその反対概念の減法）、乗法的推論（乗法、除法操作の推論と図式的表示）、および割合の理解に基づいた分数、に焦点を合わせて、問題を視覚的に（非言語的に）提示するものです（教師たちは後から、割合の概念は教師たちにも生徒たちにも難しかったと報告している）。プログラムの考え方は、教師たちに説明され、教師はその学校で採用されている言語様式を用い、自分たちの方法で生徒たちに考え方を説明するようにして、1週間に1時間ほどそのプログラムを行うように期待されました。

　評価計画には準実験的な方法が使われました。ろう、難聴生徒65人を「基準群」として、23人の実験群との両方にNFER-Nelson（数学研究財団）の数学テストを行いました。評価計画の初めの時点では、基準群と実験群の評価点に差はありませんでしたが、1年後実験群について再評価し、基準群の元の評価点と比較したところ、基準群の成績より有意に優れていました。基準群の得点が指導的介入なしでどのくらい伸びたのかは分かりませんが、指導効果を見るために、実験群について成績の伸びを、初めの得点からの予測と比較したところ、多くの子ども（68.2％）は研究の終わりの時点で予測よりも伸びていました。予測した得点はろう、難聴生徒ではなく聞こえる生徒の期待値に基づいたものですので、この結果は大変印象的なものです。

　教師たちの話によると、生徒たちは用いた冊子やその授業での活動に非常に興味を示し、問題を解いている時に、授業では正式には用いられていない図式や説明図を自発的に描き始めたとのことです。ナネスら（N-19）は、このプログラムは成功だったが、どの面が成功に導いたのかは正確には決められないとしています。そして、多分認知的な要素と、動機づけ的な要素の両方が含まれており、図示的表現など目に見える形で提示したことが、数学や数の概念を直観的に捉えることを助け、子どもの数学への興味や楽しみを大きくしたのだろうと考えています。このような結果は、教師がこのプログラムで身につけ、子どもの示す興味で強化された教師の行動の結果として生じたものでもあるのでしょう。また、数学の問題は全て概念的で、推理や問題解決を必要としているもので、ブラット-ヴァリーら（B-20）のいうように、数学の問題について、その問題の解き方を図式的に（関係や問題解決を示す）視空間に提示してみせ

ることは、単に図を示すだけよりも生徒にとって助けになり、成功に繋がるということも重要なことです。このプログラムは、ろう児の視覚的、空間的能力の可能性を基に考えられましたが、関連性のある問題解決への取り組みの発達も強調しているのです。

　イースターブルックスら（E-4）は、文献を広く点検して、いろいろな研究論文で言及されているか、またはこの領域の教師やその他の人たちから重要だと見なされている 10 個の数学（理科も）の実践を取り上げています。あまり広く用いられてはいないが、はっきりした基盤のあるものと結論している実践の一つは、グラフや図、概念図など視覚的に図示してみせる手法を用いている実践です。また彼らは、生徒が用いる言語、言語様式でうまくコミュニケーションできる教師の能力が、通常教育と同様ろう教育でも「最高の実践」に導くものであると結論しています。年長のろう、難聴生徒の場合、生徒がいくつかの方法を分析して可能な解決を説明するような、積極的な問題解決の方法が研究では強く支持されていますが、イースターブルックスらは年少児については証拠がもっと必要だといっています。彼らは、研究の基盤は、事例に基づいた共同の問題解決場面や、批判的思考のスキルを強調した活動を「開発すること」だとしています。さらに、特別な語彙や用語に的を絞った学習のための技術に基づいたやり方の効果や、数学のような内容教科で用いられるテキストについての読みのレベルを修正することの効果、などについて更なる研究が必要だと示唆しています。

数学的概念とスキルの発達——現在分かっていること

　ろう、難聴生徒の数学の成績について私たちが知っていることをまとめてみると、数や数量についての基礎的な概念は就学前の段階では持っているが、言語発達の遅れや、生活に根ざした問題解決の活動の経験が相対的に欠けている（偶発的にも教室でも）こと、数学の領域での教師の養成体制の不適切さなどが、上記のように数学的概念やスキルのその後の発達に見られる全般的な遅れに結びついていると思われます。言語スキルが年齢相当より低いと、教師やテキストから得られる説明の理解が不十分なものになり、ろう、難聴生徒の大部分は、数学領域での専門用語を適切に操ることが年齢相応にはできなくなっています。

第8章 数学と理科の成績

　教師についての調査や教室での観察などから、問題解決学習に当てる時間が相対的に少ないこと——数学の資格を持つ教師は細かく考えた指導をしていますが——が示されています。ろう、難聴生徒では、文章問題で特に困難があるのですが、テストの結果では計算問題でも期待される成績よりも低いことが示されています。

　ろう、難聴生徒は視空間の能力は比較的高いことが示されていますが、数学の問題が提示された時に、これを必ずしも応用するわけではなく、多くの生徒は、情報のいろいろな部分を関連づけ、関連性をはっきりさせることが必要な場合には、特別な困難に直面するのです。図式的な説明を通して問題を解くようにする特別な訓練が勧められてきており、言語よりも視空間的な活動を強調した基礎レベルのカリキュラムが、生徒の問題解決スキルを高めることが分かってきています（N-19）。手話を使うろう児は、視覚空間表示（第7章参照）を行ったり、操作したりすることに優れていることや、就学前の時期でも同じような処理ができることを示す事実があることから、そのような方法は多くのろう生徒の学習スタイルによく合ったものといえるでしょう。ヌネスら（N-19）のカリキュラムに参加した生徒で注目された学習意欲の上昇は、そのカリキュラムが数学の問題を視空間的に表現することを強調したことの結果であろうと思われます。

　他の研究者たちは、年長のろう、難聴生徒は数学の文章問題を解くことに対して自信を失っており、真剣に取り組まなくなっていることを見出しています。また、ろう、難聴生徒は、注意の集中を欠く傾向があって、いくつかの操作を関係づけることや、論理的ステップを踏んで進めるような問題では、それが特に強くなるといわれています。このことが、基礎的な概念に欠けることや、基礎的な計算プロセスを自動的には行えないなどの結果を招いています。このような特性が、聴力損失を持つ生徒と、持たない生徒の学習スタイルや認知的処理過程の違いにどの程度影響しているかは明らかではありませんが、ろう、難聴生徒が数学の重要な領域で彼らの持つ可能性を伸ばすためには、カリキュラムや指導方法の修正が必要であることは明らかなことです。

理科教育とその成績

　1970年代のアメリカ理科教育のカリキュラム改訂は、ろう、難聴生徒の学級や学校では十分には行われていませんでした（M-18）が、処理過程を重視した活動を基本に置くことで、言語負担を少なくした活動に基づくプログラムに参加した聴力障害を持つ生徒の成功した結果（B-31, G-20）があります。マーシャークら（M-17）は、ろう、難聴生徒の間にある知識と経験の差は、年少時には明らかではないようだと示唆しています。事実ロアルドら（R-8）は、幼児は聴力の状態に関係なく、科学的現象に関する知識は同じように持っていることを示しています。しかし高校生になると知識や成績のレベルに大きな差が見られます。このようになる原因には次のことが考えられます。(1)ろう、難聴生徒のリテラシーでの困難さが、自然科学の情報に触れる機会を少なくしている。(2)ろう、難聴生徒は周りで交わされている会話から偶発的に学ぶ機会が少なくなる。(3)自然科学で用いられる語彙の理解ができていない。(4)コミュニケーションを見ること（手話でも音声語でも）と、自然科学の学習に必要な活動への参加や、その他の視覚教材を見ること、の両方を行うことの困難さがあること（M-17）。さらに、手話を使うろう生徒への通訳者が自然科学の用語や説明を簡略化するということもよくあることです（H-9）。ラングら（L-3）は理科のカリキュラムから見て重要だと思われる単語の約60％には、それを表す適当な手話がないことを指摘しています。ラングらは、今使われている手話を確認する必要があるといい、そのような内容を表す手話を作ることと、生徒たちが同じような概念を表すのに、クラスによって異なった手話を経験することの問題を指摘しています。しかしアメリカでは、ニュージーランド手話で数学のための手話を作ったと同じように、自然科学の語彙を表す手話を共同して作ることには、まだあまり積極的ではありません。

ろう、難聴生徒の理科学習の促進

　リテラシースキルの困難さは依然としてありますが、研究者たちは、書くことがろう、難聴生徒のしっかりした理科学習を支援する要因になることを示唆しています。例えばヨーア（Y-2）は理科の指導計画に各活動を系統的に組み

第8章　数学と理科の成績

込むことが、生徒の考え方を導き、生徒に自分の知識をプラスに評価することを促す手段を提供することになるといっています。また、具体的実習活動を指導の中心に置いて、「まず実践し、その後で読み、書く」ことを勧めていますが、書く活動は考えをまとめるのを助け、自分で気づいた関係性をきちんと位置づけるのに役立つといっています。彼が提唱し、学校のいろいろなレベルの聞こえる生徒で成功したことがあるやり方によると、教師は生徒がまとめて書いたものの内容と構成に対応すべきで、意味さえ間違わなければスペルや文法は気にすべきではない、ということになります。そのやり方は、場面に応じて、書式を決めたり、全体の構成を示す方法を用いたり、集団活動を行い生徒たちが書いたものを確認し、他の人へ何かを書いて伝える力を伸ばすように、生徒相互で見直したりすることなどを含んでいます。ヨーアらは、このやり方はろう生徒にも有益なものといっていますが、これはまた明らかに、教師と生徒、また生徒同士の効果的なコミュニケーションを前提としているものです（M-21, 31 参照）。ヨーアらが勧めているこのやり方は、理科学習のための、そして疑いなく学習全般のための、認知的、またメタ認知的スキルの重要性を指摘しているものです。彼は理科教育での効果的な読み書きには、「概念的背景：理科の教科書や読みものについての知識：読み方についての表明、手順、条件：管理者による目標設定、進歩の点検、活動の調整」（p. 110）などが求められると説明しています。

　ラングら（L-2）は、ろう、難聴生徒の理科と英語のリテラシーの能力を伸ばすワークショップを教師たちに行った後、6〜11 学年（12〜17 歳）の教室での授業と生徒の活動についての教師の報告を定性的手法で分析しました。ワークショップは、他の人とのコミュニケーションが、学習に重要な影響を与えると思われるような社会的な構造の文脈の中での、知識や概念の獲得に重点を置いたものでした。訓練後ラングらは、次の四つの文脈の中の一つについて、生徒からの 228 のレポートを分析しました。(1)想像作文：生徒に自分が何かの実体、あるいは現象、例えば、消化器官を通っていくクッキーとか、簡単な機械、あるいはある化学的元素などのどれかになっていることを想像させる。(2)手引きに従った自由作文：実行されている「本物」の理科の実験に関する予想、観察、結論を記述する。(3)授業後の考察文：学習した重要なポイント

や考えを書く。(4)複式記入：教師から提示された教科書の抜粋について要約と考察を書く。

　教師や研究者たちは、(1)と(2)が学習と評価にとって効果的であると判断しました。(1)はいつでも最も長くて詳細な記述が得られ、(2)は、生徒が論理的に考え、ある活動から意味を構成する能力、つまり生徒の科学的処理のスキルについての有用な情報が得られるとされています。(3)は有効性がより少なく、(4)の効果は教師に教科書の引用部分を決め、効果的な刺激の与え方を工夫する労力を求めるものです。このような難点はありますが、(4)は教師や研究者により特に生産的なものだと考えられています。全体として教師は、書く活動では、各授業に要する時間は長くなるが、個々の生徒の科学についての情報の理解や処理過程について重要な洞察が得られるものと考えています。

　授業の中で行う書く活動の4種のタイプのどれも、その有効性は、はっきりした助言指導、生徒の書いたものに焦点を当てた質問などを行う教師の力量にかかっています。適切な内容を決め、それを強調する教師の能力は、理科に関する教師の訓練に関連があります。事実、この領域での教師の訓練とその素養は、生徒の理科と数学の成績（K-23, 24）や、生徒からの教師の評価に確かに繋がっています（L-4）。さらに、教師はろう生徒の書く文章のパターンについてよく知っていれば、生徒の思考過程や学習したことをはっきりさせ、理解するのに役立ちます。

　ラングら（L-2）は追跡的な継続した支援活動が、学習を強化する方法として、特に重要であると考えられていることを示しています。例えば、科学用語についての定義や理解を伸ばしていくとか、その他間違って理解していることを修正していくことなどがあります。ラングらは、初めの状況の設定の仕方や、励ましや助言の与え方など、追跡してカバーしていくいろいろな方法について、その効果をはっきりさせることの研究が必要であるとしています。理科の知識や用語の理解、認知スキルを伸ばすことに組み込んだ書く活動の効果や、用いられた方法と生徒の特性、スキルとの相互関係についての研究が特に必要とされています。

　ロアルド（R-7）は興味深い独創的な定性的な研究で、彼がノルウェーの中学校で理科を教えた時の生徒で、大学で物理学を専攻したろうの教師5人に、

第 8 章　数学と理科の成績

会話によるインタビューを行っています。自分自身が以前理科専攻の学生であり、今理科を教えている教師であることが、その人自身の教育、生徒たちへ与えてきた教育へ反映しています。彼らは、教科についての教師の持つ知識が教育成果の決定要因であるが、生徒とのコミュニケーションをスムーズにできる教師の能力もまた重要な要因であると結論しています。その研究での話題提供者の教師たちはノルウェー手話を流暢に使う人たちでした。彼らはまた、理科の教育計画の指標となるコメントを示しています。第一は、共同学習の重要性で、生徒たちが相互に話し合い、また理科の問題、話題について教師との話し合いに十分参加しているような共同学習が特に有効だったと考えていました。そのためには、教室の生徒数が 5 ～ 9 人よりも少ないと共同学習の可能性を大きく制限してしまうとこの教師たちはいっています。彼らは、実験や読む活動に先行して、問題や概念について対話するように組織された授業を強く勧めています。また彼らの多くは自分たちが生徒であった時、教科書の内容や言語は非常に難しいと感じたが、実験レポートなどを書かされたことが、学んだことをまとめ、覚えるのに役立ったといっています。最後に今この教師たちは「事物と関連性」(p. 65) を図示して、理科学習と問題解決を支援することを勧めています。しかしこのやり方は、自分たちが生徒だった頃、それに反対だったこと覚えており、そして今彼らの生徒たちから、最初は同じような反応を受けていたのですが……。彼らが生徒だった頃、彼らの教師が、このやり方は、教師自身の言語スキルが問題解決を十分支援するには弱すぎるとの思いを反映していると明らかに感じており、あまり気が進まず消極的になっていたのでしょう。

　バールマンら（B-7）は、アメリカの三つのろう学校で実施された理科の観察、報告の高校カリキュラム（SOAR-High: Sciencs, Observing, and Reporting-High School Curriculum）について定性的評価を行っています。このカリキュラムはオンラインで接続されるもので、出される情報は正確で、自然科学のそれぞれの領域でのエキスパートが構成した授業で、質の高いものです。構成された授業は、地学とエネルギー関係のものです。書かれた教材、指導のための質問、図版、実際の授業活動についての提案、などが含まれています。教材は、観察、推論、予測、伝達、測定、分類、資料の解釈、仮説の構成、実験計画の作

成、などについて理科的な処理手順を示してくれます。このプログラムはラインへ接続する他、生徒にインターネットで検索する経験を与えたり、ビデオ会議に参加したり、ウェブページを開いたりするなど、いろいろな技術的方法を使うことを強調しています。生徒はeポートフォリオ（電子版のノート）を持っており、グループの他のメンバーと考え方を共有したり、また、教師が生徒の進歩を評価する手段に使ったりします。授業について、コンピューターでの作業が忙しすぎて先生と関わることが少なくなると不満を持つ生徒も何人かいましたが、生徒が一番楽しかったと報告しているのは、カリキュラムの中の科学技術関係でした。教科書による教材の読みのレベルは、難しすぎるという生徒もおり、評価者たちは、そのような生徒は仮説を導き出すのにずっと問題を持ち続けていると見ています。しかし、教師たちはこのプログラムの効果については肯定的で、このプログラムがラインを取り入れ、それにより技術面を強調していることは生徒の自立心を伸ばすことになると考えています。

　ろう、難聴生徒を指導する教室でのコンピューター技術の使用を十分可能にするか否かは、教師のソフトを使いこなす能力についての意識と、それを使いこなそうとするかどうか、にかかっています。クルウィンら（K-25）は、通常学級の教師によるいろいろな技術的方法の使用は、教師の不安、自信そしてその使用の妥当性の理解などの問題に左右されるとしたオーストラリアでの研究（M-81）を引用しています。それによると、仲間の支え、職場での助言、教師の訓練としての正式の共同作業などが、教師の技術的方法の使用に影響していると認められています（G-22, S-20）。クルウィンらは、ろう、難聴生徒の教師のために開発されたオンラインについての訓練プログラムの経過と結果について、報告しています。アメリカの42の学校からの47人が対象で、そのほとんどが都市区域の教育課程での教師です。教師たちは1学期につき一つのオンラインの研修を受け、3コースまで受けます。そこでの課題は、コンピューターを教室の活動に組み込むこと（ソフトプログラムの使用に関わる基礎的なスキル、コンピューターに頼る指導ソフトの評価、教育へ応用する上での問題）、インターネット資源へ接続し使用すること、インターネットサイトへ情報を提案すること、などが含まれます。この研修への参加は、商業ベースの研修管理システム（Eduprise）で管理されます。テキストやその他の資料が提供され、同時

に参加者と指導者はメールでやりとりをします。学区によっては研修費用が支給されるところもあります。

　クルウィンら（K-25）は、教師たちが初めに持っている不安や、技能、教室での技術的方法の使用の状態などが、教師のこのプログラムへの持続的な参加に影響するかどうか、いろいろな方法（質問紙、ディスカッションでのコミュニケーションの内容分析、直接観察）を合わせて調べましたが、関係はありませんでした。しかし、地域学区の支援の利用可能性とその質が、教師がこの研修を完結させるかどうかに関係していることが示されました。研究者たちが注目したのは、初めに不安があり技術的方法を使うのに不慣れであった教師のデータでは、困難な問題が多く、教室でもあまり用いていませんでしたが、初めから技術的方法をよく使える教師は、一層肯定的になり、プログラムの終わりまでには教室でさらによく使うようになった、と報告していることです。対象者が少なくて分析結果の解釈には制限がありますが、教室で技術的方法を使う教師のスキルは、オンラインの研修活動と、地域それ自体の支援の両方により改善していくものと結論しています。それゆえに生徒の技術使用についての研究でのバールマンらの報告のように、教師が技術的方法を効果的に使用するかどうかは、教師自身のコミュニケーション能力と支援に依存しているといえます。

まとめ──数学と理科教育で気づいたこと

　聴力損失を持つ生徒に対する理科と数学の教育計画に関する研究は、ごくわずかしかありませんが、利用できる結果はこの二つの教科のどちらにも共通することです。

- リテラシーの発達の遅れや、専門領域および一般的な語彙の不足は、偶発的学習の機会を少なくし、書かれた教材の有効性を損ねて、数学や理科の学習成績に負の影響をもたらしている。このような影響は理科や数学での重要な概念や考えをうまく表すのに必要な語彙が手話にはないという事実によって一層大きくなっている。
- 聴力損失を持つ子どもと、持たない子どもの違いは、早くから、学校へ

入る前から見られる。平均的な成績の差は、年少の頃は小さいが、学齢期を通して大きくなる。
- 現実的な事態での問題解決に参加し、その力を伸ばす機会が限られることが、理科と数学両方の成績に影響している。このことはある部分、教室での本物の問題解決活動の提供が欠けていることによるものであるが、その他の要因も作用していると思われる。教師の報告では、特別に指導しても、ろう、難聴生徒の上位の多くの生徒でも効果的な科学的仮説を作ることができないという。
- 成功している教師は、教える教科について訓練を受けており、ろう、難聴生徒の学習スタイルや学習パターンについての知識も持っている教師である。しかしこの両方を持っている教師は少ない。

数学の領域に比べて理科については少しの情報しか得られていません。しかし次のことは、少なくとも実際の資料で支持されていることです。

- 理科の授業の中に書く活動を組み込むことは、生徒の書くスキルが一般的に遅れていても、授業活動から得られる成果を促進し、強化すると思われる。文法の仕組みではなく、効果的なコミュニケーションに重点を置きながら、自然科学の概念や考え方について、創造的に書くことは有益であると考えられる。
- 集団での話し合いや、教師との直接的なコミュニケーションは、ろう、難聴生徒の理科的知識を身につける方法として特に貴重なものである。理科教育で情報を伝えるのに技術的方法が用いられる時（それによって多くの教師養成訓練では与えられていなかった理科の専門的知識を提供する）、一対一のコミュニケーションをそれに付け加えることが、学習をうまく進める大きな支援になる。
- オンラインでも、書かれたテキストで提示されても、理科的な説明や題材に関する言語は、生徒の知識や言語レベルを容易に超えてしまい、そのことから得られる内容が制限されてしまう。オンラインによる訓練プログラムを効果的なものにするために、生徒と同様、教師に対しても相

当量の個人的支援が必要とされる。

　理科と数学は、どちらも研究やカリキュラムの開発がさらに必要とされる領域です。この領域や関連するその他の領域でより向上するためには、教師や他の専門家たちに、ろう、難聴生徒の学習特性を知ることと同様、専門教科領域での、養成時そして教師になってからの訓練が求められます。

第9章

教育措置の決定とその結果

　聴力損失を持つ生徒に対する教育措置については、どこの国でもまた国内でも二つの考え方があります。一つは、「統合教育（mainstream）」といわれるもので、それは学校やクラスでのほとんどの生徒は聞こえていて、他の障害を持っていない生徒であり、ろう、難聴児に年齢相応の学力と社会的スキルを身につけさせるために最良の機会を提供できる場所に就学させる、というものです。二つ目の考え方は特別支援学校で、そこでは施設、設備など全ての資源は聴力損失を持つ子どもの支援に向けられ、子どもたちの発達と学力に合わせ、それを伸ばすことを考えるものです。この二つ目の考え方は、ろうや多くの難聴生徒はコミュニケーションについての特別なニーズを持っているということと、その多くの生徒が学力の分野でも相対的に遅れてるとの認識に基づいています。この二つの考え方の違いについて、強い感情論は別として、生徒の将来を考えた時、ろう、難聴児にとってどちらがよいかということについては、経験的なはっきりしたエビデンスはありません。

　研究者や実践者は、聴力損失を持つ生徒を聞こえる生徒と一緒に通常の学級に統合することを含む教育モデルについて論ずる時、二つのタイプを分けて考えるのが普通です。一つは「統合教育（mainstream）」で、そこでは聴力損失を持つ生徒が通常の教育システムに適合することを考えます。もう一つは、「包括教育（inclusion）」で、そこでは教師やクラスは聴力損失を持つ生徒のニーズ

に合わせることが期待されます（A-29, H-37, P-29, S-54）。その違いは、いつでもそうだというわけではありませんが、用語の意味の違いか、構えの違いのどちらかです。どちらの場合も現実には、普通1人かごく少数のろう、難聴児が大部分聞こえる生徒である学級に入っているのであって、「統合教育」という用語は、ろう児や時には難聴児が地域の公立学校の特別支援学級で教育されている状態を指す場合にも使われているのです。

　過去2世紀以上にもわたって、教育がろう、難聴児に広く行われるようになってきて、最も一般的な就学形態も変わってきました。18世紀から19世紀の初めにかけて、イギリスやアメリカのどちらでも、口話法か手話法のどちらかによる独立した特別支援学校が基準でした（L-1）。そのような教育は、少なくともある部分は18世紀ドイツのハイニッケ（口話教育）とフランスのレペ（手話教育）が始めた学校の流れをくむものでした。これらの学校では、基本的なコミュニケーション手段にどちらを選択するかに関わりなく、ろう生徒には、聞こえる生徒とは大きく異なる特別な指導法と言語の学習法が必要であるとする認識は共通していました。20世紀が過ぎ21世紀になると、一般的であった教育や法律の考え方が変わり、ろう、難聴生徒と聞こえる生徒は、学ぶ機会を同じようにする、少なくとも理論的には等しくするような学校や教室で、双方の交流を図ることが大事だとするようになってきました。

　最近では就学にはいくつかのモデルが見られます。一つは、特別支援学校が依然としてあります。1970年代の半ば頃までアメリカでは、ろう児の3分の1以上が寄宿制の学校に入り、別の3分の1は特別支援学校に入っていました。1975年初めに障害を持つ生徒の地域の学校への就学を勧める法律と、自分の子どもを家庭におきたいとする親の希望が、大きな変化を促しました（M-10）。1998年までには、ろう生徒の約20％は特別支援学校に就学していましたが（N-4）、この割合はその後減少し、約15％（M-62）に落ちました。この傾向はアメリカに限ったことではありません。

　特別支援学校の中には今も手話を禁じて、音声語によるコミュニケーションを強調しているところもあります（例えば、アメリカのCID、イギリスのメアリー・ハレ・スクール）。また、オーストラリアのいくつかの私立学校（例えば、ろう、聴覚障害者コーラ・バークレー・センター）など、早期の人工内耳装用が

広く行われるようになってから、聴覚音声法を強調した指導法が広まった学校もあります（H-37, P-28, 30）。その他アメリカのギャローデット大学クラーク・センター（公的な資金による）、マサチューセッツ学習センター（私的資金）など独立した特別支援学校では自然手話言語の使用を強調していますが、そこでは特に難聴や人工内耳を装用している生徒には音声言語の発達の支援との調和をとりながら進めています（S-15）。同様に、オーストラリアでは、手話二言語教育の中で手話の使用を強調している学校もあります（H-37）。

現在ではイギリス（P-33）、オーストラリア（P-29, 30）、イスラエル（Z-2）、アメリカ（M-63）などでは、聴力損失を持つ生徒の多くは地域の学校へ就学し、そこではまとめて特別支援学級に入るか、または基本的に聞こえる生徒のクラスに入れば、普通はソース・ルームの教師からのパートタイムでの特別な支援を受けるようになっています。リソース・ルームの教師は巡回教師あるいは派遣教師（itinerant or perioatetic）と呼ばれ、いくつかの学校を巡って、通常教育の教師に対して相談に乗ったり、直接ろう、難聴児の個別指導を行ったりします。彼らの行う直接指導のほとんどは治療的な特徴を持つもので（k-26, S-57）、このモデルはアメリカでは最近特に広まっている模様です（P-29）。

生徒の特徴、ニーズと就学形態

特別支援学校と地域の学校、および地域の学校の中での特別支援学級と通常の聞こえる生徒の学級に就学している生徒数にはそれぞれ大きな差があります。このことから、両者の指導形態を比較することは困難になっています。アメリカでは、特別支援学級や特別支援学校の多くでは、生徒の半数以上が少数民族の人たちで、通常学級では全くその逆です（M-63）。これは民族の状況がアメリカの一般的な社会経済状況の尺度となるものであることによるものであり、残念ながらそれが学習の機会に影響し続けているのです（K-20）。地域の学校へ就学している生徒が、聴力損失の影響を複雑なものにするはっきりした他の障害を持つ傾向は、特別支援学校にいる生徒に比べて少ないものです（A-9, 第10章参照）。実際、分離独立した学校は、重複する障害を持っている子どものニーズに対応できるようによりよく設備されていますが、理論的には、両方の

教育の場での学力の成果について比較することは、就学している生徒が異なっているので本来困難なことです。

　地域の学校と特別支援学校の生徒のもう一つの違いは、聴力損失の程度です。アメリカ（A-28, M-63）やオーストラリア（P-29）のどちらでも、通常学級の生徒の聴力損失の程度は軽度の傾向があり、ろうというよりは難聴といえます。このことはまた、通常学級にいる生徒の中には、手話通訳を必要としてその提供を受けている生徒もいますが、より多くの生徒は、本来のコミュニケーション手段として音声言語を使っていることを意味しています（A-26）。

　学力については、地域の学校の通常学級にいる生徒の方が、特別支援学級や特別支援学校にいる生徒よりも学力達成度が高いことを示す研究があります（H-32, K-20, 27）。クルウィンら（K-23, 24）は、数学では通常学級の生徒の方が特別支援学級の生徒よりも進歩が大きいことを示しています。しかし、このことは、初めは就学先による違いだと考えられましたが、他の要因、つまり元々生徒の中にある要因が関わっていることが分かってきました。元々より高いレベルを持って就学した生徒は、同じ期間内でもより速く進歩するのです。

　パワーズ（P-34）は、一般中学入学検定試験（イギリスとウエールズで行われている）でのろう、難聴生徒の成績を、聴力レベル（軽度、40dBまでの中度、重度、90dB以上の最重度）を含むいろいろな背景から予測しようとして、その結果、ろう学校に入っている生徒の成績は、統合教育にいる生徒よりも低くなる傾向があることを見出しました。しかしさらに研究を進めたところ、これは当初の成績で就学先を決めていることによるものであって、就学先の特質によるものではないと結論しています。回帰分析の結果、成績の20％のみが、失聴年齢（遅い方が成績はよい）、家族の経済状況、他の障害の有無、両親の少なくとも一方がろう者、などの要因で説明できるに過ぎないことを示しています。このような一連の背景要因は、就学先に関係なくろう、難聴児の学力に関わっていることは知られていることです（M-18, 76）。このように、認知や情緒の障害を持つ生徒（聴力損失はない）は、特別支援学級よりも統合教育か通常学級にいる生徒の方が学力についてよりよく支援されている（C-7）という結果とは違って、聴力損失を持つ生徒に関しては、どちらの就学先がより効果があるのかはっきりした結果は示されていません。

入学した時の生徒や家族の特性についての一連の研究から、ろう、難聴児の就学先のタイプは、彼らの学力に関する変数の 1 〜 5％を説明しているに過ぎないことが分かってきています（A-11, K-23, 24, P-34）。他の障害があること、が最も強く予測に影響しているのですが、全体として、学力についての変数の平均 75％は説明できていません。数学の学力についての研究で、クルウィンら（K-24）は、説明できていない変数の中には、教師の準備や指導の質の違いがあるとして、これからの研究は、クラスの編成の仕方に関する以上に、教師の教育経験の側面についてもっと焦点を当てるべきだと指摘しています。しかし、それから 10 年以上経ちましたが教師側の変数については明らかにされないままになっています。

　ろう、難聴生徒をもっと多く通常の学級で早くから指導しようとする方向に体制が変わるためには、通常教育の教師とろう教育の専門教師の両方に教員養成の段階での変革が求められています。上に述べたような理由から、通常学級でのろう、難聴生徒は、特別支援学級や特別支援学校にいる生徒よりも幾分高い成績を示すといっても（A-24）、通常学級のろう、難聴児の成績はやはり聞こえる生徒とは差があり、一般に「平均以下」の成績を示しています（A-24, B-16, M-82）。

　このような差が続いている原因の一つは、疑いもなくアンティアら（A-26）が指摘しているように、ろう、難聴で音声言語を使っている生徒は、実際よりもよく理解しているとか、よく処理できていると思われがちになっていることです。この章の後で詳しく検討しますが、マーシャークら（M-12, 19, 24, 25）は、このようなことは、手話言語と音声言語を使うろうの大人、大学生にも当てはまることを見出しています。就学先をどこにするかに関わりなく、さらに進んだ支援や特別指導が、ろう、難聴児の特性について知識を持っている教師から求められるでしょう。早期診断や早期介入が進められ、聴覚に関する技術が進歩し、通常学級に就学しているろう児の数が多くなると、そのような支援の必要性は小さくなるのではなく、なおそれが大きくなることが期待されます。

　子どもにインパクトを与える教師の特性は明かになっていないとしても、ろう児が理解していることや、ろう児の考え方や学び方について、教師が分かっていることの重要性は過小評価すべきではありません。例えばマーシャークら（M-23）によると、ろうと聞こえる大学生が、ろうについての経験を持って

いる先生に教えられると、ろうの学生は教科内容について、初めに比べて聞こえる学生と同じように学習を進めています。このような結果は、ろう生徒がずっと遅れていたことを示す今までの統合教育の教師を含む研究とは対照的なものです。ですから、マーシャークらは、ろう生徒が聞こえる生徒よりも学力が遅れた状態でクラスに入ったとしても、ろう児についての経験を持つ教師の協力が続くことによって、ろう生徒の学習を確かに強化することができることを示唆しています。そのような支援を行うために、ろう、難聴生徒を指導する教師は、通常教育の教師と十分協同できるような心構えが必要ですし、そのためには通常教育で行われているカリキュラムについて理解していることが求められます。さまざまな技術の使用を支援することに加えて、相談や協同をうまくやっていくことのスキルも欠かせない必要なことです。聴力損失を持つ生徒の特別な学習ニーズやスタイルについての知識（H-16, M-17）はコミュニケーションの方法と同様に求め続けられます。最後に、ろう、難聴生徒を支援する教師には、生徒に自信を持たせ、生徒の社会的、情緒的側面の発達を援助するのと同じように、生徒のための援護者として支援できること、そして、生徒を自分自身の援護者となるよう励ますことが求められます（A-26, B-38, S-26）。

社会的、情緒的機能と共同教育

通常学級に入っているろう、難聴生徒の社会的、情緒的側面は特に関心の持たれることで、多くの研究が行われてきています。文献では、統合教育つまり通常学級に入っている聴力損失を持つ生徒について、自尊心や友情に欠けているとか、孤独だという報告がたくさんあります（S-54）。一般に、聞こえる生徒の中に2、3人の聴力損失を持つ生徒がいる場合に比べて、特別支援学校や地域の学校の特別クラスに入っている生徒は学習以外の活動によく参加し、リーダーシップをとりやすいし、よく会話をして社会的なやりとりに参加しているようです（M-76, R-1, S-56, 60, V-8）。この状況についての他の理由の中には、聞こえる生徒は、人の注意を引く仕草に気づかなかったり、読話しやすいようにはっきりと話すことができないといわれていることがあります。また聞こえる生徒の多くは、ろう、難聴児と交流するのは実際に簡単ではないと報告して

いることもたくさんあります（S-58）。

　「共同教育（co-enrollment）」といわれる就学形態の一つは、地域の通常の教育へろう、難聴生徒をより多く統合させながら、否定的な社会的、情緒的な反応を少なくするものだといわれてきています。このやり方の典型的な特徴は、聞こえる生徒のクラスに、聴力損失を持つ生徒を孤立させないように1人か2人だけではなく「できるだけ多く」入れることです（B-4, K-16, 17）。ろう、難聴児と聞こえる生徒の比率を一対一にすることが理想的ですが、聴力損失を持つ生徒の数から見て、それは実現不可能なことです。そのやり方はもし聴力損失を持つ生徒がクラスの4分の1から3分の1くらいになれば成功するだろうという人もいます。異なる年齢の生徒も入るような共同教育の教室では、多くの聴力損失を持つ生徒を入れることができ、1教育年度以上一緒にいるので、聴力損失を持つ生徒にも、聞こえる生徒にも友情を伸ばす時間が与えられることになります。また、異なった年齢の生徒を一緒にすることは、全ての生徒のスキルや発達レベルに基づいて個別の指導を進めることにもなります（D-16, K-32）。これは十分な教師の供給ができていれば、のことですが。

　カリフォルニアのトライポッド共同教育プログラムの初期のレポート（K-16, 17）を基に、クルウィンら（K-21, 22, 32）はモデルとなる共同教育プログラムについて述べています。そこには通常教育の教師とろう教育の教師のチームによる共同指導、聞こえる生徒と通常教育の教師への手話言語の指導、手話の通訳者の参加、が含まれています。そのような教室ではどちらの生徒も同じカリキュラムを経験し、学習への同じような期待を持ちます。このような三つのプログラムによる結果では、学力は平均してまだ同年齢の聞こえる生徒よりは低い結果でしたが、一般のろう、難聴児よりも高い結果を示しました。そしてまた、聴力損失を持つ生徒と持たない生徒の間の関わりは増したことが示されています。

　ウォーターズら（W-10）は、包括あるいは共同教育（inclusive or co-enrollment）での仲間の受け入れは、いろいろな社会的場面を越えた効果があり、頻繁な友達同士の関わりが認知発達にも影響していることを示唆しています。この研究での被験者たちは、聞こえる生徒たちも手話言語を覚えそれを使っている共同教育プログラムに入っているか、口話の環境に参加できるような十分な音声言

語スキルを持っている生徒かのどちらかです。このように、コミュニケーション能力は相互の関わり合いの妨げになっているというよりも、一般に教室の中でろう生徒と聞こえる生徒の間で共有されているものでした。同じクラスのろう生徒と聞こえる生徒に、態度について調査を行ったところ、遊び仲間としての人気の高さや、友達の受け入れがどの程度積極的か消極的かについては差は見られませんでした。人気のカテゴリー（評判がよい、拒否的、否定的、どちらでもない、普通）では、聴力の状態による差は見られませんでしたが、ろう生徒は平均して社会的行動を行う割合は聞こえる生徒より低く、社会的には内気な傾向を示すとクラスメートから評価されました。しかし、ウォーターズらは、オランダでもろう生徒と難聴生徒のための別々の教育プログラムがあるので、全般的に積極的な社会的な交わりが見られたというこの結果は、聴力損失を持つ選ばれたオランダ人の生徒が通常の教室に入っていることが反映しているのであろう述べています。

　ノアーズら（K-28）は、共同教育でのろう児の教育について行われている経験的研究をまとめて、共同教育と独立したろう学校では、質的によい教育を行うのにそれぞれ違った長所があることを強調しています。ろう学校では生徒のコミュニケーションや個別のニーズに教育方法を合わせる点で優れており、共同教育では、教室での管理や指導技術に関連する別のプログラムで優れていました。この結果は、統合教育と特別支援学校での教育は「ろう児に良質な教育を行うのに異なった課題に取り組んでいる」ことを示しているといえます。

就学先とその結果

　就学先によって生徒の特性が異なるものであること——それは教師や聞こえる生徒の特性ということではなくて——を考えると、教育結果について妥当性のある群間の比較を行える資料がほとんどないことは、驚くべきことではありません。いろいろな就学先で、ろう、難聴児の社会性や学力を伸ばすことができている（またはその支援ができない）方法については、選ばれたプログラムの例を検討することでよく理解できるでしょう。したがってこの節では、異なる就学先で見られる三つのプログラム、手話を用いる共同教育、口話を用いる生

徒のための統合教育、手話二言語教育、について情報を提供します。

共同教育のモデル

　クライメイヤー（K-32）は、ろう、難聴生徒と聞こえる生徒の間のコミュニケーションを確実にすることに力を注いでいる一つの共同教育プログラムの例を挙げています。それは、アメリカの南西部でラテンアメリカ系と原住アメリカ人が比較的多い地域で行われているもので、対象となった生徒の60％は低収入の家庭の子どもです。生徒は連続3年間は同じクラスで、同じ先生に担当されます。このようなクラスができる前は、ろう、難聴児は同じ学校の特別クラスに入っており、1日に1時間、学習以外の活動で聞こえる生徒と関わることが（通訳つきで）できました。クライメイヤーらは、共同教育のクラスができる前の期間は、通常学級の生徒も先生も、ろう、難聴児が同じ教室に入ることには消極的で、邪魔だと考えており、聴力損失を持つ生徒の学力は、読み書き、数学で相当学年レベルよりも劣っているだろうと考えていた、と報告しています。

　共同教育プログラムは、2、3、4年生で9人の聴力損失を持つ生徒と、19人の聞こえる生徒を一つにまとめて始められました。聴力損失を持つ生徒のコミュニケーションでは、いろいろな手段が用いられており、手話のみのもの、手話と音声語を使うもの、ほとんど音声語で手話も少し使うものなど、まちまちでした。担当教師は経験を積んだ2人の教師で、1人はろう教育の資格を持ち、手話言語をスムーズに使える教師、他の1人は、熟練した通常教育の教師で、資格のある言語聴覚士の支援を受けて授業を担当しました。生徒間の関わりやコミュニケーションを伸ばすために、全ての生徒に手話を教えることとし、ろう、難聴生徒を「手話の専門家」として毎日10～15分間は音声言語を使わない時間とし、この時間はゲームをしたり、音声言語を使わないいろいろな形のコミュニケーション（ジェスチャーやパントマイム）を勧めました。教師の報告によると、1年目の終わりには、聞こえる生徒もろう、難聴生徒と関わる時間の半分は手話を使うようになりました。女子生徒は男子生徒よりも速く手話を覚え、ことばをたくさん使い体を動かすことは少ない傾向がありました。聞こえる生徒は、聞こえない生徒に軽く触ったり、他の視覚的、触覚的な

第9章　教育措置の決定とその結果

サインを出して注意を向けさせて会話を始めるようになりました。通常学級の教師も手話を覚え、1年目の終わりには、80％くらいの時間は、手話と音声語を結びつけて使うようになり、ほとんどの時間他の教師の支援がなくても聴力損失を持つ生徒を理解できるようになったと報告しています。

　そのプログラムが始められた時は、生徒たちが聴力の状況によって孤立する傾向があることに注目して、クライメイヤーら（K-32）はこの傾向の変化を個別に追跡することとしました。個々のろう、難聴生徒の他の生徒との関わりに関する数量的なデータを集めました。最初の1週間の資料をベースラインとしてとり、その後上に述べた指導を行った期間同じ情報を集めました。そのデータによると、聴力損失を持つ生徒と持たない生徒の関わりは、1年間を通じて伸びてきたことを示していました。その変化は授業中よりも昼食時間の方が少なく、重複障害を持つ1人の生徒には見られませんでした。このような研究のやり方は、ベースラインと比較することはできますが、そのような傾向が、実施された特別な介入がなくてもその期間で生ずるのかどうか決めることはできません。つまり、その変化は聞こえる生徒が手話を覚えたことによるものか、単に両方の生徒が互いに知るために必要な時間を持ったことによるものか、分かりません。また、そのデータは手話を使った介入の効果は認めていますが、負の結果については証拠はありません。

　この共同教育のクラスに参加したろう、難聴児の学力の結果についてはさまざまです。年度の終わり頃に学力テストを行い、このクラスのろう、難聴生徒の得点を、テストの手引き書によるろう生徒と、聞こえる生徒の基準得点と比較しました。このクラスに参加した生徒の得点は、読みの理解でろう生徒の基準より高いですが、聞こえる生徒の基準よりはまだ低い結果を示しました。ろう、難聴生徒の数学の成績はろう生徒の基準との差はありませんが、聞こえる生徒の基準より低い結果でした。このように、共同教育モデルのクラス編成とそこへの就学は、ろう、難聴生徒と聞こえる生徒にとって、お互いに知り合いになり、関わりを持ち、互いに学び合うという経験をさせるのには明らかに役立つものですが、学力については、一貫した効果は見られませんでした。両方の言語を交えて使うことの経験が、柔軟性のある釣り合いのとれた見方や、問題解決に役立つならば、ろう、難聴生徒にも聞こえる生徒にも認知的処理能力

197

の伸びに期待できると思いますが、そのことの可能性については研究されていませんし、その可能性を支持するデータもありません。共同教育の長い期間をかけた成果、入学早期から始めることの利点などについては分かっていません。

　共同教育プログラムのいくつかの有利な点があるにもかかわらず、就学先として共同教育のやり方の可能性のある利点は、そのやり方には多くの資源が必要となることから、制限されたものになっています。ステンソンら（S-57）は、実験的共同教育が2、3年でとりやめになる例があり、その継続のためには経験があり、やる気のあるスタッフと、そのクラスを成立させるための生徒数を満たす聴力損失を持つ生徒数が十分なくてはならないことを指摘しています。クライメイヤーら（K-32）や、ラックナー（L-33）は、共同教育をうまく実行するためには、スタッフには、活動の計画を立て調整すること、明晰なチームリーダーの指示に従うこと、共有する教育的、社会的な目標をはっきり決めることなどに多くの時間をとり負担が大きくなることを強調しています。教師たちには、チームとして働けることが必要で、強い意識を持ってこのやり方に参加する意思決定をすることが求められます。

音声言語を使う生徒のための統合教育

　上に述べた共同教育では、ろう、難聴生徒が通常クラスに馴染み、学習する能力を伸ばすために、聞こえる生徒や先生が手話を覚えることを助けることに主要な努力が置かれていました。聴力損失を持つ生徒が音声言語を用いる統合教育では、コミュニケーションの障害を乗り越えるのに更なる資源が求められます。ハディカクーら（H-1）は、1980年代から、初学年からの統合教育が一般的になっていたキプロス島でのろう、難聴生徒、その両親、教師らの経験を報告しています。生徒は全て学校では口話によるコミュニケーションを用い、1990年代から聴力損失を持つ中等教育段階の生徒の90％は通常クラスに統合されています。統合教育への動きは、その多くの部分は自分の子どもに他の子どもと同等の教育を受けさせたいという両親の要望からでした。ハディカクーらの質問紙調査では、両親も生徒も全体として、通常教室でのろう、難聴生徒へのサービスにかなり高いレベルの満足度を示しています。

　南キプロスでは、ろう、難聴生徒へ一対一か、少数の取り出し指導でギリ

シャ語、歴史、物理学（共通学力テストで求められるもの）および第二言語としての英語を教えるなど、組織だった集中的なサービスを始めました。このような一対一や小集団での指導の意味のある機能は、通常教室で教えられる教科、教材などについての事前指導であり、生徒の半数以上は、このような事前指導により、その後の教室での学習が理解できたと報告しています。しかし、69人の中等教育段階の生徒全員（対象となった生徒の100％）が、取り出し指導で教えられたことは理解できたが、そのうちの20人は通常学級の授業には参加が難しく、少数の生徒は通常学級の授業は全く分からないと報告しています。

　事前指導と一対一、あるいは小集団活動に焦点を置くやり方に加えて、ろう教育の訓練を受けた少数の「調整役」としての教師が巡回して、通常学級の教師の相談に乗り、生徒の学習を個別教育計画（IEP）で決められている目標から見て点検します。学校には、訓練を受けたカウンセラーや、心理士がいますが、ろう、難聴生徒は、いろいろな問題についての相談は、学校ではコーディネーターの教師の方が、（家では両親が）話しやすいといっています。両親もまた、学校の他の職員よりもこの専門家の方が話しやすいといっています。コーディネーターの教師は、通常学級の教師への現職教育や「ミニ授業」なども行います。講義を受けた教師の81％は、それが役立つものであったと報告しています。しかし、生徒たちは、通常教育の教師の多くは、授業や生徒への接し方を変えていない、とまだいっていますし、教師自身も対応はさまざまだといっています。

　キプロスの教師、両親、それにろう生徒も含めて全てが、現在の教育環境では教育的ニーズは十分には満たされない、といっています。生徒や両親たちは、授業は少なくし、宿題も少なく、そして教師は教室ではっきりと、そしてゆっくりと話し、テキストやテストでの書記言語を修正すること、などを求めています。ハディカクーら（H-1）は、現在の統合教育のやり方は、「効果的で適切」（p. 211）なものだといっていますが、同時に「統合教育でのろう児のニーズに合うように、代わりの指導法、カリキュラムの修正と改造が行われるべきである」（p. 210）とも述べています。ろう、難聴生徒の特定の学業成績、関わり合いのパターンについての資料は報告されていませんが、報告の他の面から、学業成績は全体として聞こえる生徒より遅れており、教師たちはこのような教育

的ニーズに応えようとして、通常の教室で直面している課題が増えていることが示唆されています。

特別支援学級、センター、学校——手話二言語教育

　キプロスや他のいくつかの国とは異なってノルウェーでは、ろう者の間で自然手話言語（ノルウェー手話：NSL）を使う長い伝統があります。ろう、難聴生徒が地方の通常学校に入ることを認めた法律が通った時、この生徒たちはノルウェー手話で教育を受ける権利を引き続き持っていました。以前から手話による教育を行っていた独立学校組織は、これらの学校を、通常教育の教師の現職訓練とノルウェー手話の指導を行うリソース・センターとしての学校とするように模様替えをしました。さらにそれらの学校は、何人かのろう児のためのフルタイムか時間制のサービスを続けている地方の学校の相談に乗ることで、ろう生徒の支援を助けています。2001〜2002年度では、ノルウェーの聴力損失を持つ生徒の3分の1は通常学級で指導を受けており、3分の2は地方の学校かリソース・センターの特別支援学級で指導を受けていました。聴力損失を持つ生徒のニーズによりよく応ずるために、ノルウェーでは国のカリキュラムを修正して、より適切な選択肢が得られるようにしました。このような選択肢の中には、ノルウェー語や英語の音声語を手話言語にして、言語学習への可能性を変えたり、また音楽教育への可能性を変えたりすることなどがあります。

　補助教師が用意されていると、通常教室に統合されていて手話を使う生徒には、教室の中やその他必要な場面で手話のできる1人の教師がつくことになり、生徒と教師の比率を下げることができるようになりました。このやり方についての決定は、地方の学校レベルで行われる傾向があります。ハイデラ（H-37）が結論づけているように、独立した学校から、より統合する形への移行は、生徒や教師養成プログラムにとって、ノルウェーの教育システムを行政的により複雑なものにしています。教育の成果についての資料はまだありません。

　シングレトンら（S-24）は、アメリカの特別支援学級か特別支援学校にいるろう、難聴生徒のための手話二言語教育（ASLと書記英語）で得られた有利さについて検討して、他のろう生徒と一緒に教室にいること、および包括教育（inclusive）よりもさらに多くのろうの教師たちがいることの、社会情緒的、社

会文化的自己意識についての効果を示唆しています。ろうの教師は一般に、ろう生徒が学んでいる第一言語である自然手話をスムーズに使うというだけではなく、教室で視覚的コミュニケーションに頼っている生徒の持つ視覚注意のニーズの取り扱いにも熟達しています。さらに、この種の学校で働いているろうの教師は、複雑な情報に基づいたろう生徒とのコミュニケーションに関わり、それにより、少なくとも学力と同じように認知の発達や一般的な知識を支える可能性を持っていると定性的研究（B-1, E-17）で報告されています。そのような会話による関わり合いは、両親がスムーズな手話ができず、子どもを会話にうまく引き込めなくなっている家庭の子どもたちにとって、特に重要なものとなります。シングレトンらは、聞こえる教師は「聾者（Deaf）であるかのように話しかけることができない、あるいは話しかけようとしない」、だからろうの教師はろう生徒の教育での特別な役割を持つことになる、といっています。残念ながら、我々の知る限りでは、独立した特別支援学校や特別支援学級ではそれが正統だと認められる手話二言語プログラム（R-19, S-25）での学力の伸びについては、ほとんど資料が得られていません。

教室の設備と音響環境

通常の教育環境でろう、難聴生徒を教育する時、教室運営や指導方法の他に直面する問題があります。気づかないことが多い問題の一つは教育を行う物理的環境の問題で、補聴器や人工内耳を装用している生徒を含めて、聴力損失を持っている生徒のほとんどは、かなりの背景騒音がある場所（教室など）では、音声言語を聞き取ることは困難になります（M-71）。クランドールら（C-28）は、一般の教室でのS-N比〔訳注：音声などの信号と騒音の大きさの比〕の大きさは、学習、特に聴力損失を持つ生徒の学習には適当でないと指摘しています。また、ハイバーら（F-4）は普通の教室騒音であっても、音声語の聞き取りは低下するといっています。このような理由で、キプロスの教育計画の半数以上は、教室の音響環境をよくするよう施設を改修し（H-1）、カナダの巡回教師は、教室の椅子の脚につけるために、使用済みのテニスボールを用意することで知られています。

ウィルキンスら（W-20）はアメリカで、人工内耳を装用しており、統合教育に入っている聴力損失を持つ生徒のための教室で求められる条件を評価しています。そして、聴力損失を持つ生徒（特に音声言語を使っている生徒）を聞こえる生徒と統合して教育する時、優先席を用意して、個人用のFM補聴器を使用し、大切なことは書いて示し、後から時々理解しているかどうかチェックすることが必要だと結論づけています。さらに、通常教育の担当教師は、ろう、難聴生徒が聞こえる生徒と同じように言語を理解できていると仮定しないで、理解できているかどうか頻繁にチェックすることが必要だと忠告しています（M-24, 25参照）。このような制約を考えると、比較的音声語や言語力を持っているろう、難聴生徒でも通常の教室への統合が困難になることがあります。

　多くの生徒が聴覚処理装置を用い、聴覚による言語スキルを用いる教室での音響的状況については、手話言語を用いることによって、不安がなくなるというわけではありません。また、手話による指導での適切なクラスのサイズについても疑問が残ります。多くの人たち（M-18, 76）は、ろう、難聴生徒の学習を支えるのに、クラスは少人数の方がよいといっていますが、ロールド（R-7）とエバンス（E-17）は大きなクラスの方が手話二言語教育での活動への参加と学習には好都合だといっています。最もあり得ることは、クラスサイズの影響は、教師のスキルと訓練と同じように、教室内の生徒の多様性と特質（認知、学力、聴力レベルなど）によって変わるということです。

教室での通訳と同時筆記

　同時筆記や、手話言語を使う生徒にとっては、手話通訳が、教室の音響環境改善より以上に授業への参加に直接役立ちます。口話の通訳（音訳）も後期中等教育では用いられてきていますが、幼稚園から高校までの教育では、あまり用いられていません。

　統合教育の教室（integrated classroom）では、同時筆記（同時字幕）は教室での授業や話し合いへろう、難聴生徒の参加を促す比較的費用のかからない手段として、広く進められています。[1]しかし一般にこのように見られていますが、それがよいことを示す根拠はあまりありません。同時筆記で逐語的に文字化す

る速さは、生徒たちの読みの能力を超えて速くなりやすいので、ろう、難聴生徒たちにとっては、困難な課題となることは驚くべきことではありません。ルイスら（L-20）は、読みのレベルに合わせたとしても、9～11歳のろう児はビデオの字幕から学ぶことは、聞こえる同年齢の子どもよりも少なく、それは、背景にある知識や情報処理のやり方の違いによるものであることを見出しています（S-62）。

　スティンソンら（S-59）やエリオットら（E-10）は、ろう、難聴生徒の同時筆記と通訳の利用について調べて、どちらの研究の被験者も、通訳よりも同時筆記の方が理解しやすかったとしています。しかし、理解や学習について直接的な根拠は示されていませんし、生徒の読みや手話言語のスキルについての評価もなされていません。マーシャークら（M-25）が、ろう生徒は教室での自分たちの理解度を高く見積もりすぎていると指摘しているように、生徒の理解についての妥当性はどちらの場合も疑問です。スタインフィールド（S-50）は、ろう児も聞こえる子どもについても字幕は作業記憶をよくするが（字幕がない場合に比べて）、聞こえる子どもの記憶の方がよいことを見出しています。理解については特別に検査をしていないが、同時字幕を用いることは、ろう生徒の理解をよくすると結論しています。

　他の研究も、聞こえる生徒で第二言語を使う生徒や学習障害を持つ生徒に、字幕が役立つことを示しています（K-31, N-7）。ろう、難聴児に役立つということを示す根拠は少ないのですが、例えばコスキネンら（K-30）は、13歳から15歳のろう者に30分の字幕つきビデオを10回繰り返して見せ、語彙と読みの学習を集中的に行った研究をしています。その結果、その書かれた教材を見て読むことは10％だけ上昇しましたが、理解が伸びたとか、他の教材への転移があったとかはいえないといっています。

　スティンソンら（S-55）は、ろうの中等教育と後期中等教育の生徒について、手話通訳と同時筆記のついた一つの講義の理解とその記憶を比較したところ、

1　ここで述べていることは、テレビの字幕やTTY〔訳注：電話回線で書かれた文字を交信する装置、テレタイプ〕の常時使用がろう児の読み書き能力を高める、という主張とは別のことである。TTYが効果があるという主張を支持する経験的根拠はない。

大学生については通訳と字幕に差は見られませんでしたが、中等教育の生徒では、手話通訳つきの授業よりも同時筆記か、講義内容を書いたものを読む授業の方が有意によい成績を示しました（M-22 も参照）。スティンソンらは、中等養育の生徒は通訳によるよりも同時筆記の方がより情報を記憶しておきやすく、それは、情報の全てが提示され、コンピューターのディスプレー上で長い間見ることができ、そして後から印刷したものを復習に使うことができることによるとしています。ろうの大学生はさまざまな形で情報を処理する経験を多く積んでおり、そのことが特定の形からの支援で得られる利点に優劣をつけがたくしていると考えられています。

マーシャークら（M-19）は、中等教育や後期中等教育の学校の教室でろう生徒の学習を支援するのに、同時筆記の有用性を検討しています。一番目の実験では、同時筆記と手話通訳、およびその両方を用いることの学習への効果を比較しました。ろう生徒は同時筆記のみの時、他の二つの場合よりもよい成績を示しましたが、三つの場合のどの成績も、他の支援なしで講義を見ていた聞こえる生徒の成績よりも低い結果でした。次の実験では、通訳と二つの形の同時筆記について、授業の直後のテストと1週間後のテスト（それぞれ専門のノートテーカーによるノートと書き写しを用いて）で比較しましたが、同時筆記の有利さは見られませんでした。3番目の実験では、12〜16歳の生徒の地理の学習で、授業直後と1週間後のテスト結果を三つの条件、(a)オーストラリア手話を使うろう教師、(b)オーストラリア手話の教師と同時筆記、(c)同時筆記のみ、で比較したところ、授業の直後と1週間後のテスト結果に差は見られませんでした（A-17参照）。4番目の実験で、テレビ字幕を通しての学習を検討しましたが、やはり手話通訳と手話通訳プラス同時筆記の差は見出せませんでした。これらの実験結果をまとめると、中等教育あるいは後期中等教育の学校にいるろう生徒を支援するのに、手話通訳と同時筆記のどちらも、他の方法より優れていると一般化できるような固有の特性は持っていないといえます。同時にどちらの方法も、ろう生徒と聞こえる生徒の間の差を全て消すことはできないにしても、コミュニケーションの支援が何もない場合に比べると、大きなアクセス手段を提供しています。

最後に挙げたことは、上に述べた結果についての重要な警告となっていま

す。この節で取り上げた研究はどれも、マーシャークらの他の一連の研究と同様に、いつも聞こえる生徒も対象に含んでいます（M-22, 24, 25）。そして、ろう生徒が同時筆記、手話通訳あるいは教師自身が手話を使って直接指導をするなど、どのような形の授業を受けたかにかかわらず、指導後のテストでは聞こえる生徒の方が高い得点を示しています。このような結果はある部分、ろう生徒はクラスに入る時から聞こえる生徒よりも（事前のテストでも示されているように）教科内容についての知識が少ないことによりますが、事前の知識を統制しても、聞こえる生徒より低い得点になります。しかし、マーシャークら（M-23）は、ろう生徒に対する教師の経験が生徒の学習によい影響を与えていることを見出しています。その研究では、ろう大学生はろう教育の経験のある教師に教えられると、教師がろうであっても、聞こえる人であっても、教師が自ら手話を使うか手話通訳がつくかどちらの場合であっても、聞こえる学生と同じように講義から学習できていることが示されています。このような結果は、続けられている研究で繰り返し見られますが、年少の生徒についてそのような問題はまだ研究されていません。

まとめ――就学に関する人、物、場所

　ろう、難聴生徒にとって、通常の教育の場へ参加することは意義のあることだとする意見は、さまざまな行政レベルで（資料に基づいた研究結果ではないが）共通したものになっているように思われます。このことは、ろう、難聴生徒は少なくとも中等教育のレベルで数学や理科の授業では、その領域に精通した教師のいる教室で学ぶことがよいとする初期の研究で示されていたことでした。しかし今日まで、異なる就学先で教育を受けることの学力へ及ぼす利点をはっきり示す研究はありませんでした。しかしいくつかの問題点は明らかになっています。

- 聴力損失を持つ生徒の特定の学習やコミュニケーションのニーズに効果的に応えるには、通常教育の教師、特別支援教育の教師のどちらにも訓練が求められる。同時に、物理的環境やクラスの人数など、改善も必要

である。訪問教師が通常学級の教師の相談にのったりしたり、個別や小集団で指導や予習を行ったりすることは普及してきているが、訪問教師や通常学級の教師、その他の生徒へのサービスを提供している人たち相互間で相談する時間がなく、そのことが生徒の進歩を妨げていることもある。教師養成プログラムでは、専任の教師に、通常教育のカリキュラムと通常教育の実践についての知識を、ろう、難聴児のコミュニケーションの方法や学習スタイルについての知識と同じようにしっかりと持たせることが必要である。

- 根拠は少ないが、少なくとも一定数の聴力損失を持つ生徒がクラスにおり、ろう、難聴児教育の専門家を少なくとも1人は含む、2人以上の教師がいるような共同教育や統合教育から生ずる社会的恩恵を示唆するものはある。このようなやり方には、いろいろな資源や、教師のリーダーシップとチーム作りの能力が求められるが、このような教育形態の利点が、さまざまな状況を通してどこまで一般化できるか、明らかではない。共同教育の意味するところは、最もうまくいった場合、聴力損失を持つ生徒が通常のカリキュラムを経験し、聴力損失を持つ他の生徒と交わり、さらに聞こえる生徒たちのより大きな社会と交わる機会を保持しながら、聴力損失を持つ生徒のニーズに合うように教育サービスのあり方を修正していく包み込むという考え方を表しているものだと思われる。

- ろう、難聴生徒に、聞こえる生徒が大多数を占めるクラスに入ることと同じように、彼らのための固定制または通級制の特別クラスに入る選択肢を提供するいろいろなシステムもまた行政の十分な資源を必要としている。しかし行政は個人のニーズの評価によって就学先を決めることを認めている。そのように個別化された就学決定は、ろう、難聴生徒の学習スタイルやニーズは聞こえる生徒とは少し違うということが最近の資料で示されていることから、重要なことであるといえる。それゆえに、特殊化された教育計画や指導方法が、聴力損失を持つ生徒をその可能性一杯伸ばすためには必要で、就学先や就学形態にかかわらず、ろうや難聴である生徒のニーズを理解している教師が必要とされている。

- 聴力損失を持つ生徒は、用いる言語様式が何であれコミュニケーション

手段の調整が必要となる。音声言語の使用、通訳者の協力、同時筆記の使用など、どれもそれだけで教室で提示される情報に同じように接することを保証するものではない。

　通常学級での教育（mainstreaming or inclusive）が、聴力損失を持つ生徒の社会的または個人的目標であるとする限り、子どものニーズに合わせて環境の調整や、支援を行う方法について更なる研究が必要です。さらに、通常教育の教師と特別支援教育の教師の両方の育成方法とその結果についての研究が求められます。教師には、ろう、難聴生徒について現在行われているいかなる就学形態であっても、そこで求められる責任と役割を果たすことが求められます。

　　訳注：就学形態を示す用語に mainstream、integration、inclusion、co-enrollment が用いられ、どれも「統合教育」の意味を含むが、mainstream、integration（統合教育）はろう、難聴児は、大多数が聞こえる生徒である通常の教室に入っていて、教室では音声言語を用いて、通常教育システムに適合することを目的としており、inclusion（包接教育）はろう、難聴児はクラスの中では少人数であるが、クラスをろう、難聴児のニーズに合わせることを基本的に狙っているものであり、co-enrollment（共同教育）は聞こえる生徒の教室にろう、難聴児が1人ではなくできるだけ多く入れることを目指しているものである、といわれる。

第10章

重複障害を持つ子どものための指導計画

　ろう、難聴児のかなり多くの子どもたちが、一つあるいはそれ以上の障害、それは聴力損失に伴うものもありますが、聴力損失とは関係のない障害も持っていることがあります（A-31）。ギャローデット大学のろう、難聴児に関する年次調査（H-30, M-62）では、アメリカのろう、難聴児の少なくとも35％、多分50％以上が、聴力損失の他に教育上の特別な課題、障害を持っていることを示しています。シャロップ（S-19）は、人工内耳を装用しているろう児も、彼らの進歩に混乱を生じさせている発達上の問題を持っている子どもの割合はこれと同じくらいだと推定しています。しかし、聴力損失に結びついている重複障害の高い割合にもかかわらず、これらの資料に基づいた研究や、教育による進歩に関する事実の入念な記録を確認することは、今でも困難です。ガルディーノ（G-30）は、文献をレビューして、ろう、難聴生徒の重複障害の割合が増加しているのに、この生徒たちの研究は少なくなっているように思われる、とまでいっています。

　重複障害を持つ子どもに関する研究で公にされているものが、特にグループ比較のレベルで見られないことは、彼らの持つ特異さから、特に個別的研究が必要とされ、研究結果が一般化されにくくなっていることによります。ジョーンズら（J-6）は、ろう、難聴児に見られる発達障害のタイプや障害の重さには均一性がないことから、適切な就学や教育計画は個々の状況に基づいて考え

第10章　重複障害を持つ子どものための指導計画

られなければならないと指摘しています。そして、介入は家族に焦点を合わせたものであり、子どもと家族の両方のニーズを基礎とした専門家チームの参加が必要であることを強調しています。メドウら（M-53）のように、ジョーンズらも、重複障害を持つ子どものニーズは非常に複雑なので、調和のとれたサービスが提供できるようにすることが非常に大切だと主張しています。聴力損失と重複障害を持つ子どものための指導計画は、いろいろなタイプのそれぞれの障害を持つ他の子どもに有効であったことが分かっている取り組みや介入を組み込んでいかなくてはなりません。同時に、介入は聴力損失に繊細で、適切に対応できるように配慮することが欠かせないことです。そのような支援は生まれて間もない時から必要となります。それは、早期介入はいろいろな障害を持つ子どもにとって有効なものだからです。

重複障害を持つろう、難聴児の多様性

　メドウら（M-54, 56）は、聴力損失の他に身体的、認知的、情緒的問題を持つと幼児期に診断された5人の幼児について研究しています。診断された障害の原因はサイトメガロウイルスによる感染症（CNV）と出産時障害です。三つの比較群を構成しました。一つは、重複障害を持つリスクはあるが、まだそれを持っていないと診断されている聴力損失を持つ幼児群。二つ目は、その他の障害を持つリスクがない聴力損失を持つ幼児群、三つ目は、聞こえる幼児群です。重複障害があると診断されている幼児やそのリスクがあると思われている子どもの出産時の体重は、聞こえる子どもや、聴力損失だけで他の障害を持たない子どもよりも有意に低い値でした。

　メドウら（M-54, 56）は、重複障害を持つと診断された子どもの、聞こえる母親から報告されたストレスの程度に特に注目しています。家族のストレスと子どもの行動についての評価が、標準化された親の反応を求める方法で行われました。親のストレス調査（PSI: Parenting Stress Index, A-1）と、日常生活のストレス調査（Stress of Life Events, H-31）を、子どもが9ヶ月の時に行い、家族支援尺度（Family Support Scale, D-23）と親の行事調査（Parenting Event Inventory, C-30）を子どもが16ヶ月の時に行いました。その結果、ストレスの評価は二

つに分かれた分布を示し、聞こえる幼児の聞こえる親の平均から見て、一番高いレベルと平均より低いレベルに分かれました。低いレベルはこのテストで「ストレスがないと思われる」とされるレベルで、研究者たちは、ストレスは消えていると捉えています。また、最近重複障害の「疑い」を持たれているがまだそのように診断されたわけではない子どもを持つ親でも、同じように二つに分かれたストレスの分布が示されていることに注目しています。

　両親によるストレスの評価には違いがありますが、メドウら（M-54）の研究での5人の子どもは皆はっきりした重複障害を持っており、12ヶ月までに明らかな発達の遅れを示していました。子どもたちの機能も個性的ですが、5人のうち3人は他の人との関わりに関心がなく、人や物への注目の仕方が非常に変わっています。2人は注意の持続時間は非常に短いと報告されています。これに対して、リスクはあるがまだ重複障害があるとは診断されていない子どもたちの70％以上は、12ヶ月までに発達の障害は見られていません。メドウらは、このグループでの聴力損失の早期診断と早期介入が一緒になって、遅れを防いだと考えています。他の研究者も、リスクを持つ子どもの発達パターンは多様であり、中度から重度の聴力損失と重複障害を持っている子どもの、音声を使った活動の出来具合もさまざまであることを示しています（N-3）。早期介入は、発達や家族支援の提供に役立ちますが、器質的な障害や遅れの多くはなくすことはできません。

　年長のろう、難聴児を対象とした一つの研究で、メドウら（M-53）は、聴力損失を持っており、何人かは発達に影響を及ぼすような他の障害を持っている6～7歳の子どもの親に対する調査を行っています。初めに調査した404人について無作為に選んだ62人に電話による質問と、何人かは面接をして調査しました。子どもは皆ろう、難聴児のための指導プログラムに入っていますが、質問に答えた人の32％の人の子どもは、聴力損失の他に教育上の何らかの問題を持っていました。そのような障害を持っている子どもで一番多かったのは知的、認知的遅れを持つ子どもで、全体の12％でした。その他多くは、視力障害、学習障害、注意欠陥障害、情緒行動障害、脳性麻痺、運動障害、などの問題を持っていました。重複障害を持つ子どもの29％は、脳損傷、てんかん、健康問題など「その他」の分類に入るものでした。これは明らかに不均一なグ

ループで、その点では、聴力損失とその他発達に関わる問題を併せ持つ子どもの典型的なものです。

重複障害を持つ子どもの親で、調査と電話インタビューに応じた親の報告では、自分の子どもとの初めの頃の経験は、非常にストレスの多いものだった（P-32）が、子どもは障害を乗り越えていく力を持っているだろうと自負を持っていたということです。多くの親は、自分の子どもへの適切な支援を決めるのに大きな問題があったといっており、そのことは他の研究者の報告にも見られます（E-18）。最後に、研究で対象となった重複障害を持っている子どもの聴力損失の診断は、重複障害を持っていない子どもよりも遅くなっていたことは注目すべきことです。子どもが他の障害を持っていると、それが子どものある程度の聴力損失を初めのうちは「覆い隠して」いたと思われるケースもあります。

認知的、知的障害を持つ子ども

推定値はいろいろと大きく変わっていますが、重複障害を持つろう、難聴児のかなりの割合は、認知の遅れや学習障害となるような状態を持っているように思われます。2005年のギャローデット大学での調査（H-30）では、対象となった子どもの8％以上が「精神遅滞」または認知的遅れを持っていることを見出しています。逆から見てガルディーノ（G-30）は、認知の遅れのある子どもの9％以上は聴力損失を持っていると推定しています。研究をレビューして彼女は、聴力損失と認知上の問題を持つ子どもについての科学的資料に基づいた研究の多くは、1980年代に行われていたものだと気づきました。彼女は、この子どもたちを対象とした研究がその後少なくなったのは、母親の風疹の影響を受けた子どもたちの年齢が上がったことと、ある部分は、分類によらない教育への取り組みがその後行われるようになったことによるだろうと示唆しています。理由はどうあれ、この重なっている発達上の問題に対して、教育や家族の関わりについての研究の必要性は、まだ引き続いています。

ヌーアズら（K-29）は、聴力損失の他に認知の遅れがあると診断された子どものほぼ30％は、その原因は分からないといっています。原因が分かってい

る子どもの大多数は、出生前または周産期の感染症、風疹、脳機能障害（重度の黄疸など）によるもの、あるいは、特に後からの学習障害や、髄膜炎などの感染によるものです。これらの病因は、普通重複した発達上の後遺症を持つもので、ヌーアズらは、認知能力のプロフィールによって評価や教育計画を変える必要があるとしても、聴力損失を持つ子どものニーズには配慮しなければならないといっています。ケースによっては、音声言語を使える子どももいますし、また、自然手話やトータルコミュニケーションがより適切である子どももいます（V-7, K-29, V-6）。ヴァン・ディークら（V-7）は、中度の知的障害があり、グループホームにいる5人のろうの大人について、彼らは学校で教えられた手話を覚え、使うことができたとしています。手話で補われる話しことば（手話を伴うオランダ語）が、学校では正式に用いられているコミュニケーション手段ですが、ヴァン・ディークらは、対象者は自分からオランダの手話言語に似た手話を工夫していたことに注目しています。彼らは、手話のできる介助者や流暢な手話をする他の専門家との関わりが多くあれば、対象者の手話によるコミュニケーションの能力はもっと高くなるだろうと仮定しています。対象者の認知機能のレベルによって、指導に選別され単純化した手話を使うとか、絵や記号で補強する他のコミュニケーション・システムを使うことが必要となる生徒もいます。このようなシステムには、記号などを示すコミュニケーション・ボードや高性能の電子式ソフトウエアなどがあります（www.asha.org 参照）。

人工内耳装用、認知の遅れと言語発達

　認知に関する遅れを持つろう児への人工内耳の装用も時々行われますが、その効果は、ろうだけの子どもと比べると小さくなります。だから両親は、認知障害を持たない子どもと同じようには期待できないことを知らされる必要があります（P-40, S-40）。ピーマンらは、運動障害と認知障害のどちらか、あるいは両方を持つ子どもが、人工内耳を装用してから4年経って、母音や子音の基本的な聞き分けが伸びてきたことも見出しています。しかし、文章の中で話された単語を聞き分けられたのは、60％の子どもたちだけでした。同じ研究で認知障害のない子どもでは80％が可能でした。ウォルツマンら（W-4）は、多様なその他の障害を持っている子どものグループで人工内耳を装用している

子どもは、音への気づきがよくなり、周りと「繋がる」ことや「接触する」ことが多くなることを見出しています。しかし、言語能力の伸びはグループ内ではさまざまで、認知障害の重い子どもは、行われた一連のテストは完成できませんでした。同じように、人工内耳を装用した後での機能の大きな散らばりは、ドイツでのハムザビラ（H-6）の研究でも見られ、対象者の10人の子どものうち5人は、人工内耳装用後3年経っても話しことばの理解と表出ができませんでした。しかし成績の低い子ども5人のうち4人は、装用により音には気づくことがありました。フクダら（F-11）は、中度の発達遅滞児の事例研究で、人工内耳装用前からかなり多くの手話の語彙を持っている子どもが、装用後音声言語を発達させた事例を示しています。

重複する障害のタイプやその程度が、人工内耳を使っての音声言語進歩の決定要因になるのでしょう。ホルトら（H-34）は、人工内耳を装用している子どもで、中度の認知の遅れを持つ子ども19人の話しことばと音声言語の発達を、認知やその他の障害を併せ持っていない子ども50人と比較しました。標準化された親への質問紙で、6ヶ月間隔で比較したところ、音への気づきや単語の聞き取りのレベルでは、両群とも伸びが認められましたが、認知発達の遅れているグループでは、平均して進歩が遅く、個人差も大きいことが示されました。ピーマンら（P-40）の結果と同じように、認知障害を持っている子どもは、人工内耳で単語数の多い文を理解できるようになるには、長い経験が必要であるとしています。ウォルツマンらの研究（W-4）との違いは、グループの中での重複障害のタイプや程度の違いによる結果を仮定していることです。

最後に注として、ここまでまとめた研究では、軽度の認知の遅れと聴力損失も含めて重複障害を持つ子どもについて、人工内耳装用の効果を予測できるものを特定できる研究者はいません。予測できるものと、支援するための方法の両方について、更なる研究が必要とされています。

学習障害と注意欠如多動症

「学習障害」という用語は、失語症、聴覚情報処理の障害、視知覚障害、記憶あるいは実行機能障害、聴力損失によらない明確な言語障害、一般的な認

知、体験障害などの学習上の問題を持つグループのことです（E-5）。そのように定義される学習障害は、子どもが聴力損失を持つかどうかに関係なく、器質的な要因があると考えられ、医学的検査では普通中枢神経系の機能障害が示されます。ろう学校の生徒286人に対する脳波検査（EEG）を用いた初期の研究（Z-6）では、35人が明らかな神経系の障害、21人が微細脳損傷の徴候を示しました。この結果は、生徒の多くは、聴力損失からの直接的な結果ではない学習障害を持っていることを示唆しています。ピソニーら（P-24）は、人工内耳を装用している子どもについての研究から、同じような結果を得て、多くの子どもたちは、情報処理の基になる神経認知的な機能の障害や遅れを持っていると示唆しています。ホウカーら（H-18）は、人工内耳装用の子どもが示す言語の遅れの中には、聞こえる子どもでの明らかな言語障害と同じ要因を持ち、聴覚の経験による説明を必要としないものもあるとしています。しかし現在、聴力損失を持つ子どもの明らかな言語や学習上の障害を確定するはっきりした診断上のガイドラインは、いろいろな背景での子どもの行為や学習についての十分な記述が欠けていることにもよりますが、ずっと分かりにくいものになったままでいます。

　ロートン（L-10, p. 74）は、ろう、難聴児で学習障害を併せ持つ子どもは、聴力損失のみの子どもよりは「言語の獲得、統合およびその使用と非言語的能力、またはどちらかで明らかな困難さ」を持つだろうといっています。全体としてろう児にこのような処理過程に困難さがあるとすれば（第7章参照）、学習障害と診断することは、評価を行う臨床家の側での臨床的判断や、問題解決の処理の仕方にかかっているのです（V-6）。多分結果として、聴力損失を持つ子どもでの学習障害、注意欠如多動症の診断はどちらも過剰診断となるように思われます（P-9）。ある程度まで、これは疑いなく、聞こえる子どもでの学習障害の行動特徴と、聴力損失を持つ子どもの言語の遅れや一貫性のない経験、その結果生ずるコミュニケーション障害による行動とが重ね合わさることからくる結果でしょう（M-79, S-1）。

　一方カルデロン（C-1）は、学習障害と聴力損失は原因が共通するところもあって、共存する傾向が高いといい、このことはこの本でも紹介したように（第7章参照）、聴力損失を持つ子どもと持たない子どもの認知上の差の源の一

第 10 章　重複障害を持つ子どものための指導計画

つでもあると示唆しています。モークら（M-32）は、ろう、難聴児の中で、学習障害を持つ子どもの出現率の推定値は大きな幅があり、3％から60％に広がるといっています。サマーら（S-1）は、聴力損失を持つ子どもで音韻や読みの困難のある子どもの割合が高いことは、聴覚的入力が相対的に欠けていることからは説明できなくて、それは学習障害が反映していると仮定しています。聞こえる子どもの学習障害の割合は3〜10％であるといわれていることを考えると、少なくともこの割合は聴力損失を持つ子どもにも考えられることと思われます（E-5, 6）。

　学習障害を持つと考えられるろう、難聴児は、聴力損失を持つ子どものためのクラスに入っていることが多いのですが、彼らの言語発達の遅れ（言語入力様式に関わりなく）に加えて、情報を統合することの困難さがあることから、適切な学力を身につけさせるためには、もっと細かく計画された教育環境が必要であるように思われます（S-51）。聞こえる子どもに比べて、記憶や系列処理、注意などでの大きな障害、それに時と場合によって一貫していない行動などから、他のろう児たちに効果的だとされている教育以上のものが、これらの子どもたちには求められます。重要なことは、このような困難さは一般に、多くのろう児の学習行為を特色づけているものと見られることで（M-17）、そのような結果が、実際に学習障害を併せ持つ生徒を調査研究に含めることによって、どこまで影響を受けるのかを決めることが重要です。

　ろう、難聴児の学習障害についての信頼の置ける妥当な評価には特別な困難があり、いろいろな方法、尺度を用いなければなりません。モルガンら（M-79）は、ケースヒストリー（医学的状況と読みや学習の障害の家族歴に特に注目して）を含む特別なテストバッテリーを推奨しています。それらは、二つの非言語性認知機能の標準化された尺度（全般的な認知機能の遅れを見るために）、学力達成度の尺度、心理神経学的選別テスト（聞こえる子どもの学習障害児によく見られる障害のサインを探るために）、適応行動や日常生活機能の評価、それに加えて、普通の評価法を用いた聴力、言語、コミュニケーション・スキルのテストなどです（H-17）。

　学習障害のサインの一つは、子どもの可能性と達成度のギャップ――非言語性知能検査で示される――です。しかし、実際に用いられるテストの基準や教

示はどれも聞こえる子どものためだけを考えたものであり、このことから、妥当性を欠いた、あるいは間違った解釈をしてしまうこともあります。だからエドワード（E-5）は、聴力損失を持つ子どもの特定の心理機能を評価する時は、一つだけではなく複数のテストを用いることを勧めています。複数のテストや評価手段を用いることは、実際全ての教育、発達の評価のために一般に勧められていることです。

　聴力損失と学習障害を併せ持つ子どもへの効果的な指導計画は、上に述べたような特別な診断手段が欠けていることから、混乱したものになっています。この状況は、いくつもの異なった分野での専門家の協力が必要なことや、聴力損失の独特の影響を理解しているスペシャリストが必要とされることから、一層複雑なものになっています（L-10, M-32）。この領域で介入に焦点を置いた研究は、多くの利益をもたらすものと考えられますが、聴力損失と学習障害の組み合わせを持つ子どもをはっきりさせるための追加研究がまず初めに求められます。モークらは、聞こえる子どものために計画された介入計画を単純に用いることは、不十分なだけではなく不適切だが、この領域ではその状況を変えるのに役立つような研究が一般的に欠けていることを指摘しています（G-30）。

注意欠如多動症

　注意欠如多動症（不注意、多動性およびまたは衝動性などが特徴）も、他の学習障害がない場合でもよく重複して見られることがあります。学習障害と同じように、聴力損失を持つ子どもの注意欠如多動症の診断は複雑で、科学的というよりは芸術的といわれる面もあります。聴力損失を持つ多くの子どもたちのコミュニケーションの経験が、一般のろう、難聴児の行動パターンと、器質的な注意と行動の困難さを持つ子どもの行動パターンの区別を難しくしています。例えば、認知行動や認知スタイルについて説明した中で（第7章参照）、聞こえる子どもに比べて聴力損失を持つ子どもは、選択的に注意を向けたり、注意を持続したりすることが弱く（K-34, Q-4）、また多くのろう、難聴児は「多動性」といわれるカテゴリーに当てはまるように見られることを説明しました。

　ケイら（K-2, S-1）は、先天性のものよりも後天性の聴力損失を持つろう、難聴児の方が、注意、行動面レベルの障害がずっと多いことを見出してい

す。このことは、出産前から出産直後の周産期の、遺伝性ではない原因（ウイルス性の感染、早産、脳膜炎など）によるろう、難聴児は、聴力機能の他に、神経系への影響を受けていることがあることを示唆しています。ケリーら（K-2）は、聴力損失と注意欠陥を持つ子どもへの介入は、注意欠陥を持つ聞こえる子どもにすでに用いられている方法と同じような方法を用いるべきだとしています。それは、教室では視覚的に気の散りやすいものを少なくし、基本的な学習の決まりや、整理するテクニックなどをきちんと教え、指導計画の中で可能な時はいつでも図表などの視覚的に分かるものを使用する、などです。残念ながら、聴力損失と注意欠陥を持つ子どもたちへのこのような指導や、その他の指導技術についての研究では、特別な事例研究の他、実験的に扱われた結果を見つけることはできませんでした。このように障害が合併していることはよくあることで、この領域での研究や評価方法の開発が強く望まれています。

自閉スペクトラム症

　自閉スペクトラム症（ASD: Autism-Spectrum Disorders）の診断を受ける子どもは、ここ2、30年の間に増加してきています。この障害は、聴力損失とかなり高い割合で併存しています（B-2, R-13）。ろうか聞こえる子どもでASDを持つ子どもの行動特性は、ろう、難聴だけの子どものそれとは大きく異なっており、それは聴力損失それ自体で十分説明できるわけではありません（G-21）。ASDは一般的に、社会的な関わり能力の重度な障害、他の人と視線を合わせることの障害、同じ動作の繰り返し、言語の遅れと障害、認知障害と認知機能のばらつき、などの特徴があります（E-6, V-12）。多動性、注意散漫、自分や他人への加害、なども見られますが、他の障害と同じように、それらの有無と程度には個人差があります（さらに詳しくはアメリカ精神医学会の診断統計マニュアル DSM-Ⅳ-RT, 2000参照）。例えば、最近ASDに含まれると考えられるようになった一つにアスペルガー症候群があります。「アスペルガー」の子どもは一般的に、言語は年齢相応に発達しており、認知はほとんどの側面で平均かそれ以上のレベルですが、社会的行動ではさまざまなレベルの障害を持っています（V-15）。ASDの診断は、このようにいろいろな機能面での幅広いスキルと

可能性を示しています。

　ASD は、以前は早期の介入経験が貧弱であったことの結果だと誤って考えられておりましたが、今日では、正確なメカニズムはまだ分かっていませんが（R-18）、器質的、神経、生理学的な原因があることが分かってきました（V-12）。一般的に受け入れられている ASD の診断基準を用いて、ジュアら（J-7）は、聴力損失を持つ 1,150 人の子どものうち 4 〜 5％が自閉症でもあったと結論しています。このように診断された子どもの障害の原因はさまざまですが、聴力損失と ASD は同じ原因、あるいは同じような原因と結びついていることもあると思われます（例えば、脳膜炎、てんかん、先天性風疹、チャージ症候群[1]、など、V-6）。盲・ろう児（次節）は、多くの ASD の子どもに見られるような混乱したコミュニケーション行動や、同じ行動の繰り返しを示すことがありますが、ヘーベナースら（H-24）は、自閉症を持つろう児は社会的な関わり合いの質から見て、盲・ろう児とは違うといっています。

　ろう、難聴児で ASD を持つ子どもは 1 人ひとりの行動や能力が非常に異なるので、取り扱いや教育上の介入は、そのような診断を受けている全ての子どもに一般化することはできません。しかし、バーノンら（V-12）は、行動面とコミュニケーションの両方の取り扱い方を含む早期からの集中した介入の重要さは、一般に認められていることだといっています。自閉症だけの子どもに対する介入の中には、手話や視覚によるその他のコミュニケーション手段を取り入れているものもあり（B-23）、このようなことは自閉症と聴力損失の両方を持つ子どもには特に適切なものでしょう。写真や絵をやりとりするコミュニケーション・システム（PECS: Picture Exchange Communication System）のような、代わりとなるコミュニケーションの道具も、重度の ASD に用いられますし、それは聴力損失を持つ子どもでも適用できる子どもがいると思われます。しかし、最近のレビューでオストリン（O-9）は、そのやり方の効果について、普通の ASD 児についても経験的な研究はほとんどないことを指摘しています。

1　チャージ症候群（CHARGE）：遺伝子の変異による成長の遅れ、視聴覚障害、多系統の内臓疾患などを伴う先天異常症候群で、含まれる症状の頭文字を並べて作られた用語。

ロバース（L-31）は、応用行動分析（ABA: Applied Behavior Analysis）といわれる治療法を開発しています。そこでは、ASDの子どもの行動を修正するために、正と負の強化を用います。このやり方は、動作集約的で、高度に構造化されており、時とともに大変広がりました。治療では、親、セラピスト、助手、教師などが、注意深く決められた細かいステップで子どもの機能を改善するよう働きかけます。これは実行するのに費用はかかりますが、ロバースは聞こえる子どもについて成功した例を示しています。ザッチャーら（Z-1）は、ASDの幼児20人にABAを実施したところ、同じ年齢で同じ診断を受けている子どもで、より発達を考慮した折衷的なプログラムで治療を受けている19人よりも、1年間でより進歩したと報告しています。この結果は、ASDの子どもには、特に身につけたことが教えられた場以外へ転移することを考えた時、より構造化されたプログラムが必要であるとする他の報告と一致します。残念なことに、ASDと聴力損失を持つ子どもに特化した介入の結果に関する研究は、偶発的な事例研究か個人的な記録以外科学的なものはないようです（E-6）。実践に役立つような基礎となる根拠が欠けているのです。

盲・ろう児

　聴覚と視覚の障害を併せ持つ子ども、今では盲・ろう児（deaf-blindness）といわれている子どもへの教育計画や研究には長い歴史があります（V-6）。どちらの感覚も全くないということはまれですが、ヴァン・ディークらは、盲・ろうというのは、視覚と聴覚のそれぞれの感覚が他の感覚の損失を補うことができなくなるほど失われている状態だといっています。盲・ろうは先天的にあるいは生後早い時期に起ることがありますが、その場合、もっと成長してから感覚が失われる場合よりも、影響が大きくなります。ヘレン・ケラー（19ヶ月で盲・ろうになった）やローラ・ブリッジマン（24ヶ月で盲・ろうに）の話はよく知られていますが、これは、初めは聞こえていたり、見えていたりしても、コミュニケーションの発達が困難になることを示しています。
　ヴァン・ディークと彼の共同研究者は、多くの国で盲・ろう生徒の発達を促すのに使われているカリキュラムを開発しています。それは、その子どもと世

話をする人との関係を作り、徐々に他の人を意識するようにし、コミュニケーション行動を具体的なことから抽象的レベルまで上げるのを支援することに重点を置いています。チェンら（C-9, V-3）は、この考え方に基づいてカリキュラムを作り、4人の盲・ろう児に対して単一被験者による多重ベースラインを用いた研究を行い、そのやり方の効果を認めています。重複障害を持つ盲・ろう児の行動を評価するための包括的な評価方法であるキャリア・アズサ尺度（Callier-Azusa Scale〔訳注：盲、ろうの重複障害を持つ子どもの発達評価尺度。運動発達、知覚能力、日常生活能力、言語発達、社会性などを評価する尺度〕、S-52, 53）もヴァン・ディークの研究を基にしています。

先天性風疹症候群（CRS）

　盲・ろうは、周産期のいろいろな疾病を含めて、上述した他の障害と同じ原因からも生じています。そして常にというわけではありませんが、認知の遅れや障害、それに自閉症などを併せ持つことがあります。妊娠初期の風疹感染による盲・ろうの人は、知的障害、行動障害、自閉症の子どもに見られる常同行動、などの多くの発達障害を持ちやすくなります（M-87）。

　CRSの発生率は、世界中でワクチンが用いられるようになって少なくなりましたが、なお残っているところもあり、以前の流行中に生まれ今は大人になっている人でも、特別な配慮計画が必要なこともあります。CRSによる盲・ろうの人の視覚や聴力の損失は、年齢とともに悪化していくことを示す事実もあり（K-14, M-87, V-5）、引き続き個別の介入、あるいは介入の修正が必要となっています。

遺伝性染色体異常（GCS）

　多くのGCSが盲・ろうと関連しています（A-31）。これらにはチャージ症候群やアッシャー症候群などが、それに限るわけではありませんが含まれます。チャージ症候群はアメリカでは盲・ろう者の原因で最も多いものになっています（K-12）。それには目の虹彩や網膜に「鍵穴」ができるものや、鼻腔と鼻咽喉の間が塞がるもの、耳の構造異常と聴力損失、平衡機能障害、生殖異常、低筋力症、摂食嚥下障害、顔面不均衡麻痺、などがあります。チャージ症候群の

第10章　重複障害を持つ子どものための指導計画

ある子どもは、医学的に虚弱で早期からの多様な外科的処置が必要となります。行動上の問題も関連するのが普通で、衝動のコントロールができないのが特徴的です。上に述べたその他の障害と同じように障害の重さや、併せ持つ症状の数は子どもによって違います。ブレイク（B-17）は対象にした30人のグループの大多数は、行動調整のために医学的処置を必要としており、3分の2はしっかりした管理や支援が必要だとしています。ヴァン・ディークら（V-6）は、チャージ症候群の子どもの教育や管理は特に困難で、親のストレスから早期からの支援の関わりがなされないと、さらに複雑なものになると忠告しています。明らかにこの症候群の子どもとその家族は一貫した特別な支援が必要です。

　アッシャー症候群は、盲・ろうのもう一つの遺伝性の原因で、聴力損失を持つ子どもの約4％に見られます。これにもいくつかの異なったタイプがあり、異なった特性から教育的介入の重点の置き方が違ってきます（V-6）。タイプ1は、生まれつき、あるいは生後直ぐから重度の聴力損失を持ち、後から視力が損なわれるタイプで、通常ろう児と同じような教育計画で支援され、聴力損失を持つその他の生徒と同じような手段——言語の方法については議論がありますが——で教育されます。タイプ2は、聴力損失は軽度（難聴の範囲）で、視力障害は普通大人になってから生ずるものです。タイプ3は、聴覚や視覚の感覚低下を経験する前に、数年間はどちらの感覚も機能しているものです。

　アッシャー症候群には知的障害は併存しませんが、ヴァン・ディーク（V-6）は臨床実践から、この診断を受けた子どもには情緒的にかなり強い面があることが示されているとしています。ヴェルミューレンら（V-10）は、アッシャー症候群の大人16人のパーソナリティー評価を行い、この人たちは強い自我と社会的能力、自尊心を持っていると報告しています。このグループのスコアは、自己主張は相対的に欠けているが、それは親や教師からの過保護によるものであろうと示唆しています。ダモンら（D-1）は、アッシャー症候群の診断を受けたEU6カ国からの67人について調査し、彼らは一般に積極的態度があり、自分の自立を維持しようと努めているとしています。被験者たちは、彼らの社会性や自律性を支援する方法や技術に特に関心を持っていることを示しました。

　人工内耳は、アッシャー症候群や視覚障害を伴う聴力損失を持つ子どもに

とって、可能な選択肢の一つと考えられています。ヨシナガ（Y-3）は、重度の聴力損失と進行性の視力損失を持つ子どもで、生後6週間で介入支援を受け始めた1人の子どもについて報告しています。その子どもの聞こえる家族は、子どもとのコミュニケーション手段にASLと混成手話英語（pidgin signed English）を併せ用いており、子どもが20ヶ月の時マッカーサー・コミュニケーション発達検査（MacAuthur Communication Development Inventory）の単語、文章版（F-1, 2）を手話で行い、聞こえる子どもの基準の99パーセンタイルの成績を示しました。その時は音声言語は何も発してはいませんでした。しかし、21ヶ月で人工内耳を装用してから音声をより多く使い始め、聴覚意識ができ始めました。51ヶ月までに、主として音声言語を使うようになりましたが、この移行は、視力が落ち手話言語の理解が困難になったことがたまたま影響したものでした。ヨシナガはこのケースを、人工内耳の使用によって聴覚受容が改善された時、手話言語が音声言語の発達を助ける手段となる一つの例として挙げています。このケースはまた、最終的には盲・ろう児と診断される子どもも、必ずしも初期の重度な発達の遅れを経験するものではないことを示しています。

広い視野からの見解

　この章で示した情報は、聴力損失に伴って生ずることのある障害のほんのいくつかについてのみ扱ったものです。例えば、ここで扱わなかった一つの領域に、聴力損失に脳性麻痺のような運動、身体的障害を伴うものがあります。メドゥら（M-53）は、この障害の組み合わせを持つ子どもの何人かの両親からのコメントから、彼らにとって適切な指導計画や支援を見つけ出すことが明らかに困難であることを示しています。運動障害が、手話や話しことばでの表現を困難にしている時、コミュニケーションに使えるものはさらに限られており、さらに工夫拡大した代わりとなる方法が考えられなければなりません。

　この章で扱えなかったもう一つの領域は、情緒的、行動的障害（E-6）です。これらはろう、難聴児にとってはずっと以前からあり得る問題とされてきているものです（G-15, M-51）が、いろいろな研究でいわれていることは非常に

幅が広くて（例えば、注意散漫、攻撃性、不安、それに学力障害も）、どこまでが、一つのカテゴリーとしての情緒行動障害なのかはっきりしません。さらに、ろう、難聴児の情緒行動問題には、器質的な「障害」というよりも、基本的にはコミュニケーションや言語の遅れ、それに付随して起こる親や周りの人とのコミュニケーション能力の断絶から生じていると考えられてきたものもあります。

　障害のタイプによる本章の組み立てにかかわらず、今日の教育の考え方では、そのような分類ではなくて個人差が強調されます。上述のそれぞれのカテゴリーで示された根拠は、子どもたちの機能上のスキルやニーズの広がりを示しており、処置の決定は、聴力損失を伴う障害の原因論や診断名では適切には行うことはできないといえます。したがってユーイングら（E-18）は、重複障害を持つろう、難聴児のための評価や指導計画作成のために、専門領域を越えた方法、つまり直接的ではなく間接的サービスと彼らがいっている方法を主張しています。このやり方は、多くの人が協同するもので、場合によっては1人の子どもに十分な計画を作るのにほぼ10人の専門家（少なくとも1人はろうについて知識を持っている人）が必要とされます。しかし、初めは1人か2人だけの専門家がサービスを行うことで、両親やセラピスト、その他の教育者とのコミュニケーションが首尾一貫した安定したものになります。そのようなやり方は、親は多くの専門家と関わらねばならない中で、専門家の中には異なる意見をいう人や、他の専門家の意見に気づかない人もいることなどからくる両親の持つ不平に対応できるものです（G-12, M-53）。

　ユーイングら（E-18）は、分類カテゴリーを中心としたものではなく、人を中心とした指導計画を使うよう主張し、一つの例としてマクギル行動計画システム（McGill Action Planning System, F-7）を挙げています。人を中心に置いた指導計画は、生徒の学習能力と長所、動機づけとなる要因、学習が促進される環境や状況、学習を最もよく進められる特別なやり方、などをはっきりさせることに基づいて行われます。これらの要因を明らかにするプロセスは、家族、子ども、専門家を組み込んだもので、標準化されたテストややり方を用いるのではなく、具体的な指導－学習経験に基づいてなされるべきものです。このようなことは全ての生徒について行われるのが理想的ですが、聴力損失とその他の障害を持つ生徒にとっては欠かせないことです。さらに、特定の障害の組み

合わせを持っている生徒のために考えられた指導計画は、ほとんどありませんから、教師は一緒になってチームを支えてくれる人がいるような有利な立場にある時でも、障害について広く知っていることが必要です。

まとめ──重複障害を持つ子どもの支援

　未熟児で生まれた子どもや、重度な出産障害、重度の病気を持ちながら生きている子どもたちが増えているので、聴力損失と他の障害を持つ生徒は、増え続けています。これらの子どもの学力や能力の可能性については、他のろう、難聴児のように、病因論に基づいて一般化することはできませんが、障害の影響は障害が重いほど、またその数が多いほど大きくなることは明らかです。

- 聴力損失を持つ生徒の3分の1から、2分の1は他の障害を併せ持つと診断されており、教育計画は多様なニーズに応えられるものでなければならない。これらの子どもへのサービスの提供は、多様な専門家と、一般に、聴力損失のみを持つ子どもよりも集中的なサービスの提供が必要である。専門領域を越え、教師や他のサース提供者間の協力は欠かせないことである。
- 聴力損失と重複障害を持つ生徒も、聴力損失のみを持つ生徒と同じように言語スキルを獲得する能力には大きな違いがあり、指導の選択肢は口話法から手話のみまで広がり、図示やコンピューターによる範囲を広げた指導法が適切な生徒もおり、それらが用いられるべきである。
- 多くのケースで、重複障害を持つと診断された子どもによって示される付加的な問題は、聞こえる子どもでの学習障害で見られると同じような軽度の認知の遅れや学習の障害にすぎないこともある。そのような子どもに対する支援の選択肢は、もっと重度な学習上の問題を持つ子どもとははっきりと違うものであり、それに従って教育的処置も異なるべきである。
- 発達が進むのを評価し続けることは欠かせないことで、その結果、教育サービスについての最初の選択が効果的でなくなったら、必要に応じて

修正されなければならない。

　個々の子どもに焦点を合わせた指導や、時間の経過や異なった介入による子どもの進歩を注意深く追跡することは、重複障害を持つほとんどの子どもの発達を効果的に支援するために必要なことです。ある個人に特化された介入であっても、それが注意深く計画された厳格な個別研究手法が用いられて、正しく記録されていれば、研究に基づく有効な情報を提供することができます。そのような研究は、比較研究が可能な場合はそれらと同じように、ろう、難聴生徒の大多数のニーズに合うように指導計画を進めるために、その必要性は増してくるでしょう。

最良の実践への課題と動向

　この本の初めに二つのことを強調しました。一つは、子どもの聴力損失は頻度の少ないものであるけれども、それに対して適切な教育的支援がなされないと（そして時にはそれがあっても）、子どもの発達に大きな影響を及ぼすものであること、そしてもう一つは、聴力損失を持つ子どもに対する教育計画は、聴力損失の頻度が少なく、障害の特性やそれを持つ子どもの経験の個人差が大きいことから、歴史的に、十分なエビデンスに基づかないまま進められてきた、ということでした。この本でまとめた研究に示されている事実に照らしてみて、ろう、難聴児について彼らの発達を促し学力を伸ばすことに関わる要因に関して、理解をさらに進めるために考えなければならないいくつかの事柄が明らかになってきました。これらのことは互いに相容れないものではなく、いくつかの領域で私たちが知っていること、知らないこと、そして単に知っていると思っているだけのことについて、それらをはっきりさせるいくつかのことを浮き彫りにしてくれました。

　①聴力損失を早期に発見し、直ちに子どもとその家族に効果的な介入サービスを行うことが、ろう、難聴児が獲得する言語レベルを高め、それが学力にも影響する。

第 11 章 最良の実践への課題と動向

　効果的な早期介入は通常家族中心に行われるもので、教師やセラピストは、親や世話をする人の相談者としての役割を持ちます。そして家族の持つ情緒的問題への支援や、聴力損失や介入のあり方についての情報が提供され、子どもの発達や教育への家族の関わりが深まるよう奨励されなければなりません。このように、親の関わりは、子どもの発達や学力の伸びと関係があることが確認されています。子どもたちにとっては、積極的な関わり合いや、分かりやすい言語に早期から接していることが、適切な発達のために保証されねばなりません。言語への取り組み方は、子どもと家族に関わるいろいろな要因に基づいて選ばれるべきで、教師が決めておいたり、行政の都合で決めたりすべきではありません。一度決めたやり方も変えることができ、もし状況が変わったり、評価の結果必要と認められたら変えなければなりません。早期発見と早期介入がその後の発達に有効だということは広く事実として示されています。しかし、それによって聞こえる子どもと聞こえない子どもの達成レベルの差は小さくはなりますが、なくなるわけではありません。

②ろう、難聴児の言語発達を支援する多様な方法が用いられている。それぞれの方法にはそれが有効なケースはあるが、ある一つの方法が全ての子どもに有効であるというわけではない。

　ろう児にとって自然手話は覚えやすく、聞こえる子どもが音声言語を獲得するのと同じように身につけていきます。しかしそれは、滑らかな手話のモデルがある場合でのことです。また、コミュニケーションに自然手話を使うことからリテラシーの目的での音声言語を表す書記言語へ変換することは自動的にはできません。手話と話しことばの両方を一緒に使うトータルコミュニケーション・プログラムは、手話と音声言語のどちらも完全な形で提示するものではありません。しかし子どもは、音韻論的、統語論的システムからの視覚情報と一緒に聴覚情報に接することができれば、手話と聴覚情報とを統合できるようになることは知られています。このような統合は、視覚からの入力が手話やキュードスピーチで提示されるとか、視

覚的フォニックス（Visual Phonics）といわれるような指導によって提示されるとかに関係なく生じます。反対の意見があるとしても、不明瞭な音声言語に、手話やキューを付け加えることは、音声言語の発達を妨げるということは見出されていません。同時に、十分聴覚的に音に気づいていれば、音声言語の発達は口話プログラム、聴覚言語プログラムで集中してことばを聞いたり、ことばを使ったりする経験で支えられます。

③個々の子どもの言語発達や学力を予測することは困難で、成功に結びつく要因のほとんどはいろいろな、コミュニケーションや早期介入のやり方に散らばって含まれている。

成功の予測要因としては、聴力損失の他に障害がない、非言語的認知能力が高い、子どもや教育に対する家族の支援がある、子どもの感覚的情報処理能力の範囲内で滑らかな言語モデルに常に接している、人との関わりの経験を強化したり学習一般を促す注意力のような適応行動がある、などのことが含まれます。聴力損失の程度は、聴覚口話方式による言語学習について全てではないにしてもある面では関係しています。したがって子どもの聞くことができる（聞き分けることができる）量が増えると、その子どもの音声言語のスキルは伸びる傾向があります。反対に、可聴閾値が学力のレベルの差と結びついていることは一貫して示されていません。あるやり方が他のやり方よりもよいことを示そうとして、あるやり方の結果を他のやり方と比較するような実りの少ない試みを続けるよりも、いろいろな言語アプローチにわたって言語発達をうまく促す方法をはっきりさせることに焦点を置いた研究が必要であることが、だんだん分かってきています。

④補聴器の技術の進歩と人工内耳の使用により、聴力損失を持つ子どもの多くは聴覚情報や音声言語に接することが多くなり、多くのろう児たちの音声言語の発達は過去に比べて、より可能になった。

人工内耳は、言語へのさまざまな働きかけにわたって音声言語を支え、前

述の言語発達についての予測できる要因とともに、早期からの装用が進められています。初期の音声言語の獲得が著しく進められるとの報告は、2歳以前に装用した子どもについては見られますが、その発達の速度が年齢に沿って保たれているのかどうかは明らかではありません。特に他の障害を併せ持っている子どもの場合には、よい結果が得られないこともあります。人工内耳と手話を併用することについては、議論が続いていますが、手話を用いることが音声言語の獲得を妨げているという証拠はありません。事実、手話は学力と同様に言語発達、認知能力をプラスの方向で支えるという証拠はあります。音声言語の獲得に必要とされる音声言語に接する総量は子どもによって大きく変わりますが、このことに関する研究はほとんどありません。

⑤言語発達のために用いられる指導方法や言語様式などに関わりなく、リテラシーのスキルを伸ばすための教育的指導に、エビデンスに基づくという考え方が関係を持ち始めている。

リテラシーの直接的な指導は、ろう、難聴児の統語や、音韻に関する知識と同様に語彙の獲得を支えるためには、意味のある相互の関わり合いの中で行われるべきであることを示す資料が多くなってきています。明らかに、読みの理解やメタ認知手段の使用を支えようとする指導によって、これらのスキルが増えることが、いろいろの母集団やデザインを用いた少数の研究で、リテラシー能力にプラスの効果を持つことが示されています。しかし最近の資料では、そのような指導がどのように進められるのがよいのかを示すはっきりした手順は示されていません。聴力損失を持つ生徒のリテラシー能力が、早期からの一緒に読んだり、一緒に書いたりする経験、読み書きの活動を社会や理科などの内容教科の活動に取り込むこと、それに「ひとり言」やその他のメタ認知的手法が促されるように行われた読みの理解の経験、などによって強められるということについては、十分な事実が示されているわけではありません。

⑥研究者たちはろう、難聴児のリテラシーの課題に注目してきているようであるが、学力の課題はどの教科にもわたって見られる問題である。

　聴力損失を持つ生徒は、数学や理科の領域で遅れ、困難を示すことが多くあります。同じような遅れは他の社会などの内容教科にも見られるようですが、これらのことはあまり取り上げられないままでいます。このような学力の問題は、さまざまな要因によると考えられています。それらは、メタ認知的手法がうまく使えない、教室で示される情報に対する視覚的注意が不十分、授業中に示される書かれたものや情報を理解する言語スキルが弱い、背景となる内容や一般社会についての知識が少ない、正規の教育場面やその他の場面での問題解決活動の経験が比較的少ない、などです。教師が担当教科の専門教師であるが、同時に聴力損失を持つ生徒の特別な学習のニーズについて知っていると、生徒の学力は高まる傾向があります。教育計画の特徴とその結果に直接結びつくような資料は非常に少ないですが、数学や理科の内容について視覚モデルや視覚的な提示方法を工夫した授業は期待が持てます。さらに、書く活動を理科や関連する教科で用いることは、その教科の概念を伸ばすこととリテラシーのスキルを伸ばすことの両面に効果があるようです。今後一層科学技術に導かれて相互依存的になる世の中で重要さを増してくる概念的な内容教科について、指導計画に役立つような研究がさらに必要とされます。

⑦聴力損失を持つ生徒と、持たない生徒を同じクラスに入れる統合教育が、社会的にも政策的にも一般に支持されているようであるが、ある形の就学様式がそれのみで学力の成果に効果を持つことは示されていない。

　統合教育についてはいろいろな研究がなされています。個人のニーズに合わせて就学先を決めるモデルもあります。その他、混合教育や集合教育（co-enrollment、congregated）といわれる教育システムでは、多数の聞こえる生徒の中に、「かなりの数（critical mass）」の聴力損失を持つ生徒を入れています。これらはどれも社会性、情緒面でプラスの効果が見られる

ようですが、学力に関してはあまり効果は見られていないようです。ろう、難聴児は持っているコミュニケーションの困難さに加えて特別な学習上の課題を持っているので、教師や指導チームはそれぞれの持つ専門知識を互いに合わせて協同することが必要です。結局は統合教育でのろう、難聴児の社会的安心感が強いほど、彼らの学ぶ力やニーズについて教師の理解が大きいほど、生徒の学力の伸びはよくなります。しかし、今日まで、ろう、難聴児の学力を伸ばすことについて、統合教育と分離教育のどちらが本質的によいのかは分かっていません。両者についての比較研究は、就学決定に繋がる生徒の特性とプログラムの特性の両方が、それぞれに、また相互的に結果に影響しているので、その結果の解釈は難しいのです。

⑧聴力損失を持つ生徒、特に高学年の生徒を含む研究では、認知スキルのパターン、問題解決への取り組み方、学習方法などが、ほとんどの教育環境での学習に合致していないことが示されることが多い。

聴力損失を持つ生徒と持たない生徒の違いは、系列処理能力、異なる機会や情報源から得た情報の統合、結論についての細部と全体に対する注目、視覚的注意が選択的か持続的か、内容について事前に持っている知識、創造的な問題解決、などさまざまな認知領域で見られます。組織的な介入でよりよいメタ認知的能力を高め、それを学習に用いられることが示されていますが、認知的な差はカリキュラム全体を通して学習を妨げることがあり、特に教師が（統合教育で）それに気づいていない時にそのようになります。このような違いがコミュニケーション経験の差に対して、感覚の差をどの程度反映しているものなのかは明らかではありませんが、影響はさまざまなスキルにわたっているものと思われます。個人差によっていろいろな介入の結果がどのように変わるのかの評価についての研究が特に強く求められています。

⑨聴力損失以上の重要な障害を持つ子どもは、聴力損失のみを持つ子どもよりもより多様なニーズを持っており、ろう、難聴生徒の割合を増やしている。

社会的な交わり、コミュニケーション、認知などで重要な課題を持つ生徒は、特別な教育場面設定とカリキュラムが必要です。しかし、いくつかの障害を持つと見なされる子どもの大多数は、軽度から中度の幅広い障害と組み合わさっており、聴力損失のみで見られる課題を一層大きなものにしています。これらの子どもたちに見られる非常に大きな個人差を考えると、その指導、教育の仕方について指標となるようなはっきりした事実はほとんどありません。個人に対して特別な指導の効果を見るための単一被験者による研究は、個人に対して特に役立つガイドを示してくれるし、時間をかけて記録を適切に集めることで、より一般的にうまくいくやり方が示され始めています。聴力損失のみの影響をはっきりさせようとするために、研究対象から重度障害者を除くことが時には研究者には役立ちますが、それを続けていることは、ろう、難聴児のためのプログラムを受けている生徒のかなりの部分を見落としてしまうことになります。

　本書では聴力損失の程度についての情報について特別に取り出してはいませんが、その影響については、それぞれのところで扱っています。「難聴」といわれる子どもたちは、受け取る聴覚的情報の質と量はさまざまですが、聴力損失を持つ子どもの中で大きな割合を占めています。この子どもたちは過去では重度のろうと同じようでしたが、多くの子どもは、現在では進歩した技術を用いることでより多くの聴覚情報に接することができるようになっており、基礎となる事実についての解明が特に重要となる領域です。今世紀の初めから難聴や極く軽度の聴力損失を持つ生徒への認識が高まり、それについての研究も増えてきており、今後彼らの持つニーズや教育効果についてのさらにはっきりした情報が期待されています。

　これまでの章で取り上げてきたいろいろな話題や領域についての資料を通してろう、難聴児の社会的特性や学習上の特性について訓練を受け、知識を持っている教師がより一層求められていることがはっきりしました。教師たちには、さらに専門の教科（数学や理科、社会など）にも通じており、いろいろな就学形態の効果について理解しており、いろいろな場面で他の教師や支援者と協同することができ、聴力損失を持つ生徒の認知学習特性や能力についての最新の

知識、それの伸ばし方について知っていること、聴力損失に伴って生ずることが多い運動能力、社会性その他の領域でのさまざまな障害について広く知っていること、などが求められます。もちろん、教師の訓練はろう、難聴生徒が用いるであろう各種のコミュニケーション手段、リテラシー能力の発達を支える新しいやり方、生徒の進歩の評価方法などについて行われることが必要です。これらのことは、教師養成プログラムにとって大きな重荷になることですし、さまざまな専門領域の人をそろえるために、教師養成のスタッフに多様性を持たせなければなりません。しかし、データによれば生徒の発達を支えるためには、ろう、難聴生徒のために特に訓練された教師（他の専門家も）が決定的に重要であることが引き続き示されています。

　この本で答えられていない問題や、解決されていない重要な課題がまだありますが、全体的に見ると過去のどの時代に比べてみても、希望の持てるよい方向へ進んでいると信じています。このレビューを行ったことで、ろう、難聴生徒についての研究と実践から非常に多くの、多様な情報が得られており、またますます精密な研究が続けられていくということがはっきりしました。そのような資料が普及していくことが、この領域の前進が続き、その道が開けていくために必要なことです。多くの場合、教育方法の発展、ろう、難聴児の学習スタイルや能力についての理解、それに新しい技術や手段の影響などが、成功に結びつかない対応策を切り捨て、あるいは少なくともそれを弱める方向に働いています。教育に関してさらに新しいさまざまなアプローチが工夫され、広がり、科学的な適切な方法で評価されるようになっています。

　はっきりした聴力損失を持つ生徒についての標準テストの結果は、芳しいものではありませんが、聴力損失を持つ子どもの言語や学力を伸ばす機会は増えてきていることは明らかで、このようなことが進んでいけば、結果はもっとよくなるでしょう。ろう、難聴生徒の学力レベルの散らばりは、うまく統制された研究をしようとする研究者を悩ませますが、同時に、このような個人差は、聴力損失を持つ生徒の多くが親、教師、その他の専門家の指導によって、より高いレベルに達していることにも気づかせてくれます。これらの生徒たちをケアする専門家としての私たちの仕事は、自分たちは知っていると思いがちであった過去を見つめ続け、用いられる広い情報について考え、それにより全て

の子どもたちがその可能性一杯伸びるよう、より強固な支援を開発していくことです。

【参考文献】

A 1. Abidin, R. (1986). *Parenting Stress Index—Manual (PSI)*. Charlottesville, VA: Pediatric Psychology Press.
2. Abrahamsen, A., Cavallo, M., & McCluer, J. (1985). Is the sign advantage a robust phenomenon? From gesture to language in two modalities. *Merrill-Palmer Quarterly, 31*, 177–209.
3. Ackley, R. S., & Decker, T. N. (2006). Audiological advancement and the acquisition of spoken language in deaf children. In P. Spencer & M. Marschark (Eds.), *Advances in spoken language development of deaf and hard-of-hearing children* (pp. 64–84). New York: Oxford University Press.
4. Akamatsu, C. T., Mayer, C., Hardy-Braz, S. (2008). Why considerations of verbal aptitude are important in educating deaf and hard-of-hearing students. In M. Marschark & P. Hauser (Eds.), *Deaf cognition: Foundations and outcomes* (pp. 131–169). New York: Oxford University Press.
5. Akamatsu, C. T., & Stewart, D. (1998). Constructing Simultaneous C and ommunication: The contributions of natural sign language. *Journal of Deaf Studies and Deaf Education, 3*, 302–319.
6. Alegria, J., & Lechat, J. (2005). Phonological processing in deaf children: When lipreading and cues are incongruent. *Journal of Deaf Studies and Deaf Education, 10*, 122–133.
7. Al-Hilawani, Y., Easterbrooks, S., & Marchant, G. (2002). Metacognitive ability from a theory-of-mind perspective: A cross-cultural study of students with and without hearing loss. *American Annals of the Deaf, 147*, 38–47.
8. Allen, T. (1986). Pattern of academic achievement among hearing impaired students: 1974 and 1983. In A. Schildroth & M. Karchmer (Eds.), *Deaf children in America* (pp. 161–206). San Diego, CA: College-Hill Press.
9. Allen, T. (1992). Subgroup differences in educational placement for deaf and hard-of-hearing students. *American Annals of the Deaf, 137*, 381–388.
10. Allen, T. (1995). Demographics and national achievement levels for deaf and hard of hearing students: Implications for mathematics reform. In C. H. Dietz (Ed.), *Moving toward the standards: A national action plan for mathematics education reform for the deaf* (pp. 41–49). Washington, DC: Pre-College Programs, Gallaudet University.
11. Allen, T., & Osbourne, T. (1984). Academic integration of hearing-impaired students: Demographic, handicapping, and achievement factors. *American Annals of the Deaf, 129*, 100–113.
12. American College Test. (2000). *ACT assessment: User handbook* 2000–2001. Iowa City, IA: ACT National Office.
13. American Psychiatric Association (2000). *Diagnostic and Statistical Manual of Mental Disorders*, 4th Edition, Text Revision. Washington, DC: American Psychiatric Association.
14. Anderson, A. (1997). Families and mathematics: A study of parent-child interactions. *Journal for Research in Mathematics Education, 28*, 484–511.
15. Anderson, D. (2006). Lexical development of deaf children acquiring signed languages. In B. Schick, M. Marschark, & P. Spencer (Eds.), *Advances in sign language development of deaf children* (pp. 135–160). New York: Oxford University Press.
16. Anderson, D., & Reilly, J. (2002). The MacArthur Communicative Development Inventory:

Normative data for American Sign Language. *Journal of Deaf Studies and Deaf Education, 7*, 83–106.
17. Andrews, J., Ferguson, C., Roberts, S., & Hodges, P. (1997). What's up, Billy Jo? Deaf children and bilingual-bicultural instruction in east-central Texas. *American Annals of the Deaf, 142*, 16–25.
18. Andrews, J., & Mason, J. (1986a). Childhood deafness and the acquisition of print concepts. In D. Yaden & S. Templeton (Eds.), *Metalinguistic awareness and beginning literacy: Conceptualizing what it means to read and write* (pp. 277–290). Portsmouth, NH: Heinemann.
19. Andrews, J., & Mason, J. (1986b). How do deaf children learn about pre-reading?. *American Annals of the Deaf, 131*, 210–217.
20. Ansari, M. S. (2004). Screening programme for hearing impairment in newborns: A challenge during rehabilitation for all. *Asia Pacific Disability Rehabilitation Journal, 15*(1), 83–89.
21. Ansell, E., & Pagliaro, C. M. (2006). The relative difficulty of signed arithmetic story problems for primary level deaf and hard-of-hearing students. *Journal of Deaf Studies and Deaf Education, 11*, 153–170.
22. Anthony, D. (Ed.). (1971). *Seeing essential English* (2 vols.). Anaheim, CA: Educational Services Division, Anaheim Union High School District.
23. Antia, S., Jones, P., Reed, S., & Kreimeyer, K. (2009). Academic status and progress of deaf and hard-of-hearing students in general education classrooms. *Journal of Deaf Studies and Deaf Education, 14*, 293–311.
24. Antia, S., Jones, P., Reed, S., Kreimeyer, K., Luckner, H., & Johnson, C. (2008). *Longitudinal study of deaf and hard of hearing students attending general education classrooms in public schools*. Final report submitted to Office of Special Education Programs for grant H324C010142 Tucson: University of Arizona.
25. Antia, S., & Kreimeyer, K. (2003). Peer interactions of deaf and hard-of-hearing children. In M. Marschark & P. Spencer (Eds.), *The Oxford handbook of deaf studies, language, and education* (pp. 164–176). New York: Oxford University Press.
26. Antia, S., Kreimeyer, K., & Reed, S. (2010). Supporting students in general education classrooms. In M. Marschark & P. Spencer (Eds.), *The Oxford handbook of deaf studies, language, and education* (vol. 2) (pp. 72–92). New York: Oxford University Press.
27. Antia, S., Reed S., & Kreimeyer, K. (2005). Written language of deaf and hard-of-hearing students in public schools. *Journal of Deaf Studies and Deaf Education, 10*, 244–255.
28. Antia, S., Reed, S., Kreimeyer, K., & Johnson, C. (2004). *Deaf and hard of hearing students in public schools: Who are they and how are they doing?* Paper presented at the Colorado Symposium on Language and Deafness, Colorado Springs, CO.
29. Antia, S., Stinson, M., & Gaustad, M. (2002). Developing membership in the education of deaf and hard of hearing students in inclusive settings. *Journal of Deaf Studies and Deaf Education, 7*, 214–229.
30. Aram, D., Most, T., & Mayafit, H. (2006). Contributions of mother-child storybook telling and joint writing to literacy development in kindergartners with hearing loss. *Language, Speech, and Hearing Services in Schools, 37*, 209–223.
31. Arnos, K. S., & Pandya, A. (in press). Advances in the genetics of deafness. In M. Marschark &

P. Spencer (Eds.), *The Oxford handbook of deaf studies, language, and education,* Vol. *1*, second edition. New York: Oxford University Press.

B 1. Bailes, C. (2001). Integrative ASL-English language arts: Bridging paths to literacy. *Sign Language Studies, 1*, 147–174.
2. Bailly, D., De Chouly de Lenclave, M., & Lauwerier, L. (2003). Deficience auditive et trubles psychopathologiques chez l'enfant et l'adolescent. *L'Encephale, 29*, 329–337.
3. Bandurski, M., & Galkowski, T. (2004). The development of analogical reasoning in deaf children and their parents' communication mode. *Journal of Deaf Studies and Deaf Education, 9*, 153–175.
4. Banks, J. (1994). *All of us together: The story of inclusion at the Kinzie School.* Washington, DC: Gallaudet University Press.
5. Banks, J., Gray, C., & Fyfe, R. (1990). The written recall of printed stories by severely deaf children. *British Journal of Educational Psychology, 60*, 192–206.
6. Barker, L. (2003). Computer-assisted vocabulary acquisition: The CSLU vocabulary tutor in oral-deaf education. *Journal of Deaf Studies and Deaf Education, 8*, 187–198.
7. Barman, C., & Stockton, J. (2002). An evaluation of the SOAR-High project: A web-based science program for deaf students. *American Annals of the Deaf, 147*, 5–10.
8. Bat-Chava, Y. (1993). Antecedents of self-esteem in deaf people: A meta-analytic review. *Rehabilitation Psychology, 38*, 221–234.
9. Bat-Chava, Y. (2000). Diversity of deaf identities. *American Annals of the Deaf, 145*, 420–428.
10. Beattie, R. (2006). The oral methods and spoken language acquisition. In P. Spencer & M. Marschark (Eds.), *Advances in the spoken language development of deaf and hard-of-hearing children* (pp. 103–135). New York: Oxford University Press.
11. Bebko, J. (1998). Learning, language, memory, and reading: The role of language automatization and its impact on complex cognitive activities. *Journal of Deaf Studies and Deaf Education, 3*, 4–14.
12. Becket, C., Maughan, G., Rutter, M., Castle, J., Colvert, E., Groothues, C., Kreppner, J., Stevens, S., O'Connor, T. G., & Sonuga-Barke, E. J. S. (2006). Do the effects of early severe deprivation on cognition persist into early adolescence? Findings from the English and Romanian adoptees study. *Child Development, 77*, 696–711.
13. Bellugi, U., O'Grady, L., Lillo-Martin, D., O'Grady, M., van Hoek, K., & Corina, D. (1990). Enhancement of spatial cognition in deaf children. In V. Volterra and C. Erting (Eds.), *From gesture to language in hearing and deaf children* (pp. 278–298). New York: Springer-Verlag.
14. Bess, F., Dodd-Murphy, J., & Parker, R. (1998). Children with minimal sensorineural hearing loss: Prevalence, educational performance, and functional status. *Ear & Hearing, 19*, 339–354.
15. Bess, F., & Paradise, J. (1994). Universal screening for infant hearing impairment: Not simple, not risk-free, not necessarily beneficial, and not presently justified. *Pediatrics, 98*, 330–334.
16. Blair, H., Peterson, M., & Viehweg, S. (1985). The effects of mild sensorineural hearing loss on academic performance of young school-age children. *Volta Review, 96*, 207–236.
17. Blake, K. (2005). Adolescent and adult issues in CHARGE syndrome. *Clinical Pediatrics, 44*, 151–159.
18. Blamey, P., & Sarant, J. (in press). Development of spoken language by deaf children. In M.

Marschark & P. Spencer (Eds.), *The Oxford handbook of deaf studies, language, and education,* vol. 1, second edition. New York: Oxford University Press.

19. Blamey, P., Sarant, J., Paatsch, L., Barry, J., Bow, C., Wales, R., Wright, M., Psarros, C., Rattigan, K., & Tooher, R. (2001). Relationships among speech perception, production, language, hearing loss, and age in children with impaired hearing. *Journal of Speech, Language, and Hearing Reasearch, 44,* 264–285.

20. Blatto-Vallee, Kelly, R., Gaustad, M., Porter, J., & Fonzi, J. (2007). Visual-spatial representation in mathematical problem solving by deaf and hearing students. *Journal of Deaf Studies and Deaf Education, 12,* 432–448.

21. Bodner-Johnson, B., & Sass-Lehrer, M. (Eds.). (2003). *The young deaf or hard of hearing child. A family-centered approach to early education.* Baltimore, MD: Paul H. Brookes.

22. Bogdan, R., & Biklen, S. (2003). *Qualitative research for education* (4th ed.). New York: Pearson Education Group.

23. Bonvillian, J., Nelson, K., & Rhyne, J. (1981). Sign Language and autism. *Journal of Autism and Developmental Disorders, 11,* 125–137.

24. Bonvillian, J., Orlansky, M., & Folven, R. (1990/1994). Early sign language acquisition: Implications for theories of language acquisition. In V. Volterra & C. Erting (Eds.), *From gesture to language in hearing and deaf children* (pp. 219–232). Berlin/Washington DC: Springer-Verlag/Gallaudet University Press.

25. Boothroyd, A., & Eran, O. (1994). Auditory speech perception capacity of child implant users expressed as equivalent hearing loss. *Volta Review, 96,* 151–169.

26. Boothroyd, A., Geers, A., & Moog, J. (1991). Practical implications of cochlear implants in children. *Ear & Hearing, 12* (Suppl.), 81–89.

27. Bornstein, H. (1990). Signed English. In H. Bornstein (Ed.), *Manual communication: Implications for education* (pp. 128–138). Washington, DC: Gallaudet University Press.

28. Bornstein H., Saulnier, K., & Hamilton, L. (1980). Signed English: A first evaluation. *American Annals of the Deaf, 125,* 467–481.

29. Bornstein, M., Selmi, A., Haynes, O., Painter, K., & Marx, E. (1999). Representational abilities and the hearing status of child/mother dyads. *Child Development, 70,* 833–852.

30. Bowey, J., & Francis, J. (1991). Phonological analysis as a function of age and exposure to reading instruction. *Applied Psycholinguistics, 12,* 91–121.

31. Boyd, E., & George, K. (1973). The effect of science inquiry on the abstract categorization behavior of deaf children. *Journal of Research in Science Teaching, 10,* 91–99.

32. Braden, J. (1994). *Deafness, deprivation, and IQ.* New York: Plenum Press.

33. Brantlinger, E., Jimenez, R., Klingner, J., Pugach, M., & Richardson, V. (2005). Qualitative studies in special education. *Exceptional Children, 71,* 195–207.

34. Brown, P. M., & Nott, P. (2006). Family-centered practice in early intervention for oral language development: Philosophy, methods, and results. In P. E. Spencer & M. Marschark (Eds.), *Advances in the spoken language development of deaf and hard-of-hearing children* (pp. 136–165). New York: Oxford University Press.

35. Brown, P. M., Rickards, F., & Bortoli, A. (2001). Structures underpinning pretend play and word production in young hearing children and children with hearing loss. *Journal of Deaf Studies and*

Deaf Education, 6, 15–31.
36. Bu, X. (2004, May). *Universal newborn hearing screening programs in China.* Paper presented at NHS 2004 International Conference on Newborn Screening, Diagnosis and Intervention, Milan, Italy.
37. Bull, R. (2008). Deafness, numerical cognition, and mathematics. In M. Marschark & P. Hauser (Eds.), *Deaf cognition. Foundations and outcomes* (pp. 170–200). New York: Oxford University Press.
38. Bullard, C. (2003). *The itinerant teachers' handbook.* Hillsboro, OR: Butte Publications.
39. Burman, D., Nunes, T., & Evans, D. (2006). Writing profiles of deaf children taught through British Sign Language. *Deafness & Education International, 9,* 2–23.
40. Bus, A. (2003). Social-emotional requisites for learning to read. In A. van Keeck, S. Stahl, & E. Bauer (Eds.), *On reading books to children* (pp. 3–15). Mahwah, NJ: Lawrence Erlbaum.
41. Bus, A., van Ijzendoorn, M., & Pelligrini, A. (1995). Joint book reading makes for success in learning to read. A meta-analysis on intergenerational transmission of literacy. *Review of Educational Research, 65,* 1–21.
42. Butterworth, B. (2005). The development of arithmetical abilities. *Journal of Child Psychology and Psychiatry, 46,* 3–18.

C 1. Calderon, R. (1998). Learning disability, neuropsychology, and deaf youth: Theory, research, and practice. *Journal of Deaf Studies and Deaf Education, 3,* 1–3.
2. Calderon, R. (2000). Parent involvement in deaf children's education programs as a predictor of a child's language, early reading, and social-emotional development. *Journal of Deaf Studies and Deaf Education, 5,* 140–155.
3. Calderon, R., & Greenberg, M. (2003). Social and emotional development of deaf children. In M. Marschark & P. Spencer (Eds.), *The Oxford handbook of deaf studies, language, and education* (pp. 177–189). New York: Oxford University Press.
4. Calderon, R., & Naidu, S. (1999). Further support of the benefits of early identification and intervention with children with hearing loss. *Volta Review, 100,* 53–84.
5. Campbell, D., & Stanley, J. (1966). *Experimental and quasi-experimental designs for research.* Boston, MA: Houghton Mifflin.
6. Campbell, R., & Wright, H. (1988). Deafness, spelling and rhyme: How spelling supports written words and picture rhyming skills in deaf subjects. *Quarterly Journal of Experimental Psychology, 40A,* 771–788.
7. Carlberg, C., & Kavale, K. (1980). The efficacy of special versus regular class placement for exceptional children. *Journal of Special Education, 14,* 295–309.
8. Carney, A., & Moeller, M. P. (1998). Treatment efficacy: Hearing loss in children. *Journal of Speech, Language, and Hearing Research, 41,* S61–S84.
9. Chen, D., Klein, M., & Haney, M. (2007). Promoting interaction with infants who have complex multiple disabilities. *Infants and Young Children, 20,* 149–262.
10. Cheung, H., Hsuan-Chih, C., Creed, N., Ng, L., Wang, S. P., & Mo, L. (2004). Relative roles of general and complementation language in theory-of-mind development: Evidence from Cantonese and English. *Child Development, 75,* 1155–1170.
11. Chin, S., Tsai, P., & Gao, S. (2003). Connected speech intelligibility of children with cochlear

implants and children with normal hearing. *American Journal of Speech-Language Pathology, 12,* 440–451.
12. Ching, T., Dillon, H., Day, J., & Crowe, K. (2008). The NAL study on longitudinal out-comes of hearing-impaired children: Interim findings on language of early and later-identified children at 6 months after hearing aid fitting. In R. Seewald & J. Bamford (Eds.), *A sound foundation through early amplification: Proceedings of the Fourth International Conference.* Stafa, Switzerland: PhonakAG.
13. Clemens, C., Davis, S., & Bailey, A. (2000). The false positive in universal newborn hearing screening. *Pediatrics, 106,* e7.
14. Cochard, N. (2003). Impact du LPC sur l'évolution des enfants implantés. *Actes des Journées d'études Nantes, 40,* 65–77.
15. Colin, S., Magnan, A., Ecalle, J., & Leybaert, J. (2007). Relation between deaf children's phonological skills in kindergarten and word recognition performance in first grade. *Journal of Child Psychology and Psychiatry, 48,* 139–146.
16. Cone, B. (in press). Screening and assessment of hearing loss in infants. In M. Marschark & P. Spencer (Eds.), *The Oxford handbook on deaf studies, language, and education.* Vol. 1, second edition. New York: Oxford University Press.
17. Connor, C., Hieber, S., Arts, H. A., & Zwolan, T. (2000). Speech, vocabulary, and the education of children using cochlear implants: Oral or total communication? *Journal of Speech, Language, and Hearing Research, 43,* 1185–1204.
18. Connor, C., & Zwolan, T. (2004). Examining multiple sources of influence on the reading comprehension skills of children who use cochlear implants. *Journal of Speech, Language, and Hearing Research, 47,* 509–526.
19. Convertino, C. M., Marschark, M., Sapere, P., Sarchet, T., & Zupan, M. (2009). Predicting academic success among deaf college students. *Journal of Deaf Studies and Deaf Education, 14,* 324–343.
20. Conway, D. (1985). Children (re) creating writing: A preliminary look at the purposes of free-choice writing of hearing-impaired kindergarteners. *Volta Review, 87,* 91–107.
21. Cornett, O. (1967). Cued speech. *American Annals of the Deaf, 112,* 3–13.
22. Cornett, O. (1973). Comments on the Nash case study. *Sign Language Studies, 3,* 93–98.
23. Cornett, O. (1994). Adapting cued speech to additional languages. *Cued Speech Journal, 5,* 19–29.
24. Court, J. H., & Raven, J. (1995). *Manual for Raven's Progressive Matrices and Vocabulary Scales.* Section 7: Research and References: Summaries of Normative, Reliability, and Validity Studies and References to All Sections. San Antonio, TX: Harcourt Assessment.
25. Courtin, C. (2000). The impact of sign language on the cognitive development of deaf children: The case of theories of mind. *Journal of Deaf Studies and Deaf Education, 5,* 266–276.
26. Courtin, C., & Melot, A. (1998). Development of theories of mind in deaf children. In M. Marschark & D. Clark (Eds.), *Psychological perspectives on deafness* (Vol. 2, pp. 79–102). Mahwah, NJ: Lawrence Erlbaum.
27. Crain-Thoreson, C., & Dale, P. (1999). Enhancing linguistic performance: Parents and teachers as book reading partners for children with language delays. *Topics in Early Childhood Special*

Education, 19, 28–39.
28. Crandall, C., & Smaldino, J. (2000). Classroom acoustics for children with normal hearing and with hearing impairment. *Language, Speech, and Hearing Services in Schools, 31*, 362–370.
29. Crowe, T. (2003). Self-esteem scores among deaf college students: An examination of gender and parents' hearing status and signing ability. *Journal of Deaf Studies and Deaf Education, 8*, 199–206.
30. Crnic, K., & Greenberg, M. (1990). Minor parenting stresses with young children. *Child Development, 61*, 1628–1637.
31. Culpepper, B. (2003). Identification of permanent childhood hearing loss through universal newborn hearing screening programs. In B. Bodner-Johnson and M. Sass-Lehrer (Eds.), *The young deaf or hard of hearing child* (pp. 99–126). Baltimore, MD: Paul H. Brookes.
32. Cummins, J. (1989). A theoretical framework of bilingual special education. *Exceptional Children, 56*, 111–119.
33. Cummins, J. (1991). Interdependence in first- and second-language proficiency in bilingual children. In E. Bialystok (Ed.), *Language processing in bilingual children*. Cambridge: Cambridge University Press.

D
1. Damon, G., Krabbe, P., Kilsby, M., & Mylanus, E. (2005). The Usher lifestyle survey: Maintaining independence: A multi-centre study. *International Journal of Rehabilitation Research, 28*, 309–320.
2. Davey, B., & King, S. (1990). Acquisition of word meanings from context by deaf readers. *American Annals of the Deaf, 135*, 227–234.
3. Day [Spencer], P. (1986). Deaf children's expressions of communicative intentions. *Journal of Communication Disorders, 19*, 367–385.
4. DeBruin-Parecki, A. (1999). *Assessing adult-child storybook reading practices*. CIERA Report 2-004. Ann Arbor: University of Michigan, Center for the Improvement of Early Reading Achievement.
5. DeFord, D. (2001). *Dominie Reading and Writing Assessment portfolio* (3rd ed.). Carlsbad, CA: Dominie Press.
6. DeLana, M., Gentry, M., & Andrews, J. (2007). The efficacy of ASL/English bilingual education: Considering public schools. *American Annals of the Deaf, 152*, 73–87.
7. Delk, L., & Weidekamp, L. (2001). *Shared Reading Project: Evaluating implementation processes and family outcomes*. Washington, DC: Gallaudet University, Laurent Clerc National Deaf Education Center.
8. Descourtieux, C. (2003). Seize ans d'expérience practique à CODADI: Évaluation—évolutions. *Actes des Journées d'éttudes Nantes, 40*, 77–88.
9. DesJardin, J. (2006). Family empowerment: Supporting language development in young childen who are deaf or hard of hearing. *Volta Review, 106*, 275–298.
10. Dettman, S., Pinder, D., Briggs, R., et al. (2007). Communication development in children who receive the cochlear implant younger than 12 months: Risks versus benefits. *Ear & Hearing, 28*(suppl), 11S–18S.
11. deVilliers, P. (1991). English literacy development in deaf children: Directions for research and intervention. In J. Miller (Ed.), *Research on child language disorders: A decade of progress* (pp.

277–284). Austin TX: Pro-Ed.
12. deVilliers, P., & Pomerantz, S. (1992). Hearing-impaired students' learning new words from written context. *Applied Psycholinguistics, 13*, 409–431.
13. Dietz, C. (1995). *Moving toward the standards: A national action plan for mathematics education reform for the deaf.* Washington, DC: Gallaudet University, Pre-College Programs.
14. Dodd, B., & Hermelin, B. (1977). Phonological coding by the prelinguistically deaf. *Perception and Psychophysics, 21*, 413–417.
15. Donovan, M., & Cross C. (Eds.). (2002). *Minority students in special education and gifted education.* Washington, DC: National Academy Press.
16. Dorta, P. (1995). Moving into multiage. In A. Bingham, P. Dorta, M. McClaskey, & J. O'Keefe (Eds.), *Exploring the multiage classroom* (pp. 193–202). York, ME: Stenhouse Publishers.
17. Dowaliby, F., Caccamise, F., Marschark, M., Albertini, J., & Lang, H. (2000). NTID admission and placement research strand, FY2000 report. Rochester, NY: Rochester Institute of Technology, Internal Report of the National Technical Institute for the Deaf.
18. Dromi, E. (1987). *Early lexical development.* New York: Cambridge University Press.
19. Duchesne, L., Sutton, A., & Bergeron, F. (2009). Language achievement in children who received cochlear implants between 1 and 2 years of age: Group and individual patterns. *Journal of Deaf Studies and Deaf Education, 14*, 465–485.
20. Duncan, J. (1999). Conversational skills with hearing loss and children with normal hearing in an integrated setting. *Volta Review, 101*, 193–211.
21. Duncan, J., & Rochecouste, J. (1999). Length and complexity of utterances produced by kindergarten children with impaired hearing and their hearing peers. *Australian Journal of Education of the Deaf, 5*, 63–69.
22. Dunn, L., & Dunn, L. (1997) *Peabody Picture Vocabulary Test-Third Edition.* Circle Pines, MN: American Guidance Service.
23. Dunst, C., Jenkins, V., & Trivette, C. (1984). The Family Support Scale: Reliability and validity. *Journal of Individual, Family, and Community Wellness, 1*, 45–52.
24. Dye, P., Hauser, P., & Bavelier, D. (2008). Visual attention in deaf children and adults: Implications for learning environments. In M. Marschark & P. Hauser, *Deaf Cognition* (pp. 250–263). New York: Oxford University Press.

E 1. Easterbrooks, S., & Baker, S. (2002). *Language learning in children who are deaf and hard of hearing: Multiple pathways.* Boston: Allyn & Bacon.
2. Easterbrooks, S., & Handley, C. M. (2005/2006). Behavior change in a student with dual diagnosis of deafness and Pervasive Developmental Disorder: A case study. *American Annals of the Deaf, 150*, 401–407.
3. Easterbrooks, S., & O'Rourke, C. (2001). Gender differences in response to auditory-verbal intervention in children who are deaf or hard of hearing. *American Annals of the Deaf, 146*, 309–319.
4. Easterbrooks, S., & Stephenson, B. (2006). An examination of twenty literacy, science, and mathematics practices used to educate students who are deaf or hard of hearing. *American Annals of the Deaf, 151*, 385–399.
5. Edwards, L. (2010) Learning disabilities in deaf and hard-of-hearing children. In M. Marschark

& P. Spencer (Eds.). *The Oxford handbook of deaf studies, language, and education*, vol. 2 (pp. 425–438). New York: Oxford University Press.

6. Edwards, L., & Crocker, S. (2008). *Psychological processes in deaf children with complex needs: An evidence-based practical guide*. London: Jessica Kingsley.

7. El-Hakim, H., Papsin, B., Mount, R. J., Levasseur, J., Panesar, J., Stevens, D., & Harrison, R. V. (2001). Vocabulary acquisition rate after pediatric cochlear implantation and the impact of age of implantation. *International Journal of Pediatric Otorhinolaryngology, 59*, 187–194.

8. Elahi, M. M., Elahi, F., Elahi, A., & Elahi, S. B. (1998). Paediatric hearing loss in rural Pakistan. *Journal of Otolaryngology, 27*(6), 348–353.

9. Elfenbein, J., Hardin-Jones, M., & Davis, J. (1994). Oral communication skills of children who are hard of hearing. *Journal of Speech and Hearing Research, 37*, 216–226.

10. Elliott, L. B., Stinson, M. S., McKee, B. G., Everhart, V. S., & Francis, P. J. (2001). College students' perceptions of the C-Print speech-to-text transcription system. *Journal of Deaf Studies and Deaf Education, 6*, 286–298.

11. Emmorey, K. (2002). *Language, cognition, and the brain: Insights from sign language research*. Mahwah, NJ: Lawrence Erlbaum.

12. Engen, E., & Engen, T. (1983). *Rhode Island Test of Language Structure*. Baltimore: University Park Press.

13. Englemann, S., & Brunner, E. (1995). *Reading Mastery I*. Columbus, OH: Science Research Associates.

14. Eriks-Brophy, A. (2004). Outcomes of Auditory-Verbal Therapy: A review of the evidence and a call for action. *Volta Review, 104*, 21–35.

15. Estabrooks, W. (1994). *Auditory-verbal therapy*. Washington, DC: A. G. Bell Association.

16. Estabrooks, W. (1998). *Cochlear implants for kids*. Washington, DC: A. G. Bell Association.

17. Evans, C. (2004). Literacy development in deaf students: Case studies in bilingual teaching and learning. *American Annals of the Deaf, 149*, 17–26.

18. Ewing, K., & Jones, T. (2003). An educational rationale for deaf students with multiple disabilities. *American Annals of the Deaf, 148*, 267–271.

19. Ewoldt, C. (1981). A psycholinguistic description of selected deaf children reading in sign language. *Reading Research Quarterly, 17*, 58–89.

20. Ewoldt, C. (1985). A descriptive study of the developing literacy of young hearing impaired children. *Volta Review, 87*, 109–126.

21. Ewoldt, C., & Saulnier, K. (1992). *Beginning in literacy: A longitudinal study with three to seven year old deaf participants*. Washington, DC: Gallaudet University, Center for Studies in Education and Human Development.

F 1. Fenson, L., Dale, P., Reznick, J., Bates, E., Thal, D., & Pethick, S. (1994). Variability in early communicative development. *Monographs of the Society for Research in Child Development, 59*, 1–173.

2. Fenson, L., Dale, P., Reznick, J., Thal, D., Bates, E., Hartung, J., Pethick, W., & Reilly, J. (1993). *The MacArthur Communicative Development Inventories: User's guide and technical manual*. San Diego, CA: Singular.

3. Feuerstein, R. (1980). *Instrumental enrichment*. Baltimore, MD: University Park Press.

4. Finitzo-Heiber, T., & Tillman, T. (1978). Room acoustics' effects on word discrimination ability for normal and hearing impaired children. *Journal of Speech and Hearing Research, 21*, 440–458.
5. Fischer, S. (1998). Critical periods for language acquisition: Consequences for deaf education. In A. Weisel (Ed.), *Issues unresolved: New perspectives on language and deaf education* (pp. 9–26). Washington, DC: Gallaudet University Press.
6. Fitzpatrick, E., Angus, D., Durieux-Smith, A., Graham, I., & Coyle, D. (2008). Parents' needs following identification of childhood hearing loss. *American Journal of Audiology, 17*, 38–49.
7. Forest, M., & Pearpoint, J. (1992). MAPS: Action planning. In J. Pearpoint, M. Forest, & J. Snow (Eds.), *The inclusion papers: Strategies to make inclusion work* (pp. 52–56). Toronto, Canada: Inclusion Press.
8. Fortnum, H., Stacey, P., Barton, G., & Summerfield, A. Q. (2007). National evaluation of support options for deaf and hearing-impaired children: Relevance to education services. *Deafness & Education International, 9*, 120–130.
9. Fortnum, H., Summerfield, A., Marshall, D., Davis, A., & Bamford, J. (2001). Prevalence of permanent childhood hearing impairment in the United Kingdom and implications for universal neonatal hearing screening: Questionnaire-based ascertainment study. *British Medical Journal, 323*, 1–6.
10. Fryauf-Bertschy, J., Tyler, R., Kelsay, D., et al. (1997). Cochlear implant use by prelingually deafened children: The influences of age at implant and length of device use. *Journal of Speech, Language, and Hearing Research, 40*, 183–199.
11. Fukuda, S., Fukushima, K., Maeda, Y., Tsukamura, K., Nagayasu, R., Toida, N., Kibayashi, N., Kasai, N., Sugata, A., & Nishizake, K. (2003). Language development of a multiply handicapped child after cochlear implantation. *International Journal of Pediatric Otorhinolaryngology, 67*, 627–633.
12. Fung, P., Chow, B., & McBride-Chang. (2005). The impact of a Dialogic Reading Program on deaf and hear-of-hearing kindergarten and early primary school-aged students in Hong Kong. *Journal of Deaf Studies and Deaf Education, 10*, 82–95.

G
1. Gardner, H. (1984). *Frames of mind*. Cambridge, MA: Harvard University Press.
2. Gaustad, M., & Kelly, R. (2004). The relationship between reading achievement and morphological word analysis in deaf and hearing students matched for reading level. *Journal of Deaf Studies and Deaf Education, 9*, 269–285.
3. Geers, A. (2002). Factors affecting the development of speech, language, and literacy in children with early cochlear implantation. *Language, Speech, and Hearing Services in the School, 33*, 172–183.
4. Geers, A. (2005, April 7–10). *Factors associated with academic achievement by children who received a cochlear implant by 5 years of age*. Presentation at pre-conference workshop, Development of Children with Cochlear Implants, at biennial meetings of the Society for Research in Child Development, Atlanta, GA.
5. Geers, A. (2006). Spoken language in children with cochlear implants. In P. Spencer & M. Marschark (Eds.), *Advances in the spoken language development of deaf and hard-of-hearing children* (pp. 244–270). New York: Oxford University Press.

6. Geers, A., & Moog, J. (1989). Factors predictive of the development of literacy in profoundly hearing-impaired adolescents. *Volta Review, 91*, 69–86.
7. Geers, A., & Moog, J. (1992). Speech perception and production skills of students with impaired hearing from oral and total communication education settings. *Journal of Speech and Hearing Research, 35*, 1384–1393.
8. Geers, A., & Moog, J. (1994). Spoken language results: Vocabulary, syntax and communication. *Volta Review, 96*, 131–150.
9. Geers, A., Moog, J., & Schick, B. (1984) Acquisition of spoken and signed English by profoundly deaf children. *Journal of Speech and Hearing Disorders, 49*, 378–388.
10. Geers, A., Tobey, E., Moog, J., & Brenner, C. (2008). Long-term outcomes of cochlear implantation in the pre-school years: From elementary grades to high school. *International Journal of Audiology, 47*, Suppl 2, S21–30.
11. Gersten, R., Fuchs, L., Compton, D., Coyne, M., Greenwood, C., & Innocenti, M. (2005). Quality indicators for group experimental and quasi-experimental research in special education. *Exceptional Children, 71*, 149–164.
12. Giangreco, M., Edelman, S., MacFarland, S., & Luiselli, T. (1997). Attitudes about educational and related service provision for students with deaf-blindness and multiple disabilities. *Exceptional Children, 36*, 56–60.
13. Ginsburg, H., & Baroody, A. (2003). *Test of Early Mathematics Ability*. Austin TX: Pro-Ed.
14. Gioia, B. (2001). The emergent language and literacy experiences of three deaf pre-schoolers. *International Journal of Disability, Development, and Education, 48*, 411–428.
15. Glenn, S. (1988). A deaf re-education program: A model for deaf students with emotional and behavioral problems. In H. Prickett & E. Duncan (Eds.), *Coping with the multi-handicapped hearing impaired* (pp. 7–18). Springfield, IL: Charles C. Thomas.
16. Goldberg, L. R., & Richburg, C. M. (2004). Minimal hearing impairment: Major myths with more than minimal implications. *Communication Disorders Quarterly, 25*, 152–160.
17. Goldfield, B., & Reznick, J. (1990). Early lexical acquisition: Rate, content and the vocabulary spurt. *Journal of Child Language, 17*, 171–183.
18. Goldin-Meadow, S., & Mayberry, R. (2001). How do profoundly deaf children learn to read?. *Learning Disabilities Research and Practice, 16*, 222–229.
19. Grandori, F., & Lutman, M., (1999). The European Consensus Development Conference on Neonatal Hearing Screening (Milan, May 15–16, 1998). *American Journal of Audiology, 8*, 19–20.
20. Grant, W., Rosenstein, J., & Knight, D. (1975). A project to determine the feasibility of BSCS's Me Now for hearing impaired students. *American Annals of the Deaf, 120*, 63–69.
21. Gravel, J., Dunn, M., Lee, W., & Ellis, M. (2006). Peripheral audition of children on the autistic spectrum. *Ear & Hearing, 27*, 299–312.
22. Gray, K., & McNaught, C. (2001, December). *Evaluation of achievements from collaboration in a learning technology mentoring program: Meeting at the crossroads.* Paper presented at the annual conference of the Australasian Society for Computers in Learning in Tertiary Education, Melbourne, Australia.
23. Greenberg, M., Calderon, R., & Kusché, C. (1984). Early intervention using simultaneous

communication with deaf infants: The effect on communication development. *Child Development, 55*, 607–616.

24. Greenberg, M., & Kusché, C. (1998). Preventive intervention for school-age deaf children: The PATHS curriculum. *Journal of Deaf Studies and Deaf Education, 3*, 49–63.
25. Gregory, S. (1998). Mathematics and deaf children. In S. Gregory, P. Knight, W. McCracken, S. Powers, & L. Watson (Eds.), *Issues in deaf education*. London: David Fulton.
26. Gregory, S. (1999). *Cochlear implantation and the under 2's: Psychological and social implications.* Paper presented to the Nottingham Paediatric Implat Program International Conference, Cochlear Implantation in the under 2's: Research into Clinical Practice, Nottingham, UK.
27. Gregory, S. (2001, September). *Consensus on auditory implants.* Paper presented to the Ethical Aspects and Counseling Conference, Padova, Italy.
28. Griswold, L., & Commings, J. (1974). The expressive vocabulary of pre-school deaf children. *American Annals of the Deaf, 119*, 16–29.
29. Groht, M. (1958). *Natural language for deaf children.* Washington, DC: Alexander Graham Bell Association for the Deaf and Hard of Hearing.
30. Guardino, C. (2008). Identification and placement for deaf students with multiple disabilities: Choosing the path less followed. *American Annals of the Deaf, 153*, 55–64.
31. Gustason, G., Pfetzing, D., & Zawolkow, E. (1980). *Signing exact English.* Los Alamitos, CA: Modern Sign Press.

H 1. Hadjikakou, K., Petridou, L., & Stylianou, C. (2005). Evaluation of the support services provided to deaf children attending secondary general schools in Cyprus. *Journal of Deaf Studies and Deaf Education, 10*, 204–211.
2. Hage, C., Alegria, J., & Perier, O. (1991). Cued speech and language acquisition: The case of grammatical gender morpho-phonology. In D. Martin (Ed.), *Advances in cognition, education and deafness* (pp. 395–399). Washington, DC: Gallaudet University Press.
3. Hage, C., & Leybaert, J. (2006). The effect of cued speech on the development of spoken language. In P. Spencer & M. Marschark (Eds.), *Advances in the spoken language development of deaf and hard-of-hearing children* (pp. 193–211). New York: Oxford University Press.
4. Hall, M., & Bavelier, D. (2010). Working memory, deafness and sign language. In M. Marschark & P. E.Spencer (Eds.), *The Oxford handbook of deaf studies, language, and education, vol. 2* (pp. 458–472). New York: Oxford University Press.
5. Hammill, D., & Larsen, S. (1996). *Test of Written Language* (3rd ed.). Austin TX: Pro-Ed.
6. Hamzavi, J., Baumgartner, W., Egelierler, B., Franz, P., Schenk, B., & Gstoettner, W. (2000). Follow up of cochlear implanted handicapped children. *International Journal of Pediatric Otorhinolaryngology, 56*, 169–174.
7. Harcourt Educational Management. (1996). *Stanford Achievement Test Series, Ninth Edition.* San Antonio: Harcourt Educational Management.
8. Hargrave, A., & Senechal, M. (2000). A book reading intervention with preschool children who have limited vocabularies: The benefits of regular reading and dialogic reading. *Early Childhood Research Quarterly, 15*, 75–90.
9. Harrington, F. (2000). Sign language interpreters and access for deaf students to university curricula: The ideal and the reality. In R. P. Roberts, S. E. Carr, D. Abraham, & A. Dufour (Eds.),

The critical link 2: Interpreters in the community (pp. 219–273). Amsterdam: John Benjamins.

10. Harris, M. (2001). It's all a matter of timing: Sign visibility and sign reference in deaf and hearing mothers of 18-month-old children. *Journal of Deaf Studies and Deaf Education, 6*, 177–185.
11. Harris, M., & Beech, J. (1998). Implicit phonological awareness and early reading development in pre-lingually deaf children. *Journal of Deaf Studies and Deaf Education, 3*, 205–216.
12. Harris, M., & Chasin, J. (2005). Visual attention in deaf and hearing infants: The role of auditory cues. *Journal of Child Psychology and Psychiatry, 46*, 1116–1123.
13. Harris, M., & Mohay, H. (1997). Learning to look in the right place: A comparison of attentional behavior in deaf children with deaf and hearing mothers. *Journal of Deaf Studies and Deaf Education, 2*, 96–102.
14. Harris, M., & Moreno, C. (2006). Speech reading and learning to read: A comparison of 8-year-old profoundly deaf children with good and poor reading ability. *Journal of Deaf Studies and Deaf Education, 11*, 189–201.
15. Hart, B., & Risley, T. (1995). *Meaningful differences in the everyday experience of young American children*. Baltimore, MD: Paul H. Brookes.
16. Hauser, P. C., Lukomski, J., & Hillman, T. (2008). Development of deaf and hard-of-hearing students' executive function. In M. Marschark & P. C. Hauser (Eds.), *Deaf cognition: Foundations and outcomes* (pp. 286–308). New York: Oxford University Press.
17. Hauser, P., & Marschark, M. (2008). What we know and what we don't know about cognition and deaf learners. In M. Marschark & P. C. Hauser (Eds.), *Deaf cognition: Foundations and outcomes* (pp. 439–458). New York: Oxford University Press.
18. Hawker, K., Ramirez-Inscoe, J., Bishop, D., Twomey, T., O'Donoghue, G., & Moore, D. (2008). Disproportionate language impairment in children using cochlear implants. *Ear & Hearing, 29*, 467–471.
19. Hegarty, M., & Kozhevnikov, M. (1999). Types of visual-spatial representation and mathematical problem solving. *Journal of Educational Psychology, 91*, 684–689.
20. Hermans, D., Knoors, H., Ormel, E., & Verhoeven, L. (2008a). Modeling reading vocabulary learning in deaf children in bilingual education programs. *Journal of Deaf Studies and Deaf Education, 13*, 155–174.
21. Hermans, D., Knoors, H., Ormel, E., & Verhoeven, L. (2008b). The relationship between the reading and signing skills of deaf children in bilingual education programs. *Journal of Deaf Studies and Deaf Education, 13*, 518–530.
22. Hernandez, R. S., Montreal, S., & Orza, J. (2003). The role of cued speech in the development of Spanish prepositions. *American Annals of the Deaf, 148*, 323–327.
23. Hitch, G., Arnold, P., & Phillips, L. (1983). Counting processes in deaf children's arithmetic. *British Journal of Psychology, 74*, 429–437.
24. Hoevenaars-van den Boom, M., Antonissen, A., Knoors, H., & Vervloed, M. (2009). Differentiating characteristics of deafblindness and autism in people with congenital deafblindness and profound intellectual disability. *Journal of Disability Research, 53*, 548–558.
25. Hoffmeister, R. (2000). A piece of the puzzle: ASL and reading comprehension in deaf children. In C. Chamberlain, J. Morford, & R. Mayberry (Eds.), *Language acquisition by eye* (pp. 143–163). Mahwah, NJ: Lawrence Erlbaum.

26. Hoffmeister, R., Philip, M., Costello, P., & Grass, W. (1997). Evaluating American Sign Language in deaf children: ASL influences on reading with a focus on classifiers, plurals, verbs of motion and location. In J. Mann (Ed.), *Proceedings of Deaf Studies V Conference*. Washington, DC: Gallaudet University Press.
27. Hogan, A., Stokes, J., White, C., Tyszkiewicz, E., & Woolgar, A. (2008). An evaluation of Auditory Verbal Therapy using the rate of early language development as an outcome measure. *Deafness & Education International, 10*, 143–167.
28. Hoiting, N. (2006). Deaf children are verb attenders: Early sign vocabulary department in Dutch toddlers. In B. Schick M. Marschark, & P. Spencer (Eds.), *Advances in the sign language development of deaf children* (pp. 161–188). New York: Oxford University Press.
29. Holcomb, R. (1970). The total approach. *Proceedings of International Conference on Education of the Deaf* (pp. 104–107), Stockholm, Sweden.
30. Holden-Pitt, L., & Diaz, J. (1998). Thirty years of the Annual Survey of Deaf and Hard-of-Hearing Children and Youth: A glance over the decades. *American Annals of the Deaf, 142*, 72–76.
31. Holmes, T., & Rahe, R. (1967). The Social Readjustment Rating Scale. *Journal of Psychosomatic Research, 11*, 213–218.
32. Holt, J. (1994). Classroom attributes and achievement test scores for deaf and hard of hearing students. *American Annals of the Deaf, 139*, 430–437.
33. Holt, J., Traxler, C., & Allen, T. (1997). *Interpreting the scores: A user's guide to the 9th Edition Stanford Achievement Test for educators of deaf and hard-of-hearing students (Technical Report 97–1)*. Washington, DC: Gallaudet University, Gallaudet Research Institute.
34. Holt, R., & Kirk, K. (2005). Speech and language development in cognitively delayed children with cochlear implants. *Ear & Hearing, 26*, 132–148.
35. Holt, R., & Svirsky, M. (2008). An exploratory look at pediatric cochlear implantation: Is earliest always best?. *Ear & Hearing, 29*, 492–511.
36. Horner, R., Carr, E., Halle, J., McGee, G., Odom, S., & Wolery, M. (2005). The use of single-subject design research to identify evidence-based practice in special education. *Exceptional Children, 71*, 165–179.
37. Hyde, M., Ohna, S. E., & Hjulstadt, O. (2005). Education of the deaf in Australia and Norway: A comparative study of the interpretations and applications of inclusion. *American Annals of the Deaf, 150*, 415–426.
38. Hyde, M. B., & Power, D.J. (1992). The receptive communication abilities of deaf students under oral, manual and combined methods. *American Annals of the Deaf, 137*, 389–398.
39. Hyde, M., Power, D., & Leigh, G. (1996). Characteristics of the speech of teachers of the deaf to hearing students and deaf students under oral-only and Simultaneous Communication conditions. *Australian Journal of Education of the Deaf, 1*, 5–9.
40. Hyde, M., Zevenbergen, R., & Power, D. (2003). Deaf and hard of hearing students' performance on arithmetic word problems. *American Annals of the Deaf, 148*, 56–64.

I 1. International Communications Learning Institute. (1996). *See the Sound. Visual Phonics*. Webster, WI: International Communications Learning Institute.
2. Israelite, N., Ower, J., & Goldstein, G. (2002). Hard-of-hearing adolescents and identity construction: Influences of school experiences, peers and teachers. *Journal of Deaf Studies and*

Deaf Education, 7, 134–148.
3. Izzo, A. (2002). Phonemic awareness and reading ability: An investigation with young readers who are deaf. *American Annals of the Deaf, 147,* 18–28.

J
1. Jacob, A., Rupa, V., Job, A., & Joseph, A. (1997). Hearing impairment and otitis media in rural primary school in south India. *International Journal of Pediatric Otorhinolaryngology, 39*(2), 133–138.
2. James, D., Rajput, K., Brinton, J., & Goswami, U. (2008). Phonological awareness, vocabulary, and word reading in children who use cochlear implants: Does age of implantation explain individual variability in performance outcomes and growth?. *Journal of Deaf Studies and Deaf Education, 13,* 117–137.
3. Jimenez, T., Filippini A., & Gerber, M. (2006). Shared reading within Latino families: An analysis of reading interactions and language use. *Bilingual Research Journal, 30,* 431–452.
4. Johnson, R., Liddell, S., & Erting, C. (1989). *Unlocking the curriculum: Principles for achieving access in deaf education.* Gallaudet Research Institute Working Paper 89–3. Washington, DC: Gallaudet University.
5. Johnston, T. (2003). W(h)ither the deaf community? Population, genetics and the future of Australian Sign Language. *American Annals of the Deaf, 148,* 358–377.
6. Jones, T., & Jones, J. (2003). Educating young deaf children with multiple disabilities. In B. Bodner-Johnson & M. Sass-Lehrer (Eds.), *The young deaf and hard-of-hearing child* (p. 297–332). Baltimore, MD: Paul H. Brookes Publishing Co.
7. Jure, R., Rapin, I., & Tuchman, R. (1991). Hearing impaired autistic children. *Developmental Medicine and child Neurology, 33,* 1062–1072.
8. Justice, L., & Ezell, H. (2002). Use of storybook reading to increase print awareness in at-risk children. *American Journal of Speech-Language Pathology, 11,* 17–29.

K
1. Kanner, I. (1943). Autistic disturbances of affective contact. *Nervous Child, 2,* 217–250.
2. Kelly, D., Forney, G., Parker-Fisher, S., & Jones, M. (1993). The challenge of attention deficit disorder in children who are deaf or hard of hearing. *American Annals of the Deaf, 38,* 343–348.
3. Kelly, L. (1996). The interaction of syntactic competence and vocabulary during reading by deaf students. *Journal of Deaf Studies and Deaf Education, 1,* 75–90.
4. Kelly, L. (1998). Using silent motion Pictures to teach complex syntax to adult deaf readers. *Journal of Deaf Studies and Deaf Education, 3,* 217–230.
5. Kelly, L. (2003a). Considerations for designing practice for deaf readers. *Journal of Deaf Studies and Deaf Education, 8,* 171–186.
6. Kelly, L. (2003b). The importance of processing automaticity and temporary storage capacity to the differences in comprehension between skilled and less skilled college-age deaf readers. *Journal of Deaf Studies and Deaf Education, 8,* 230–249.
7. Kelly, R., & Gaustad, M. (2006). Deaf college students' mathematical skills relative to morphological knowledge, reading level, and language proficiency. *Journal of Deaf Studies and Deaf Education, 12,* 25–37.
8. Kelly, R., Lang, H., Mousley, K., & Davis, S. (2003). Deaf college students'comprehension of relational language in arithmetic compare problems. *Journal of Deaf Studies and Deaf Education, 8,* 120–132.

9. Kelly, R., Lang, H., & Pagliaro, C. (2003). Mathematics word problem solving for deaf students: A survey of practices in grades 6–12. *Journal of Deaf Studies and Deaf Education, 8*, 104–119.
10. Kelly, R., & Mousley, K. (2001). Solving word problems: More than reading issues for deaf students. *American Annals of the Deaf, 146*, 251–262.
11. Kennedy, C., McCann, D., Campbell, M., Law, C., Mullee, M., Petrou, S., et al. (2006). Language ability after early detection of permanent child hearing impairment. *New England Journal of Medicine, 354*, 2131–2141.
12. Killoran, J. (2007). *The national deaf-blind child count: 1998–2005. Review.* Monmouth: Western Oregon University, Teaching Research Institute.
13. King, C., & Quigley, S. (1985). *Reading and deafness.* San Diego, CA: College-Hill Press.
14. Kingma, J., Schoenmaker, A., Damen, S., & Nunen, T. (1997). Late manifestations of congenital rubella. www.nud.dk. Retrieved June 12, 2009.
15. Kipila, B. (1985). Analysis of an oral language sample from a prelingually deaf child's cued speech: A case study. *Cued Speech Annals, 1*, 46–59.
16. Kirchner, C. (1994). Co-enrollment as an inclusion model. *American Annals of the Deaf, 139*, 163–164.
17. Kirshner, C. (1996, October). *Full inclusion: An educational model for the 21st century.* Paper presented at the conference on Issues in Language and Deafness, Omaha, NE.
18. Kirk, K. (2000). Challenges in the clinical investigation of cochlear implant outcomes. In J. Niparko, K. Iler-Kirk, N. Mellon, A. Robbins, D. Tucci, & B. Wilson (Eds.), *Cochlear implants: Principles and practices* (pp. 225–265). Philadelphia: Lippincott, Williams, & Wilkins.
19. Kluwin, T. (1981). The grammaticality of manual representations of English in classroom settings. *American Annals of the Deaf, 127*, 417–421.
20. Kluwin, T. (1993). Cumulative effects of mainstreaming on the achievement of deaf adolescents. *Exceptional Children, 60*, 73–81.
21. Kluwin, T. (1999). Co-teaching deaf and hearing students. Research on social integration. *American Annals of the Deaf, 144*, 339–344.
22. Kluwin, T., Gonsher, W., Silver, K., & Samuels, J. (1996). Team teaching students with hearing impairments and students with normal hearing together. *Teaching Exceptional Children, 29*, 11–15.
23. Kluwin, T., & Moores, D. (1985). The effect of integration of the achievement of hearing-impaired adolescents. *Exceptional Children, 52*, 153–160.
24. Kluwin, T., & Moores, D. (1989). Mathematics achievement of hearing impaired adolescents in different placements. *Exceptional Children, 55*, 327–335.
25. Kluwin, T., & Noretsky, M. (2005). A mixed-methods study of teachers of the deaf learning to integrate computers into their teaching. *American Annals of the Deaf, 150*, 350–357.
26. Kluwin, T., Stewart, D., & Sammons, A. (1994). The isolation of teachers of the deaf and hard of hearing in local public school programs. *ACEHI Journal/La Revue ACEDA, 20*, 16–30.
27. Kluwin, T., & Stinson, M. (1993). *Deaf students in local public high schools: Backgrounds, experiences, and outcomes.* Springfield, IL: Charles C. Thomas.
28. Knoors, H., & Hermans, D. (2010). Effective instruction for deaf and hard-of-hearing students: Teaching strategies, school settings, and student characteristics. In M. Marschark & P. E. Spencer (Eds.), *The Oxford handbook of deaf studies, language, and education Vol. 2* (pp. 57–71). New

York: Oxford University Press.
29. Knoors, H., & Vervloes, M. (in press). Educational programming for deaf children with multiple disabilities. In M. Marschark & P. Spencer (Eds.), *The Oxford handbook of deaf studies, language, and education, vol. 1, second edition*. New York: Oxford University Press.
30. Koskinen, P., Wilson, R. M., Gambrell, L. B., & Jensema, C. (1986). Using closed captioned television to enhance reading skills of learning disabled students. *National Reading Conference Yearbook, 35*, 61–65.
31. Koskinen, P. S., Wilson, R. M., & Jensema, C. J. (1986). Using closed-captioned television in the teaching of reading to deaf students. *American Annals of the Deaf, 131*, 43–46.
32. Kreimeyer, K., Crooke, P., Drye, C., Egbert, V., & Klein, B. (2000). Academic benefits of co-enrollment model of inclusive education of deaf and hard-of-hearing children. *Journal of Deaf Studies and Deaf Education, 5*, 174–185.
33. Kritzer, K. (2008). Family mediation of mathematically based concepts while engaged in a problem-solving activity with their young deaf children. *Journal of Deaf Studies and Deaf Education, 13*, 503–517.
34. Kritzer, K. L. (2009). Barely started and already left behind: A descriptive analysis of the mathematics ability demonstrated by young deaf children. *Journal of Deaf Studies and Deaf Education, 14*, 409–421.
35. Kyle, F., & Harris, M. (2006). Concurrent correlates and predictors of reading and spelling achievement in deaf and hearing school children. *Journal of Deaf Studies and Deaf Education, 11*, 273–288.

L
1. Lang, H. (in press). Perspectives on the history of deaf education. In M. Marschark & P. Spencer, (Eds.), *The Oxford handbook of deaf studies, language, and education, vol. 1, second edition* (pp. 9–20). New York: Oxford University Press.
2. Lang, H., & Albertini, J. (2001). Construction of meaning in the authentic science writing of deaf students. *Journal of Deaf Studies and Deaf Education, 6*, 258–284.
3. Lang, H., Hupper, M., Monte, D., Brown, S., Babb, I., & Scheifele, P. (2006). A study of technical signs in science: Implications for lexical database development. *Journal of Deaf Studies and Deaf Education, 12*, 65–79.
4. Lang, H., McKee, B., & Conner, K. (1993). Characteristics of effective teachers: A descriptive study of perception of faculty and deaf college students. *American Annals of the Deaf, 138*, 252–259.
5. Lartz, M., & Lestina, L. (1995). Strategies deaf mothers use when reading to their young deaf or hard of hearing children. *American Annals of the Deaf, 14*, 358–362.
6. LaSasso, C., Crain, K., & Leybaert, J. (2003). Rhyme generation in deaf students: The effect of exposure to cued speech. *Journal of Deaf Studies and Deaf Education, 8*, 250–270.
7. LaSasso, C., Crain, K., & Leybaert, J. (2010). *Cued Speech and Cued Language for Deaf and Hard of Hearing Children*. San Diego, CA: Plural Publishing.
8. LaSasso, C., & Davey, B. (1987). The relationship between lexical knowledge and reading comprehension for prelingual profoundly hearing-impaired students. *Volta Review, 89*, 211–220.
9. LaSasso, C., & Metzger, M. (1998). An alternate route for preparing deaf children for BiBi programs: The home language as L1 and cued speech for conveying traditionally-spoken

languages. *Journal of Deaf Studies and Deaf Education, 3*, 265–289.
10. Laughton, J. (1989). The learning disabled, hearing impaired students: Reality, myth, or overextension?. *Topics in Language Disorders, 9*, 70–79.
11. Lederberg, A., & Beal-Alvarez, A. (in press). Expressing meaning: From prelinguistic communication to building vocabulary. In M. Marschark & P. Spencer (Eds.), *The Oxford handbook of deaf studies, language, and education, vol. 1, second edition*. New York: Oxford University Press.
12. Lederberg, A., & Prezbindowski, A. (2000). Impact of child deafness on mother-toddler interaction: Strengths and weaknesses. In P. Spencer, C. Erting, & M. Marschark (Eds.), *The deaf child in the family and at school* (pp. 73–92). Mahwah NJ: Lawrence Erlbaum.
13. Lederberg, A., Prezbindowski, A., & Spencer, P. (2000). Word learning skills of deaf preschoolers: The development of novel mapping and rapid word learning strategies. *Child Development, 71*, 1571–1585.
14. Lederberg, A., & Spencer, P. (2001). Vocabulary development of deaf and hard of hearing children. In M. Marschark, M. Clark, & M. Karchmer (Eds.), *Context, cognition and deafness* (pp. 88–112). Washington, DC: Gallaudet University Press.
15. Lederberg, A., & Spencer, P. (2005). Critical periods in the acquisition of lexical skills: Evidence from deaf individuals. In, P. Fletcher and J. Miller (Eds.), *Developmental theory and language disorders* (pp. 121–145). Philadelphia: John Benjamins.
16. Lederberg, A., & Spencer, P. (2009). Word-learning abilities in deaf and hard-of-hearing preschoolers: Effect of lexicon size and language modality. *Journal of Deaf Studies and Deaf Education, 14*, 44–62.
17. Leigh, G., Newall, J. P., & Newall, A. T. (2010). Newborn screening and earlier intervention with deaf children: Issues for the developing world. In M. Marschark & P. Spencer (Eds.), *The Oxford handbook of deaf studies, language, and education, vol. 2* (pp. 345–359). New York: Oxford University Press.
18. Levitt, H., McGarr, N., & Geffner, D. (1987). *Development of language and communication skills in hearing-impaired children,. Monographs of the American Speech, Language and Hearing Association, No. 26*.
19. Lewis, S. (1996). The reading achievement of a group of severely and profoundly hearing-impaired school leavers educated within a natural aural approach. *Journal of the British Association of Teachers of the Deaf, 20*, 1–7.
20. Lewis, M.S. J, & Jackson, D.W. (2001). Television literacy: Comprehension of program content using closed-captions for the deaf. *Journal of Deaf Studies and Deaf Education, 6*, 43–53.
21. Leybaert, J. (1993). Reading in the deaf: The roles of phonological codes. In M. Marschark & M. D. Clark (Eds.), *Psychological perspectives on deafness* (pp. 269–310). Mahwah, N.J.: LEA.
22. Leybaert, J., & Alegria, J. (in press). The role of cued speech in language development of deaf children. In M. Marschark & P. Spencer (Eds.), *The Oxford handbook of deaf studies, language, and education, vol. 1, second edition*. New York: Oxford University Press.
23. Leybaert, J., & Charlier, B. (1996). Visual speech in the head: The effect of cued-speech on rhyming, remembering, and spelling. *Journal of Deaf Studies and Deaf Education, 1*, 234–248.
24. Leybaert, J., & Van Cutsem, M. (2002). Counting in sign language. *Journal of Experimental*

Child Psychology, 81, 482–501.

25. Liben, L. (1979). Free recall by deaf and hearing children: Semantic clustering and recall in trained and untrained groups. *Journal of Experimental Child Psychology, 24*, 60–73.
26. Lichtert, G., & Loncke, F. (2006). The development of proto-performative utterances in deaf toddlers. *Journal of Speech, Language, and Hearing Research, 49*, 486–499.
27. Lillo-Martin, D. (1988). Children's new sign Creations. In M. Strong (Ed.), *Language learning and deafness* (pp. 162–183). Cambridge: Cambridge University Press.
28. Lillo-Martin, D. (1991). *Universal grammar and American Sign Language*. Dordrecht: Kluwer.
29. Lillo-Martin, D., Hanson, V., & Smith, S. (1992). Deaf readers' comprehension of relative clause structures. *Applied Psycholinguistics, 13*, 13–30.
30. Lindert, R. (2001). Hearing families with deaf children: Linguistic and communicative aspects of American Sign Language development. *Dissertation Abstracts International, 2002*, 63–1066-B.
31. Lovaas, O. (1987). Behavioral treatment and normal educational and intellectual functioning in young autistic children. *Consulting Clinical Psychology, 55*, 3–9.
32. Lucas, C., & Valli, C. (1992). *Contact language in the American deaf community*. San Diego, CA: Academic Press.
33. Luckner, J. (1999). An examination of two co-teaching classrooms. *American Annals of the Deaf, 144*, 24–34.
34. Luckner, J., & Handley, C.M. (2008). A summary of the reading comprehension research undertaken with students who are deaf or hard of hearing. *American Annals of the Deaf, 153*, 6–36.
35. Luckner, J., & Isaacson, S. (1990). A method of assessing the written language of hearing-impaired students. *Journal of Communication Disorders, 23*, 219–233.
36. Luetke-Stahlman, B. (1988). The benefit of oral English-only as compared with signed input to hearing-impaired students. *Volta Review, 90*, 349–361.
37. Luetke-Stahlman, B., & Nielsen, D. (2003). The contribution of phonological awareness and receptive and expressive English to the reading ability of deaf students with varying degrees of exposure to accurate English. *Journal of Deaf Studies and Deaf Education, 8*, 464–484.
38. Lundy, J. (2002). Age and language skills of deaf children in relation to theory of mind development. *Journal of Deaf Studies and Deaf Education, 7*, 41–56.

M 1. Madriz, J. (2000). Hearing impairment in Latin America: An inventory of limited options and resources. *Audiology, 39*, 212–220.
2. Mahoney, T., & Eichwald, J. (1987). The ups and "Downs" of high-risk hearing screening: The Utah statewide program. *Seminars in Hearing, 8*, 155–163.
3. Maller, S. & Braden, J. P. (in press). Intellectual assessment of deaf people: A critical review of core concepts and issues. In M. Marschark & P. Spencer (Eds.), *The Oxford handbook of deaf studies, language, and education, vol. 1, second edition*. New York: Oxford University Press.
4. Maller, S., & Braden, J. (1993). The construct and criterion-related validity of the WISC-III with deaf adolescents. *Journal of Psychoeducational Assessment, WICS-III Monograph Series: WISC-III*, 105–113.
5. Maller, S., Singleton, J., Supalla, S., & Wix, T. (1999). The development and psychometric properties of the American Sign Language Proficiency Assessment (ASL-PA). *Journal of Deaf Studies and Deaf Education, 4*, 249–269.

6. Markwardt, F. (1970). *Peabody Individual Achievement Test*. Circle Pines, MN: American Guidance Service.
7. Marmor, G., & Pettito, L. (1979). Simltaneous Communication in the classroom: How well is English grammar represented?. *Sign Language Studies, 23*, 99–136.
8. Marschark, M. & Wauters, L. (in press). Cognitive functioning in deaf adults and children. In M. Marschark & P. Spencer (Eds.), *The Oxford handbook of deaf studies, language, and education, vol. 1, second edition*. New York: Oxford University Press.
9. Marschark, M. (2006). Intellectual functioning of deaf adults and children: Answers and questions. *European Journal of Cognitive Psychology, 18*, 70–89.
10. Marschark, M. (2007). *Raising and educating a deaf child* (2nd ed.). New York: Oxford University Press.
11. Marschark, M., Convertino, C., & LaRock, D. (2006). Assessing cognition, communication and learning by deaf students. In C. Hage, B. Charlier, & J. Leybaert (Eds.), *L'évaluation de la personne sourd* (pp. 26–53). Brussels: Mardaga.
12. Marschark, M., Convertino, G., Macias, G., Monikowski, C., Sapere, P., & Seewagen, R. (2007). Understanding communication among deaf students who sign and speak: A trivial pursuit?. *American Annals of the Deaf, 152*, 415–424.
13. Marschark, M., Convertino, C., McEvoy, C., & Masteller, A. (2004). Organization and use of the mental lexicon by deaf and hearing individuals. *American Annals of the Deaf, 149*, 51–61.
14. Marschark, M., De Beni, R., Polazzo, M., & Cornoldi, C. (1993). Deaf and hearing-impaired adolescents' memory for concrete and abstract prose: Effects of relational and distinctive information. *American Annals of the Deaf, 138*, 31–39.
15. Marschark, M., & Everhart, V. (1999). Problem solving by deaf and hearing children: Twenty questions. *Deafness & Education International, 1*, 63–79.
16. Marschark, M., Green, V., Hindmarsh, G., & Walker, S. (2000). Understanding theory of mind in children who are deaf. *Journal of Child Psychology and Psychiatry, 41*, 1067–1074.
17. Marschark, M., & Hauser, P. (2008). Cognitive underpinnings of learning by deaf and hard-of-hearing students: Differences, diversity, and directions. In M. Marschark & P. Hauser (Eds.), *Deaf cognition: Foundations and outcomes* (pp. 3–23). New York: Oxford University Press.
18. Marschark, M., Lang, H., & Albertini, J. (2002). *Educating deaf students. From research to practice*. New York: Oxford University Press.
19. Marschark, M., Leigh, G., Sapere, P., Burnham, D., Convertino, C., Stinson, M., Knoors, H., Vervloed, M., & Noble, W. (2006). Benefits of sign language interpreting and text alternatives for deaf students' classroom learning. *Journal of Deaf Studies and Deaf Education, 11*, 421–437.
20. Marschark, M., Mouradian, V., & Hallas, M. (1994). Discourse rules in the language productions of deaf and hearing children. *Journal of Experimental Psychology, 57*, 89–107.
21. Marschark, M., Rhoten, C., & Fabich, M. (2007). Effects of cochlear implants on children's reading and academic achievement. *Journal of Deaf Studies and Deaf Education, 12*, 269–282.
22. Marschark, M., Sapere, P., Convertino, C., Mayer, C., Wauters, L., & Sarchet, T. (2009). Are deaf students' reading challenges really about reading? *American Annals of the Deaf, 154*, 357–370.
23. Marschark, M., Sapere, P., Convertino, C. M., & Plez, J. (2008). Learning via direct and mediated instruction by deaf students. *Journal of Deaf Studies and Deaf Education, 13*, 446–461.

24. Marschark, M., Sapere, P., Convertino, C., & Seewagen, R. (2005). Access to post-secondary education through sign language interpreting. *Journal of Deaf Studies and Deaf Education, 10*, 38–50.
25. Marschark, M., Sapere, P., Convertino, C., Seewagen, R., & Maltzen, H. (2004). Comprehension of sign language interpreting: Deciphering a complex task situation. *Sign Language Studies, 4*, 345–368.
26. Marschark, M., Sarchet, T., Rhoten, C., & Zupan, M. (2010). Will cochlear implants close the reading achievement gap for deaf students? In M. Marschark & P. E. Spencer (Eds)., *Oxford handbook of deaf studies, language, and education, vol.* 2. New York: Oxford University Press.
27. Marschark, M., & Wauters, L. (2008). Language comprehension and learning by deaf students. In M. Marschark & P. Hauser (Eds.), *Deaf cognition: Foundations and outcomes* (pp. 309–350). New York: Oxford University Press.
28. Martin, D., Craft, A., & Sheng, Z. N. (2001). The impact of cognitive strategy instruction on deaf learners: An international comparative study. *American Annals of the Deaf, 146*, 366–378.
29. Martin, D., & Jonas, B. (1986). *Cognitive modifiability in the deaf adolescent*. Washington, DC: Gallaudet University. (ERIC Document Reproduction Service No. ED 276 159)
30. Massaro, D. (2006). A Computer-animated tutor for language learning: Research and applications. In P. Spencer & M. Marschark (Eds.), *Advances in the spoken language development of deaf and hard-of-hearing children* (pp. 212–234). New York: Oxford University Press.
31. Matthews, T., & Reich, C. (1993). Constraints on Communication in Classrooms for the deaf. *American Annals of the Deaf, 138*, 14–18.
32. Mauk, G., & Mauk, P. (1998). Considerations, Conceptualizations, and challenges in the study of concomitant learning disabilities among children and adolescents who are deaf or hard of hearing. *Journal of Deaf Studies and Deaf Education, 3*, 15–34.
33. Mauk, G., White, K., Mortensen, L., & Behrens, T. (1991). The effectiveness of screening programs based on high-risk characteristics in early identification of hearing impairment. *Ear & Hearing, 12*, 312–319.
34. Maxwell, M. (1984). A deaf child's natural development of literacy. *Sign Language Studies, 44*, 195–223.
35. Maxwell, M., & Bernstein, M. (1985). The synergy of sign and speech in Simultaneous Communication. *Applied Psycholinguistics, 6*, 63–81.
36. Maxwell, M., & Falick, T. (1992). Cohesion and quality in deaf and hearing children's written English. *Sign Language Studies, 77*, 345–371.
37. Mayer, C. (1999). Shaping at the point of utterance: An investigation of the composing processes of the deaf student writer. *Journal of Deaf Studies and Deaf Education, 4*, 37–49.
38. Mayer, C. (2010). The demands of writing and the deaf writer. In M. Marschark & P. Spencer (Eds.), *Oxford handbook of deaf studies, language, and education, vol.* 2 (pp. 144–155). New York: Oxford University Press.
39. Mayer, C., & Akamatsu, C. T. (1999). Bilingual-bicultural models of literacy education for deaf students: Considering the claims. *Journal of Deaf Studies and Deaf Education, 4*, 1–8.
40. Mayer, C., & Wells, G. (1996). Can the linguistic interdependence theory support a bilingual-bicultural model of literacy education for deaf students?. *Journal of Deaf Studies and Deaf*

Education, 1, 93–107.
41. Mayer, R. E., & Morena, R. (1998). A split-attention effect in multimedia learning: Evidence for dual processing systems in working memory. *Journal of Educational Psychology, 90*, 312–320.
42. Mayne, A., Yoshinaga-Itano, C., & Sedey, A. (2000a). Receptive vocabulary development of infants and toddlers who are deaf or hard of hearing. *Volta Review, 100*, 29–52.
43. Mayne, A., Yoshinaga-Itano, C., Sedey, A., & Carey, A. (2000b). Expressive vocabulary development of infants and toddlers who are deaf or hard of hearing. *Volta Review, 100*, 1–28.
44. McAnally, P., Rose, S., & Quigley, S. (1987). *Language learning practices with deaf children.* Boston: College-Hill Press.
45. McCall, R. (2009). Evidence-based programming in the context of practice and policy. *Social Policy Report, 23*, 3–11, 15–18.
46. McEvoy, C., Marschark, M., & Nelson, D. L. (1999). Comparing the mental lexicons of deaf and hearing individuals. *Journal of Educational Psychology, 91*, 1–9.
47. McGill-Franzen, A., & Gormley, K. (1980). The influence of context on deaf readers' understanding of passive sentences. *American Annals of the Deaf, 125*, 937–942.
48. McGowan, R., Nittrouer, S., & Chenausky, K. (2008). Speech production in 12-month-old children with and without hearing loss. *Journal of Speech, Language, and Hearing Research, 51*, 879–888.
49. McIntosh, R. A., Sulzen, L., Reeder, K., & Kidd, D. (1994). Making science accessible to deaf students: The need for science literacy and conceptual teaching. *American Annals of the Deaf, 139*, 480–484.
50. Meadow, K. (1980). *Deafness and child development.* Berkeley: University of California Press.
51. Meadow, K., & Trybus, J. (1985). Behavorial and emotional problems of deaf children: An overview. In L. Bradford & W. Hardy (Eds.), *Hearing and hearing impairment* (pp. 395–415). New York: Grune & Stratton.
52. Meadow-Orlans, K. (1997). Effects of mother and infant hearing status on interactions at twelve and eighteen months. *Journal of Deaf Studies-and Deaf Education, 2*, 26–36.
53. Meadow-Orlans, K., Mertens, D., & Sass-Lehrer, M. (2003). *Parents and their deaf children. The early years.* Washington, DC: Gallaudet University Press.
54. Meadow-Orlans, K., Smith-Gray, S., & Dyssegaard, B. (1995). Infants who are deaf or hard of hearing, with and without physical/cognitive disabilities. *American Annals of the Deaf, 140*, 279–286.
55. Meadow-Orlans, K., & Spencer, P. (1996). Maternal sensitivity and the visual attentiveness of children who are deaf. *Early Development and Parenting, 5*, 213–223.
56. Meadow-Orlans, K., Spencer, P., & Koester, L. (2004). *The world of deaf infants: A longitudinal study.* New York: Oxford University Press.
57. Mehl, A., & Thomson, V. (2002). The Colorado newborn hearing screening project, 1992–1999: On the threshold of effective population-based universal newborn hearing screening. *Pediatrics, 109*, E7.
58. Meier, R., & Newport, E. (1990). Out of the hands of babes: On a possible sign advantage in language acquisition. *Language, 66,* 1–23.
59. Miller, P. (2000). Syntactic and semantic processing in Hebrew readers with prelingual deafness. *American Annals of the Deaf, 145,* 436–451.

60. Mitchell, R. (2004). National profile of deaf and hard of hearing students in special education from weighted survey results. *American Annals of the Deaf, 149*, 336–349.
61. Mitchell, R., & Karchmer, M. (2004). Chasing the mythical ten percent: Parental hearing status of deaf and hard of hearing students in the United States. *Sign Language Studies, 4*, 138–163.
62. Mitchell, R., & Karchmer, M. (2006). Demographics of deaf education: More students in more places. *American Annals of the Deaf, 151*, 95–104.
63. Mitchell, R., & Karchmer, M. (in press). Demographic and achievement characteristics of deaf and hard-of-hearing students. In M. Marschark & P. Spencer (Eds.), *The Oxford handbook of deaf studies, language, and education, vol. 1, second edition.* New York: Oxford University Press.
64. Mitchell, R., & Quittner, A. (1996). Multimethod study of attention and behavior problems in hearing-impaired children. *Journal of Clinical Child Psychology, 25*, 83–96.
65. Mix, K. S., Huttenlocher, J., & Levine, S. C. (2002). *Quantitative development in infancy and early childhood.* New York: Oxford University Press.
66. Moeller, M. P. (2000). Intervention and language development in children who are deaf and hard of hearing. *Pediatrics, 106*, E43.
67. Moeller, M. P., Hoover, B., Putman, C., Arbataitis, K., Bohnenkamp, G., Peterson, B., et al. (2007a). Vocalizations of infants with hearing loss compared with infants with normal hearing: Part I—Phonetic development. *Ear & Hearing, 28*, 605–627.
68. Moeller, M. P., Hoover, B., Putman, C., Arbataitis, K., Bohenenkamp, G., Peterson, B., et al. (2007b). Vocalizations of infants with hearing loss compared with infants with normal hearing: Part II—Transition to words. *Ear & Hearing, 28*, 628–642.
69. Moeller, M. P., Osberger, M., & Eccarius, M. (1986). Language and learning skills of hearing-impaired students. *ASHA Monographs, 23*, 41–54.
70. Moeller, M. P., & Schick, B. (2006). Relations between maternal input and theory of mind understanding in deaf children. *Child Development, 77*, 751–766.
71. Moeller, M. P., Tomblin, J. B., Yoshinaga-Itano, C., Connor, C., & Jerger, S. (2007). Current state of knowledge: Language and literacy of children with hearing impairment. *Ear & Hearing, 28*, 740–753.
72. Mohay, H. (1983). The effects of Cued Speech on the language development of three deaf children. *Sign Language Studies, 38*, 25–49.
73. Mohay, H., Milton, L., Hindmarsh, G., & Ganley, K. (1998). Deaf mothers as communication models for hearing families with deaf children. In A. Weisel (Ed.), *Issues unresolved: New Perspectives on language and deaf education.* Washington, DC: Gallaudet University Press.
74. Moog, J., & Geers, A. (1985). EPIC: A program to accelerate academic progress in profoundly hearing-impaired children. *Volta Review, 87*, 259–277.
75. Mollink, H., Hermans, D., & Knoors, H. (2008). Vocabulary training of spoken words in hard-of-hearing children. *Deafness & Education International, 10*, 80–92.
76. Moores, D. (2001). *Educating the deaf* (5th ed.). Boston: Houghton Mifflin.
77. Moores, D. (2008). Research on Bi-Bi instruction. *American Annals of the Deaf, 153*, 3–4.
78. Moores, D. & Sweet, C. (1990). Factors predictive of school achievement. In D. Moores & K. Meadow-Orlans (Eds.), *Educational and developmental aspects of deafness* (pp. 154–201). Washington DC: Gallaudet University Press.

79. Morgan, A., & Vernon, M. (1994). A guide to the diagnosis of learning disabilities in deaf and hard-of-hearing children and adults. *American Annals of the Deaf, 139*, 358–370.
80. Morgan, G., & Woll, B. (2002). The development of complex sentences in British Sign Language. In G. Morgan & B. Woll (Eds.), *Directions in sign language acquisition* (pp. 255–275). Amsterdam: John Benjamin.
81. Morton, A. (1996). Factors affecting the integration of computers in Western Sydney secondary schools. In J. Hefberg J. Steele, & S. McNamara (Eds.), *Learning technologies: Prospects and pathways* (pp. 107–14). Canberra, Australia: AJET Publications.
82. Most, T. (2006). Assessment of school functioning among Israeli Arab children with hearing loss in the primary grades. *American Annals of the Deaf, 151*, 327–335.
83. Moseley, M., Scott-Williams, B., & Anthony, C. (1991, November). *Language expressed through Cued Speech: A preschool case study*. Paper presented at the American Speech and Hearing Association Conference, Atlanta, GA.
84. Mosteller, F., & Boruch, R. (Eds.) . (2002). *Evidence matters: Randomized trials in educational research*. Washington, DC: Brooking Institution.
85. Mousley, K., & Kelly, R. (1998). Problem-solving strategies for teaching mathematics to deaf students. *American Annals of the Deaf, 143*, 325–336.
86. Mung'ala-Odera, V., Meehan, R., Njuguna, P., Mturi, N., Alcock, K., & Newton, C. (2006). Prevalence and risk factors of neurological disability and impairment in children living in rural Kenya. *International Journal of Epidemiology, 35*, 683–688.
87. Munroe, S. (1999). *A summary of late emerging manifestation of congenital rubella in Canada*. Ontario: Canadian Deafblind and Rubella Association.
88. Musselman, C. (2000). How do children who can't hear learn to read an alphabetic script? A review of the literature on reading and deafness. *Journal of Deaf Studies and Deaf Education, 5*, 9–31.
89. Musselman, C., & Szanto, G. (1998). The written language of deaf adolescents: Patterns of performance. *Journal of Deaf Studies and Deaf Education, 3*, 245–257.
N 1. Napier, J., & Barker, R. (2004). Access to university interpreting: Expectations and preferences of deaf students. *Journal of Deaf Studies and Deaf Education, 9*, 228–238.
2. Nash, J. (1973). Cues or signs: A case study in language acquisition. *Sign Language Studies, 3*, 80–91.
3. Nathani, S., Oller, D. K., & Neal. A. R. (2007). On the robustness of vocal development: An examination of infants with moderate-to-severe hearing loss and additional factors. *Journal of Speech, Language, and Hearing Research, 50*, 1425–1444.
4. National Center for Education Statistics (1999). Integrated postsecondary education data system, *Fall Enrollment Data File, Fall 1997*. http://nces.ed.gov/Ipeds/ef9798/, accessed 12 July 2001.
5. National Council of Teachers of Mathematics. (2000). *Principles and standards for school mathematics*. Reston, VA: NCTM.
6. National Reading Panel. (2000). *Report of the National Reading Panel: Teaching children to read—An evidence-based assessment of the scientific research literature on reading and its implications for reading instruction*. Jessup, MD: National Institute for Literacy.
7. Neuman, S. B., & Koskinen, P. (1992). Captioned television as comprehensible input: Effects of incidental word learning from context for language minority students. *Reading Research*

Quarterly, 27, 95–106.
8. Neville, H., & Lawson, D. (1987a). Attention to central and peripheral visual space in a movement detection task: An event-related potential and behavioral study. II. Congenitally deaf adults. *Brain Research, 405,* 268–283.
9. Neville, H., & Lawson, D. (1987b). Attention to central and peripheral visual space in a movements decision task. III. Separate effects of auditory deprivation and acquisition of a visual language. *Brain Research, 405,* 284–294.
10. Newell, W. (1978). A study of the ability of day-class deaf adolescents to compare factual information using four communication modalities. *American Annals of the Deaf, 123,* 558–562.
11. Nicholas, J. (1994). Sensory aid use and the development of communicative function. *Volta Review Monograph, 96,* 181–198.
12. Nicholas, J., & Geers, A. (1997). Communication of oral deaf and normally hearing children at 36 months of age. *Journal of Speech and Hearing Research, 40,* 1314–1327.
13. Nicholas, J., & Geers, A. (2007). Will they catch up? The role of cochlear implantation in the spoken language development of children with severe to profound hearing loss. *Journal of Speech, Language, and Hearing Research, 50,* 1048–1062.
14. Nicholas, J., & Geers, A. (2008). Expected test scores for preschoolers with a cochlear implant who use spoken language. *American Journal of Speech-Language Pathology, 17,* 121–138.
15. Nicholls, C., & Ling, D. (1982). Cued Speech and the reception of spoken language. *Journal of Speech and Hearing Research, 25,* 262–269.
16. Nikolopoulos, T., Dyar, D., Archbold, S., & O'Donoghue, G. (2004). Development of spoken language grammar following cochlear implantation in prelingually deaf children. *Archives of Otolaryngology Head and Neck Surgery, 130,* 629–633.
17. Nolen, S., & Wilbur, R. (1985). The effects of context on deaf students' comprehension of difficult sentences. *American Annals of the Deaf, 130*(3), 231–35.
18. Nunes, T., & Moreno, C. (1997). Solving word problems with different ways of representing the task. *Mathematics and Special Educational Needs, 3,* 15–17.
19. Nunes, T., Moreno, C. (2002). A intervention program for promoting deaf pupils' achievement in mathematics. *Journal of Deaf Studies and Deaf Education, 7,* 120–133.

O 1. O'Connor, N., & Hermelin, B. M. (1973). The spatial or temporal organization of shortterm memory. *Quarterly Journal of Experimental Psychology, 25,* 335–343.
2. Odom, P. B., Blanton, R. I., & Laukhuf, C. (1973). Facial expressions and interpretation of emotion-arousing situations in deaf and hearing children. *Journal of Abnormal Child Psychology, 1,* 139–151.
3. Odom, S., Brantlinger, E., Gersten, R., Horner, R., Thompson, B., & Harris, K. (2005). Research in special education: Scientific methods and evidence-based practices. *Exceptional Children, 71,* 137–148.
4. Oller, D. K. (2000). *The emergence of the speech capacity.* Mahwah, NJ: Lawrence Erlbaum.
5. Oller, D. K. (2006). Vocal language development in deaf infants: New challenges. In P. Spencer & M. Marschark (Eds.), *Advances in the spoken language development of deaf and hard-of-hearing children* (pp. 22–41). New York: Oxford University Press.
6. Olusanya, B. O., Luxon, L. M., & Wirz, S. L. (2005). Screening for early childhood hearing loss

in Nigeria. *Journal of Medical Screening, 12*, 115–118.
7. Olusanya, B. O., & Newton, V.E. (2007). Global burden of childhood hearing impairment and disease control priorities. *Lancet, 369*, 1314–1317.
8. Olusanya, B., & Okolo, A. (2006). Revisiting the ten questions questionnaire for developing countries. (Letter to the editor). *International Journal of Epidemiology, 35*, 1103.
9. Ostryn, C. (2008). A review and analysis of the Picture Exchange Program (PECS) for individuals with Autistic Spectrum Disorder using a paradigm of communicative competence. *Research and Practice for Persons with Severe Disability, 33*, 13–24.
10. Ottem, E. (1980). An analysis of cognitive studies with deaf subjects. *American Annals of the Deaf, 125*, 564–575.

P 1. Padden, C. (2006). Learning to fingerspell twice: Young signing children's acquisition of fingerspelling. In B. Schick, M. Marschark, & P. Spencer (Eds.), *Advances in the sign language development of deaf children* (pp. 189–201). New York: Oxford University Press.
2. Padden, C., & Gunsals, D. (2003). How the alphabet came to be used in a sign language. *Sign Language Studies, 4*, 1–33.
3. Padden, C., & Ramsey, C. (1998). Reading ability in signing deaf children. *Topics in Language Disorders, 18*, 30–46.
4. Padden, C., & Ramsey, C. (2000). American Sign Language and reading ability in deaf children. In C. Chamberlain, J. Morford, & R. Mayberry (Eds.), *Language acquisition by eye* (pp. 165–189). Mahwah, NJ: Lawrence Erlbaum.
5. Pagliaro, C. (1998). Mathematics preparation and professional development of deaf education teachers. *American Annals of the Deaf, 143*, 373–379.
6. Pagliaro, C., & Ansell, E. (2002). Story problems in the deaf education classroom: Frequency and mode of presentation. *Journal of Deaf Studies and Deaf Education, 7*, 107–119.
7. Pagliaro, C., & Kritzer, K. (2005). Discrete mathematics in deaf education: A survey of teachers' knowledge and use. *American Annals of the Deaf, 150*, 251–259.
8. Palmer, S. (2000). Assessing the benefits of phonics intervention on hearing-impaired children's word reading. *Deafness & Education International, 2*, 165–178.
9. Parasnis, I., Samar, V., & Berent, G. (2001, Winter). Evaluating ADHD in the deaf population: Challenges to validity. *NTID Research Bulletin, 6*, 1, 3–5.
10. Paul, P. (1996). Reading vocabulary knowledge and deafness. *Journal of Deaf Studies and Deaf Education, 1*, 5–15.
11. Paul, P. (1998). *Literacy and deafness: The development of reading, writing, and literate thought*. Boston: Allyn & Bacon.
12. Paul, P. (2001). *Language and deafness* (3rd ed.). San Diego, CA: Singular.
13. Paul, P. (2003). Processes and components of reading. In M. Marschark & P. Spencer (Eds.), *The Oxford handbook of deaf studies, language, and education* (pp. 97–109). New York: Oxford University Press.
14. Paul, P., & Gustafson, G. (1991). Hearing-impaired students' comprehension of high-frequency multi-meaning words. *Remedial and Special Education, 12*, 52–62.
15. Peng, S., Spencer, L., & Tomblin, J. (2004). Speech intelligibility of pediatric cochlear implant recipients with 7 years of device experience. *Journal of Speech, Language, and Hearing*

Research, 47, 1227–1236.
16. Perfetti, C., & Sandak, R. (2000). Reacing optimally builds on spoken language. Implications for deaf readers. *Journal of Deaf Studies and Deaf Education, 5*, 32–50
17. Perier, O., Bochner-Wuidar, A., Everarts, B., Michiels, J., & Hage, C. (1986). The combination of cued speech and signed French to improve spoken language acquisition by young deaf children. In B. Tervoort (Ed.), *Signs of life: Proceedings of the Second European Congress on Sign Language Research* (pp. 194–199). Amsterdam. (Reprinted in *Cued Speech Journal*, 4 (7), 1990.)
18. Perier, O., Charlier, B., Hage, C., & Alegria, J. (1988). Evaluation of the effects of prolonged Cued Speech practice upon the receptionof spoken language, In I. G. Taylor (Ed.). *The education of the deaf: Current perspectives* (Vol. 1). London: Croom Helm.
19. Peterson, C., & Siegal, M. (1995). Deafness, conversation, and theory of mind. *Journal of Child Psychology and Psychiatry, 36*, 459–474.
20. Peterson, C., Wellman H., & Liu, D. (2005). Steps in theory-of-mind development for children with deafness or autism. *Child Development, 76*, 502–517.
21. Piaget, J. (1952). *The origins of intelligence in children*. New York: Basic Books.
22. Pipp-Siegel, S., Sedey, A., & Yoshinaga-Itano, C. (2002). Predictors of Parental stress in mothers of young children with hearing loss. *Journal of Deaf Studies and Deaf Education, 7*, 1–17.
23. Pisoni, D. (2000). Cognitive factors and cochlear implants: Some thoughts on perception, learning, and memory in speech perception. *Ear & Hearing, 21*, 70–78.
24. Pisoni, D. B., Conway, C. M., Kronenberger, W., Henning, S., & Anaya, E. (2010). Executive function, cognitive control and sequence learning in deaf children with cochlear implants. In M. Marschark & P. E. Spencer (Eds.), *The Oxford handbook of deaf studies, language, and education, vol. 2* (pp. 439–457). New York: Oxford University Press.
25. Pisoni, D., Conway, C., Kronenberger, W., Horn, D., Karpicke, J., & Henning, S. (2008). Efficacy and effectiveness of cochlear implants in deaf children. In M. Marschark & P. Hauser (Eds.), *Deaf cognition. Foundations and outcomes* (pp. 52–101). New York: Oxford University Press.
26. Pollack, D. (1964). Acoupedics: A unisensory approach to auditory training. *Volta Review, 66*, 400–409.
27. Pollack, D., Goldberg, D., & Coleffe-Schenk, N. (1997). *Educational audiology for the limited-hearing infant and preschooler: An auditory-verbal program*. Springfield, IL: C. C. Thomas.
28. Power, D., & Hyde, M. (1997). Multisensory and unisensory approaches to communicating with deaf children. *European Journal of Psychology and Education, 12*, 449–464.
29. Power, D., & Hyde, M. (2002). The characteristics and extent of participation of deaf and hard-of-hearing students in regular classes in Australian schools. *Journal of Deaf Studies and Deaf Education, 7*, 302–311.
30. Power, D., & Hyde, M. (2003). Itinerant teachers of the deaf and hard of hearing and their students in Australia: Some state comparisons. *International Journal of Disability Development and Education, 4*, 385–401.
31. Power, D., Hyde, M., Leigh, G. (2008). Learning English from Signed English: An impossible task?. *American Annals of the Deaf, 153*, 37–47.
32. Powers, A., Elliott, R., Patterson, D., Shaw, S., & Taylor, C. (1995). Family environment and deaf and hard-of-hearing students with mild additional disabilities. *Journal of Childhood*

Communication Disorders, 17, 15–19.
33. Powers, S. (1996). Inclusion is an attitude not a place: Parts 1 and 2. *Journal of the British Association of Teachers of the Deaf, 20,* 30–41 and 65–69.
34. Power, S. (1999). The educational attainments of deaf students in mainstream programs in England: Examination results and influencing factors. *American Annals of the Deaf, 144,* 261–269.
35. Preisler, G., & Ahlstrom, M (1997). Sign language for hard of hearing children: A hindrance or a benefit for their development?. *European Journal of Psychology of Education, 12,* 465–477.
36. Preisler, G., Tvingstedt, A., & Ahlstrom, M. (2002). A psychosocial follow-up study of deaf preschool children using cochlear implants. *Child Care, Health and Development, 28,* 403–418.
37. Prinz, P., & Strong, M. (1994). *A test of ASL.* Unpublished manuscript, San Francisco State University, California Research Institute.
38. Psychological Corporation. (2002). *Wechsler Individual Achievement Test 2nd Edition.* San Antonio, TX: Harcourt Assessment.
39. Puente, A., Alvarado, J., & Herrera, V. (2006). Fingerspelling and sign language as alternative codes for reading and writing words for Chilean deaf signers. *American Annals of the Deaf, 3,* 299–310.
40. Pyman, B., Blamey, P., Lacy, P., Clark, G., & Dowell, R. (2000). The development of speech perception in children using cochlear implants: Effects of etiologic factors and delayed milestones. *American Journal of Otology, 21,* 57–61.

Q 1. Qi, S., & Mitchell, R. E. (2007, April 10). *Large-scaled academic achievement testing of deaf and hard-of-hearing students: Past, present, and future.* Paper presented at the annual meeting of the Research on the Education of Deaf Persons SIG of the American Education Research Association, Chicago.
2. Quigley, S., Steinkamp, M., Power, D., & Jones, B. (1978). *Test of Syntactic Abilities.* Beaverton, OR: Dormac.
3. Quittner, A., Leibach, P., & Marciel, K. (2004). The impact of cochlear implants on young deaf children. New methods to assess cognitive and behavioral development. *Archives of Otolaryngology Head and Neck Surgery, 130,* 547–554.
4. Quittner, A., Smith, L., Osberger, M., Mitchell, T., & Katz, D. (1994). The impact of audition on the development of visual attention. *Psychological Science, 5,* 347–353.

R 1. Ramsey, C. (1997). *Deaf children in public schools: Placement, context, and consequences.* Washington, DC: Gallaudet University Press.
2. Rhoades, E. (2001). Language progress with an auditory-verbal approach for young children with a hearing loss. *International Pediatrics, 16,* 1–7.
3. Rhoades, E. (2006). Research outcomes of Auditory-Verbal intervention: Is the approach justified?. *Deafness & Education International, 8,* 125–143.
4. Rhoades, E., & Chisholm, T. (2000). Global language progress with an auditory-verbal therapy approach for children who are deaf or hard of hearing. *Volta Review, 102,* 5–25.
5. Richardson, J., MacLeod-Gallinger, J., McKee, B., & Long, G. (2000). Approaches to studying in deaf and hearing students in higher education. *Journal of Deaf Studies and Deaf Education, 5,* 156–173.
6. Ries, P. W. (1994). Prevalence and characteristics of persons with hearing trouble: United States,

1990–91. *Vital and Health Statistics*, Series 10 (No. 188). Washington DC: Department of Health and Human Services, U. S. Centers for Disease Control and Prevention.
7. Roald, I. (2002). Norwegian deaf teachers' reflections on their science education: Implications for Instruction. *Journal of Deaf Studies and Deaf Education, 7*, 57–73.
8. Roald, I., & Mikalsen, O. (2000). What are the earth and heavenly bodies like? A study of objectual conceptions among Norwegian deaf and hearing pupils. *International Journal of Science Education, 22*, 337–355.
9. Roberts, J., Jurgens, J., & Burchinal, M. (2005). The role of home literacy practices in preschool children's language and emergent literacy skills. *Journal of Speech, Language, and Hearing Research, 48*, 345–359.
10. Roberts, S., & Rickards, R. (1994a). A survey of graduates of an Australian integrated auditory/oral preschool. Part I: Amplification usage, communication practices, and speech intelligibility. *Volta Review, 96*, 185–205.
11. Roberts, S., & Rickards, R. (1994b). A survey of graduates of an Australian integraded auditory/oral preschool. Part II: Academic achievement, utilization of support services, and friendship patterns. *Volta Review, 96*, 207–236.
12. Robertson, L., & Flexer, C. (1993). Reading development: A parent survey of children with hearing-impairment who developed speech and language through the auditory-verbal method. *Volta Review, 95*, 253–261.
13. Rosenhall, U., Nordin, V., Sandstrom, M., Ahlsen, G., & Gillberg, C. (1999). Autism and hearing loss. *Journal of Autism and Developmental Disorders, 29*, 349–357.
14. Rottenberg, C. (2001). A deaf child learns to read. *American Annals of the Deaf, 146*, 270–275.
15. Rottenberg, C., & Searfoss, L. (1992). Becoming literate in a preschool class: Literacy development of hearing-impaired children. *Journal of Reading Behavior, 24*, 463–479.
16. Rubin, K., Fein, G., & Vandenberg, B. (1983). Play. In P. Mussen (Series Ed.) & E. Hetherington (Vol. Ed.), *Handbook of child psychology: Vol. 4. Socialization, personality, and social development* (pp. 694–774). New York: Wiley.
17. Ruiz, N. (1995). A young deaf child learns to write. Implications for literacy development. *Reading Teacher, 49*, 206–217.
18. Rutter, M. (2005). Aetiology of autism: Findings and questions. *Journal of Disability Research, 49*, 231–238.
19. Rydberg, E., Gellerstedt, L. C., Danermark, B. (2009). Toward an equal level of educational attainment between deaf and hearing people in Sweden?. *Journal of Deaf Studies and Deaf Education, 14*, 312–323.

S
1. Samar, V., Paranis, I., & Berent, G. (1998). Learning disabilities, attention deficit disorders, and deafness. In M. Marschark & M. D. Clark (Eds.), P*sychological perspectives on deafness* (Vol. 2, pp. 199–242). Mahwah, NJ: Lawrence Erlbaum.
2. Sartawi, A., Al-Hilawani, Y., & Easterbrooks, S. (1998). A pilot study of comprehension strategies of students who are deaf/hard of hearing in a non-English-speaking country. *Journal of Childhood Communication Disorders, 20*, 27–32.
3. Sass-Lehrer, M. (in press). Birth to three: Early intervention. In M. Marschark & P. Spencer (Eds.), *The Oxford handbook of deaf studies, language, and education, vol. 1, second edition*. New York:

Oxford University Press.
4. Scarborough, H. (1990). Index of Productive Syntax. *Applied Psycholinguistics, 11*(1), 1–22.
5. Schick, B. (2003). The development of American Sign Language and manually coded English system. In M. Marschark & P. Spencer (Eds.), *The Oxford handbook of deaf studies, language, and education* (pp. 219–231). New York: Oxford University Press.
6. Schick, B. (2006). Acquiring a visually motivated language: Evidence from diverse learners. In B. Schick, M. Marschark, & P. Spencer (Eds.), *Advances in the sign language development of deaf children* (pp. 102–134). New York: Oxford University Press.
7. Schick, B., de Villiers, J., de Villiers, P., & Hoffmeister, R. (2007). Language and theory of mind: A study of deaf children. *Child Development, 78*, 376–396.
8. Schick, B., & Moeller, M. P. (1992). What is learnable in manually coded English sign systems?. *Applied psycholinguistics, 13*, 313–340.
9. Schirmer, B. (2003). Using verbal protocols to identify reading strategies of students who are deaf. *Journal of Deaf Studies and Deaf Education, 8*, 157–170.
10. Schirmer, B., Bailey, J., & Lockmen, A. (2004). What verbal protocols reveal about the reading strategies of deaf students: A replication study. *American Annals of the Deaf, 149*, 5–16.
11. Schirmer, B., & Williams, C. (2003). Approaches to teaching reading. In M. Marschark & P. Spencer (Eds.), *Oxford handbook in deaf studies, language, and education* (pp. 110–122). New York: Oxford University Press.
12. Schleper, D. (1997). *Reading to deaf children: Learning from deaf adults*. Washington, DC: Gallaudet University Pre-College National Mission Programs.
13. Schorr, E., Fox, N., van Wassenhove, V., & Knudsen, E. (2005). Auditory-visual fusion in speech perception in children with cochlear implants. *Proceedings of the National Academy of Science, U.S.A., 102*, 18748–18750.
14. Schorr, E., Roth, F., & Fox N. (2008). A comparison of the speech and language skills of children with cochlear implants and children with normal hearing. *Communication Disorders Quarterly, 29*, 195–210.
15. Seal, B., Nussbaum, D., Scott, S., Waddy-Smith, B., Clingempeel, K., & Belzner, K. (2005, November). *Evidence for sign-spoken language relationships in children with cochlear implants*. Paper presented at the American Speech, Language, and Hearing Society Annual Conference, San Diego, CA.
16. Semel, E., Wiig, E., & Secord, W. (1995). *Clinical Evaluation of Language Fundamentals-III*. San Antonio, TX: Psychological Corporation, Harcourt Brace & Co.
17. Senechal, M., LeFevre, J., Hudson, E., & Lawson, E. (1996). Knowledge of storybooks as a predictor of young children's vocabulary. *Journal of Educational Psychology, 88*, 520–536.
18. Serrano Pau, C. (1995). The deaf child and solving problems of arithmetic: The importance of comprehensive reading. *American Annals of the Deaf, 140*, 287–291.
19. Shallop, J. K. (2008, November 7). *Complex children and cochlear implantation*. Paper presented at the Cochlear Implants 2008 State of the Art Conference, Nottingham, UK.
20. Sherman, L. (1998). The promise of technology. *Northwest Education, 3*, 2–9.
21. Silvestre, N., Ramspott, A., & Pareto, I. (2006). Conversational skills in a semistructured interview and self-concept in deaf students. *Journal of Deaf Studies and Deaf Education, 12*, 38–54.

22. Simms, L., & Thumann, H. (2007). In search of a new, linguistically and culturally sensitive paradigm in deaf education. *American Annals of the Deaf, 152*, 302–311.
23. Singer, B., & Bashir, A. (2004). Developmental variation in writing composition skills. In C. Stone, E. Silliman, B. Ehren, & K. Apel (Eds.), *Handbook of language and literacy: Development and disorders* (pp. 559–582). New York: Guilford Press.
24. Singleton, J., & Morgan, D. (2006). Natural signed language acquisition within the social context. In B. Schick, M. Marschark, & P. Spencer (Eds.), *Advances in the sign language development of deaf children* (pp. 344–375). New York: Oxford University Press.
25. Singleton, J., Morgan, D., DeGello, E., Wiles, J., & Rivers, R. (2004). Vocabulary use by low, moderate, and high ASL-proficient writers compared to hearing ESL and monolingual speakers. *Journal of Deaf Studies and Deaf Education, 9*, 86–103.
26. Smith, M. (1998). *The art of itinerant teaching for teachers of the deaf and hard of hearing.* Hillsboro, OR: Butte Publications.
27. Smith, L., Quittner, A., Osberger, M., & Miyamoto, R. (1998). Audition and visual attention: The developmental trajectory in deaf and hearing populations. *Developmental Psychology, 34*, 840–850.
28. Snyder, L., & Yoshinaga-Itano, C. (1998). Specific play behaviors and the development of communication in children with hearing loss. *Volta Review, 100*, 165–185.
29. Spencer, L., & Barker, B., & Tomblin, J. B. (2003). Exploring the language and literacy outcomes of pediatric cochlear implant users. *Ear & Hearing, 24*, 236–247.
30. Spencer, L., & Bass-Ringdahl, S. (2004). An evolution of communication modalities. In R. Miyamoto (Ed.), *International congress series* (pp. 352–355). Indianapolis: Elsevier.
31. Spencer, L. J., Gantz, B. J. & Knutson, J. F. (2004). Outcomes and achievement of students who grew up with access to cochlear implants. *Laryngoscope, 114*, 1576–1581.
32. Spencer, L., & Oleson, J. (2008). Early listening and speaking skills predict later reading proficiency in pediatric cochlear implant users. *Ear & Hearing, 29*, 270–280.
33. Spencer, L., & Tomblin, J. B. (2006). Spoken language development with "Total Communication." In P. Spencer & M. Marschark (Eds.), *Advances in the spoken language development of deaf and hard-of-hearing children* (pp. 166–192). New York: Oxford University Press.
34. Spencer, L., Tye-Murray, N., & Tomblin, J. B. (1998). The production of English inflectional morphology, speech production and listening performance in children with cochlear implants. *Ear & Hearing, 19*, 310–318.
35. Spencer, P. (1993a). Communication behaviors of infants with hearing loss and their hearing mothers. *Journal of Speech and Hearing Research, 36*, 311–321.
36. Spencer, P. (1993b). The expressive communication of hearing mothers and deaf infants. *American Annals of the Deaf, 138*, 275–283.
37. Spencer, P. (1996). The association between language and symbolic play at two years: Evidence from deaf toddlers. *Child Development, 67*, 867–876.
38. Spencer, P. (2000a). Every opportunity: A case study of hearing parents and their deaf child. In P. Spencer, C. Erting, & M. Marschark (Eds.), *The deaf child in the family and at school* (pp. 111–132). Mahwah, NJ: Lawrence Erlbaum.
39. Spencer, P. (2000b). Looking without listening: Is audition a prerequisite for normal development

of visual attention during infancy? *Journal of Deaf Studies and Deaf Education, 5,* 291–302.
40. Spencer, P. (2004). Individual differences in language performance after cochlear implantation at one to three years of age: Child, family, and linguistic factors. *Journal of Deaf Studies and Deaf Education, 9,* 395–412.
41. Spencer, P., Bodner-Johnson, B., & Gutfreund, M. (1992). Interacting with infants with a hearing loss: What can we learn from mothers who are deaf?. *Journal of Early Intervention, 16,* 64–78.
42. Spencer, P., & Delk, L. (1989). Hearing-impaired students' performance on tests of visual processing: Relationships with reading performance. *American Annals of the Deaf, 134,* 333–337.
43. Spencer, P., & Hafer, J. (1998). Play as "window" and "room": Assessing and supporting the cognitive and linguistic development of deaf infants and young children. In M. Marschark and D. Clark (Eds.), *Psychological perspectives on deafness* (Vol. 2, pp. 131–152). Mahwah, NJ: Lawrence Erlbaum.
44. Spencer, P., & Harris, M. (2006). Patterns and effects of language input to deaf infants and toddlers with deaf and hearing mothers. In B. Schick, M. Marschark, & P. Spencer (Eds.), *Advances in the sign language development of deaf and hard-of-hearing children* (pp. 71–101). New York: Oxford University Press.
45. Spencer, P., Marschark, M., & Spencer, L. J. (in press). Cochlear implants: Advances, issues and implications. In M. Marschark & P. Spencer (Eds.), *The Oxford handbook of deaf studies, language, and education, vol. 1, second edition.* New York: Oxford University Press.
46. Spencer, P., & Marschark, M. (Eds.) (2006). *Advances in the spoken language development of deaf and hard-of-hearing children.* New York: Oxford University Press.
47. Spencer, P., & Meadow-Orlans, K. (1996). Play, language, and maternal responsiveness: A longitudinal study of deaf and hearing infants. *Child Development, 67,* 3176–3191.
48. Stacey, P., Fortnum, H., Barton, G., & Summerfield, A. (2007). National evaluation of support options for deaf and hearing-impaired children: Relevance to education of services. *Deafness & Education International, 9,* 120–130.
49. Stanwick, R., & Watson, L. (2005). Literacy in the homes of young deaf children: Common and distinct features of spoken language and sign bilingual environments. *Journal of Early Childhood Literacy, 5,* 53–78.
50. Steinfeld, A. (1998). The benefit of real-time captioning in a mainstream classroom as measured by working memory. *Volta Review, 100,* 29–44.
51. Stewart, D., & Kluwin, T. (2001). *Teaching deaf and hard of hearing students. Content, strategies, and curriculum.* Boston: Allyn & Bacon.
52. Stillman, R. (1978). *The Callier Azusa Scale.* Dallas: University of Texas at Dallas.
53. Stillman, R., & Battle, C. (1986). Developmental assessment of communicative abilities in the deaf-blind. In D. Ellis (Ed.), *Sensory impairments in mentally handicapped people* (pp. 319–335). London: Croom Helm.
54. Stinson, M., & Antia, S. (1999). Considerations in educating deaf and hard-of-hearing students in inclusive settings. *Journal of Deaf Studies and Deaf Education, 4,* 163–175.
55. Stinson, M. S., Elliot, L. B., Kelly, R. R., & Liu, Y. (2009). Deaf and hard-of-hearing students' memory of lectures with speech-to-text and interpreting/note taking services. *Special Education, 43,* 45–51.

56. Stinson, M., & Foster, S. (2000). Socialization of deaf children and youths in school. In P. Spencer, C. Erting, & M. Marschark (Eds.), *The deaf child in the family and at school* (pp. 151–174). Mahwah, NJ: Lawrence Erlbaum.
57. Stinson, M., & Kluwin, T. (in press). Educational consequences of alternative school placements. In M. Marschark & P. Spencer (Eds.) *The Oxford handbook of deaf studies, language, and education, vol. 1, second edition.* New York Oxford University Press.
58. Stinson, M., & Liu, (1999). Participation of deaf and hard-of-hearing students in classes with hearing students. *Journal of Deaf Studies and Deaf Education, 4*, 191–202.
59. Stinson, M. S., Stuckless, E. R., Henderson, J. B. & Miller, L. (1988). Perceptions of hearing impaired college students toward real-time speech-to-print: RTGD and other support services. *Volta Review, 90*, 336–338.
60. Stinson, M., Whitmire, K., & Kluwin, T. (1996). Self-perceptions of social relationships in hearing-impaired adolescents. *Journal of Educational Psychology, 88*, 132–143.
61. Stokoe, W. (1960/2005). Sign language structure: An outline of the visual communication system of the American deaf. *Studies in Linguistics, Occasional Papers* 8. Buffalo, NY: University of Buffalo, Department of Anthropology and Linguistics. (Reprinted in *Journal of Deaf Studies and Deaf Education, 10*, 3–37).
62. Strassman, B. (1997). Metacognition and reading in children who are deaf: A review of the research. *Journal of Deaf Studies and Deaf Education, 2*, 140–149.
63. Strong, M. (1988). A bilingual approach to the education of young deaf children: ASL and English. In M. Strong (Eds.), *Language learning and deafness* (pp. 113–132). New York: Cambridge University Press.
64. Strong, M., & Charlson, E. (1987). Simultaneous Communication: Are teachers attempting an impossible task?. *American Annals of the Deaf, 132*, 376–382.
65. Strong, M., & Prinz, P. (1997). A study of the relationship between American Sign Language and English literacy. *Journal of Deaf Studies and Deaf Education, 2*, 37–46.
66. Strong, M., & Prinz, P. (2000). Is American Sign Language skill related to English literacy? In C. Chamberlain, J. Morford, & R. Mayberry (Eds.), *Language acquisition by eye* (pp. 131–141). Mahwah, NJ: Lawrence Erlbaum.
67. Svartholm, K. (2008). The written Swedish of deaf children: A foundation for EFL. In C. Kellet Bidoli & E. Ochse (Eds.), *English in international deaf communication* (pp. 211–249). Bern: Peter Lang.
68. Svirsky, M., Robbins, A., Kirk, K., Pisoni, D., & Miyamoto, R. (2000). Language development in profoundly deaf children with cochlear implants. *Psychological Science, 11,* 153.
69. Svirsky, M., Teoh, S-W., & Neuburger, H. (2004). Development of language and speech perception in congenitally, profoundly deaf children as a function of age at cochlear implantation. *Audiology & Neuro-otology, 9*, 224–233.
70. Swanwick, R., & Tsverik, I. (2007). The role of sign language for deaf children with cochlear implants: Good practice in sign bilingual settings. *Deafness & Education International, 9*, 214–231.
71. Swanwick, R., & Watson, L. (2005). Literacy in the homes of young deaf children: Common and distinct features of spoken language and sign bilingual environments. *Journal of Early Childhood*

Literacy, 5, 53–78.
72. Swanwick, R., & Watson, L. (2007). Parents sharing books with young deaf children in spoken English and in BSL: The common and diverse features of different language settings. *Journal of Deaf Studies and Deaf Education, 12*, 385–405.
73. Swisher, M. V. (1985). Signed input of hearing mothers to deaf children. *Language Learning, 34*, 99–125.
74. Swisher, M. V. (1993). Perceptual and cognitive aspects of recognition of signs in peripheral vision. In M. Marschark & M. D. Clark (Eds.), *Psychological perspectives on deafness* (pp. 209–227). Hillsdale, NJ: Erlbaum.
75. Swisher, M. V. (2000). Learning to converse: How deaf mothers support the development of attention and conversational skills in their young deaf children. In P. Spencer, C. Erting, & M. Marschark (Eds.), *The deaf child in the family and at home* (pp. 21–40). Mahwah, NJ: Lawrence Erlbaum.
76. Swisher, M. V., & Thompson, M. (1985). Mothers learning simultaneous communication: The dimensions of the task. *American Annals of the Deaf, 130*, 212–217.

T
1. Talbot, K., & Haude, R. (1993). The relationship between sign language skill and spatial visualization ability: Mental rotation of three-dimensional objects. *Perceptual and Motor Skills, 77*, 1387–1391.
2. Teale, W., & Sulzby, E. (Eds.). (1986). *Emergent literacy: Writing and reading*. Norwood, NJ: Ablex.
3. Thompson, B., Diamond, K., McWilliam, R., Snyder, P., & Snyder, S. (2005). Evaluating the quality of evidence from correlational research for evidence-based practice. *Exceptional Children, 17*, 181–194.
4. Todman, J., & Cowdy, N. (1993). Processing of visual-action codes by deaf and hearing children: Coding orientation or capacity?. *Intelligence, 17*, 237–250.
5. Todman, J., & Seedhouse, E. (1994). Visual-action code processing by deaf and hearing children. *Language and Cognitive Processes, 9*, 129–141.
6. Tomblin, J. B., Spencer, L., Flock, S., Tyler, R., & Gantz, B. (1999). A comparison of language achievement in children with cochlear implants and children with hearing aids. *Journal of Speech, Language, and Hearing Research, 42*, 497–511.
7. Torres, S., Moreno-Torres, I., & Santano, R. (2006). Quantitative and qualitative evaluation of linguistic input support to a prelingually deaf child with cued speech: A case study. *Journal of Deaf Studies and Deaf Education, 11*, 438–448.
8. Toscano, R. M., McKee, B., & Lepoutre, D. (2002). Success with academic English: Reflections of deaf college students. *American Annals of the Deaf, 147*, 5–23.
9. Traxler, C. (2000). The Stanford Achievement Test, 9th Edition: National norming and performance standards for deaf and hard-of-hearing students. *Journal of Deaf Studies and Deaf Education, 5*, 337–248.
10. Trezek, B., & Wang, Y. (2006). Implications of utilizing a phonics-based reading curriculum with children who are deaf or hard of hearing. *Journal of Deaf Studies and Deaf Education, 11*, 202–213.
11. Trezek, B., Wang, Y., Woods, D., Gampp, T., & Paul, P. (2007). Using Visual Phonics to

supplement beginning reading instruction for students who are deaf or hard of hearing. *Journal of Deaf Studies and Deaf Education, 12*, 373–384.

12. Tripodi, T. (1998). *A primer on single-subject design for clinical social workers*. Washington, DC: National Association of Social Workers.

U 1. United Nations General Assembly. (1959). Declaration of the Rights of the Child: General Assembly Resolution 1386(XIV) of November 20, 1959. www.unhchr.ch/html/menu3/b/25.htm. Retrieved September 15, 2008.

V 1. Vaccari, C., & Marschark, M. (1997). Communication between parents and deaf children: Implications for social-emotional development. *Journal of Child Psychology and Psychiatry, 38*, 793–802.

2. Valdez-Maenchaco, M., & Whitehurst, G. (1992). Accelerating language development through picture-book reading: A systematic extension to Mexican day care. *Developmental Psychology, 28*, 1106–1114.

3. Van den Tillaart, B., & Janssen, M. (2006). CONTACT. Sint-Michielsgestel, The Netherlands: Aapnootmuis Educainment.

4. Van der Lem, T., & Timmerman, D. (1990). Joint picture book reading in signs: An interaction process between parent and child. In S. Prillwitz & T. Vollhaber (Eds.), *Sign language research and application: Proceedings of the International Congress* (pp. 77–88). Amsterdam: Signum Press.

5. Van Dijk, J. (1999). *Development through relationships: Entering the social world*. Paper presented at Development Through Relationships: Fifth Annual World Conference on Deafblindness, Lisbon, Portugal.

6. Van Dijk, R., Nelson, C., Postma, A., & van Dijk, J. (2010). Assessment and intervention of deaf children with multiple disabilities. In M. Marschark and P. Spencer (Eds.), *The Oxford handbook of deaf studies, language, and education, vol.* 2 (pp. 172–192). New York: Oxford University Press.

7. Van Dijk, R., van Helvoort, M., Aan den Toorn, W., & Bos, H. (1998). *Niet zomaar een gebaar.* [Not just a sign Sint-Michielsgestel, The Netherlands: Publication Instituut voor Doven.

8. Van Gurp, S. (2001). Self-concept of deaf secondary school students in different educational settings. *Journal of Deaf Studies and Deaf Education, 6*, 54–69.

9. Van Uden, M. (1977). *A world of language for deaf children*. Amsterdam: Swets & Zeitlinger.

10. Vermeulen, L., & van Dijk, J. (1994). Social-emotional aspects in a sample of young persons with Usher's Syndrome Type 1. In A. Kooijman, P. Looijestijn, J. Welling, & J. van der Wildt (Eds.), *Low vision* (pp. 441–414). Amsterdam: IOS Press.

11. Vernon, M. (2005). Fifty years of research on the intelligence of deaf and hard-of-hearing children: A review of literature and discussion of implications. *Journal of Deaf Studies and Deaf Education, 10*, 225–231.

12. Vernon, M., & Rhodes, A. (2009). Deafness and Autistic Spectrum Disorder. *American Annals of the Deaf, 154*, 5–14.

13. Vieu, A., Mondain, M., Blanchard, K., Sillon, M., Reuillard-Artieres, R., Tobely, E., Uziel, S., & Piron, J. (1998). Influence of communication mode on speech intelligibility and syntactic structure of sentences in profoundly hearing impaired French children implanted between 5 and 9 years of age. *International Journal of Pediatric Otorhinolaryngology, 44*, 15–22.

14. Vohr, B., Singh, K., Bansal, N., Letourneau, K., & McDermott, C. (2001). Maternal worry about neonatal hearing screening. *Journal of Perinatology, 21*, 15–20.
15. Volkmar, F., Klin, A., Schultz, R., Rubin, E., & Bronen, R. (2000). Asperger's disorder. *American Journal of Psychiatry, 157*, 262–267.

W 1. Waddy-Smith, B., & Wilson, V. (2003). See that sound! Visual Phonics helps deaf and hard of hearing students develop reading skills. *Odyssey, 5*, 14–17.
2. Walker, L., Munro, J., & Rickards, F. (1998). Literal and inferential reading comprehension of students who are deaf or hard of hearing. *Volta Review, 100*, 105–120.
3. Wallis, D., Musselman, C., & MacKay, S. (2004). Hearing mothers and their deaf children: The relationship between early, ongoing mode match and subsequent mental health functioning in adolescents. *Journal of Deaf Studies and Deaf Education, 9*, 2–14.
4. Waltzman, S., Scalchunes, V., & Cohen, N. (2000). Performance of multiply handicapped children using cochlear implants. *American Journal of Otology, 21*, 329–335.
5. Watkins, S., Pittman, P., & Walden, B. (1998). The deaf mentor experimental project for young children who are deaf and their families. *American Annals of the Deaf, 143*, 29–35.
6. Watkins, S., Taylor, D., & Pittman, P. (2004). *SKI-HI Curriculum: Family-centered programming for infants and young children with hearing loss*. Logan: Utah State University, SKI-HI Institute, Department of Communicative Disorders/Deaf Education.
7. Watson, L. (1998). Oralism: Current policy and practice. In S. Gregory, et al. (Eds.), *Issues in deaf education* (pp. 69–76). London: David Fulton.
8. Watson, L., Archbold, S., & Nikolopoulos, T. (2006). Changing communication mode after implantation by age at implant. *Cochlear Implants International, 7*, 77–91.
9. Watson, L., Hardie, T., Archbold, S., & Wheeler, A. (2007). Parents' views on changing communication after cochlear implantation. *Journal of Deaf Studies and Deaf Education, 13*, 104–116.
10. Wauters, L., & Knoors, H. (2008). Social integration of deaf children in inclusive settings. *Journal of Deaf Studies and Deaf Education, 13*, 21–36.
11. Wauters, L., Tellings, A., van Bon, W., & Mak, W. (2008). Mode of acquisition as a factor in deaf children's reading comprehension. *Journal of Deaf Studies and Deaf Education, 13*, 175–192.
12. Waxman, R., & Spencer, P. (1997). What mothers do to support infant visual attention: Sensitivities to age and hearing status. *Journal of Deaf Studies and Deaf Education, 2*, 104–114.
13. Wellman, H., & Liu, D. (2004). Scaling of theory of theory of mind tasks. *Child Development, 75*, 523–541.
14. Wessex Universal Hearing Screening Trial Group. (1998). Controlled trial of universal neonatal screening for early identification of permanent childhood hearing impairment. *Lancet, 352*, 1957–1964.
15. Whitehurst, G., Arnold, D., Epstein, J., Angell, A., Smith, M., & Fischel, J. (1994). A picture book reading intervention in day-care and home for children from low-income families. *Developmental Psychology, 30*, 679–689.
16. Whitehurst, G., Falco, F., Lonigan, C., Fischel, J., DeBaryshe, B., Valdez-Menchaca, M., & Caulfield, M. (1988). Accelerating language development through picture-book reading. *Developmental Psychology, 24*, 552–558.

17. Wilbur, R. (1977). An explanation of deaf children's difficulty with certain syntactic structures. *Volta Review, 79*, 85–92.
18. Wilbur, R. (2000). The use of ASL to support the development of English and literacy. *Journal of Deaf Studies and Deaf Education, 5*, 81–104.
19. Wilbur, R., & Petersen, L. (1998). Modality interactions of speech and signing in Simultaneous Communication. *Journal of Speech, Language, and Hearing Research, 41*, 200–212.
20. Wilkins, M., & Ertmer, D. (2002). Introducing young children who are deaf or heard of hearing to spoken language: Child's Voice, an oral school. *Language, Speech, and Hearing Services in Schools, 33*, 196–204.
21. Williams, C. (1994). The language and literacy worlds of three profoundly deaf preschool children. *Reading Research Quarterly, 29*, 125–155.
22. Williams, C. (1999). Preschool deaf children's use of signed language during writing events. *Journal of Literacy Research, 31*, 183–212.
23. Williams, C. (2004). Emergent literacy of deaf children. *Journal of Deaf Studies and Deaf Education, 9*, 352–365.
24. Wilson, M., Bettger, J., Niculae, I., & Klima, E. (1997). Modality of language shapes working memory: Evidence from digit span and spatial span in ASL signers. *Journal of Deaf Studies and Deaf Education, 2*, 152–162.
25. Winn, S. (2007). Preservice preparation of teachers of the deaf in the twenty-first century: A case study of Griffith University, Australia. *American Annals of the Deaf, 152*, 312–319.
26. Wood, D., Wood, H., Griffith, A., & Howarth, I. (1986). *Teaching and talking with deaf children*. New York: Wiley.
27. Wood, D., Wood, H., & Howarth, P. (1983). Mathematical abilities of deaf school-leavers. *British Journal of Developmental Psychology, 54*, 254–264.
28. Wood, H., Wood, D., & Kingsmill, M. (1991). Signed English in the classroom, II: Structural and pragmatic aspects of teachers' speech and sign. *First Language, 11*, 301–325.
29. Woodcock, R., & Mather, N. (1989, 1990). *Woodcock-Johnson Psycho-Educational Battery—Revised*. Allen, TX: DLM Teaching Resources.
30. Woolfe, T. (2001). The self-esteem and cohesion to family members of deaf children in relation to the hearing status of their parents and siblings. *Deafness and Education International, 3*, 80–95.
31. Woolsey, M., Satterfield, S., & Robertson, L. (2006). Visual phonics: An English code buster?. *American Annals of the Deaf, 151*, 434–440.
32. World Health Organization. (2001). *Guidelines for hearing aids and services for developing countries*. Geneva: WHO.
33. Wray D., Flexer C., & Vaccaro V. (1997). Classroom performance of children who are hearing impaired and who learned spoken communication through the A-V approach: An evaluation of treatment efficacy. *Volta Review, 99*, 107–119.

Y 1. Yaden, D., Rowe, D., & MacGillivray, L. (1999). *Emergent literacy: A polyphony of perspectives*. Ann Arbor: University of Michigan, Center for the Improvement of Early Reading Achievement.
2. Yore, L. (2000). Enhancing science literacy for all students with embedded reading instruction and writing-to-learn activities. *Journal of Deaf Studies and Deaf Education, 5*, 105–122.
3. Yoshinaga-Itano, C. (2003). From screening to early identification and intervention: Discovering

predictors to successful outcomes for children with significant hearing loss. *Journal of Deaf Studies and Deaf Education, 8*, 11–30.
4. Yoshinaga-Itano, C. (2006). Early identification, communication modality, and the development of speech and spoken language skills: Patterns and considerations. In P. Spencer & M. Marschark (Eds.), *Advances in the spoken language development of deaf and hard-of-hearing children* (pp. 298–327). New York: Oxford University Press.
5. Yoshinaga-Itano, C., Coulter, D., & Thomson, V. (2001). Developmental outcomes of children born in Colorado hospitals with universal newborn hearing screening programs. *Seminars in Neonatology, 6*, 521–529.
6. Yoshinaga-Itano, C., & deUzcategui, C. (2001). Early identification and social-emotional factors of children with hearing loss and children screened for hearing loss. In E. Kurtzer-White & D. Luterman (Eds.), *Early childhood deafness* (pp. 13–28). Baltimore, MD: York Press.
7. Yoshinaga-Itano, C., & Sedey, A. (2000). Speech development of deaf and hard-of-hearing children in early childhood: Interrelationships with language and hearing. *Volta Review, 100*, 181–212.
8. Yoshinaga-Itano, C., Sedey, A., Coulter, D., & Mehl, A. (1998a). Language of early- and later-identified children with hearing loss. *Pediatrics, 102*, 1161–1171.
9. Yoshinaga-Itano, C., Snyder, L., & Day, D. (1998b). The relationship of language and symbolic play in children with hearing loss. *Volta Review, 100*, 135–164.
10. Yoshinaga-Itano, C., Snyder, L., & Mayberry, R. (1996). How deaf and normally hearing students convey meaning within and between written sentences. *Volta Review, 98*, 9–38.
11. Young, A., & Tattersall, H. (2005). Parents of deaf children's evaluative accounts of the process and practice of universal newborn hearing screening. *Journal of Deaf Studies and Deaf Education, 10*, 134–145.
12. Young, A., & Tattersall, H. (2007). Universal newborn hearing screening and early identification of deafness: Parents' responses to knowing early and their expectations of child communication development. *Journal of Deaf Studies and Deaf Education, 12*, 209–220.

Z
1. Zacher, D., Ben-Itzchak, E., Rabinovich, A., & Lahat, E. (2007). Change in core autism symptoms with intervention. *Research in Autistic Syndrome Disorders, 1*, 304–317.
2. Zandberg, S. (2005). *Education of children with hearing impairment: Targets and their realization*. Jerusalem: Israel Ministry of Education.
3. Zarfaty, Y., Nunes, T., & Bryant, P. (2004). The performance of young deaf children in spatial and temporal number tasks. *Journal of Deaf Studies and Deaf Education, 9*, 315–326.
4. Zevenbergen, A., & Whitehurst, G. (2003). Dialogic reading: A shared picture book reading intervention for preschoolers. In A. Van Kleeck, S. Stahl, & Bauer, E. (Eds.), *On reading books to children: Parents and children* (pp. 117–202). Mahwah, NJ: Lawrence Erlbaum.
5. Zimmerman, I., Steiner, V., & Evatt Pond, R. (1997). *Preschool Language Scales (PLS-3) (UK Adaptation)*. London: Psychological Corporation.
6. Zwiercki, R., Stansberry, D., Porter, G., & Hayes, P. (1976). The incidence of neurological problems in a deaf school age population. *American Annals of the Deaf, 121*, 405–408.

訳者あとがき

　原著のタイトルは *Evidence-Based Practice in Educating Deaf and Hard-of-Hearing Student* です。

　教育の領域では近年 evidence based つまり、「エビデンスに基づいた」発想が主張されるようになってきました。指導方法などが、直観的な、そして不確実な、あるいは間違った情報に基づいたある信念、意見、価値観によって導かれる傾向が強かった状態から、事実の裏づけがある教育実践を探る動きが大きくなってきています。特別支援教育の領域では特にそれが強くいわれ、特定の思い込みによるものではなく、科学的な裏づけのある指導法が求められます。長い伝統に支えられてきた「ろう教育」も、最近の科学技術の急速な進歩により、大きな変容が求められ、その方向に動き出しています。

　ろう、難聴児教育で、生徒の言語発達や学力を伸ばす方法についての議論が盛んに行われています。手話を用いることは音声言語の学習を妨げるのか、逆に進めるのか。聞こえる生徒が大多数のクラスに1人あるいは少人数のろう、難聴児が入っていることは、彼らの学力を伸ばすのに役に立つのか、立たないのか。ろう、難聴児が年齢相応の読書力を身につけるのに、聴覚による音韻スキルは、欠かせないものなのか。ろう、難聴児の読み書きなどの言語情報の処理能力——リテラシー・スキル——は、聞こえる子どもと同じレベルにはならないのか。聞こえる生徒に対する教科指導の方法は、ろう、難聴児に合っているのか、改善するとすればそのポイントは何か。などの問題が話題に上がってきています。

　この本は、ろう、難聴児教育の中心的課題であるリテラシーや学力の問題について、従来の多くの本のように概説をするのではなく、最近急速に増えてきているいろいろな研究を批判的に検討して、それを否定するのではなく、何が evidence based なのか、どこが evidence に欠けているのかを検討し、ろう、難聴児の発達を、その可能性一杯に伸ばすために必要な教育的介入に導くような

資料をまとめ、今後さらにどんな研究や実践が必要なのかを探しています。

　教師その他の専門家、特に若手の研究者や大学生に、ろう、難聴児の発達についてより深く知り、彼らの生涯にわたる学習を支える方法を探るために必要とされる視点を提示しています。引用文献が600点を超える専門書もあまり見当たらないことでしょう。自分の関心のある領域の文献を探るのには大変便利な本であると思います。本文から関連する文献を見つけやすくするために、原本にはありませんが文献には著者名順に番号をつけました。本文での引用の表記には、その番号を用いました。読者はまず第11章から読んで、この本が何をいおうとしているのかを把握した上で、関心のある箇所へ読み進むのがよいと思います。そして自分の持っている課題の解決へ一歩踏み出して欲しいと思います。その手がかりが得られる本であると信じています。

　訳稿は2人で交換し、検討しましたが、最終的には松下の責任でまとめました。誤訳、読みにくいところなどがあるかもしれませんが、それは松下の責任です。

　出版に当たり明石書店の大江道雅社長、編集部の小林洋幸氏と伊得陽子氏には、原稿の大幅な遅れ、細部にわたる校正など大変ご迷惑をおかけしてしまいました。心よりお詫びと、感謝を申し上げます。

　なお、小林氏は編集の途中で急逝され、伊得氏が後を引き継いで下さいました。ここに小林氏のご冥福を心よりお祈り致します。

訳者を代表して
松下　淑

索引

【あ行】

アクーペディック法　76
アスペルガー症候群　217
遊び　47, 150–152
遊びの発達　59, 154
アッシャー症候群　220–221
遺伝性染色体異常（GCS）　220
S-N 比　201
絵の提示による会話　218
FM 補聴器　202
応用行動分析（ABA: Applied Behavior Analysis）　29, 219
親の行事調査（Parenting Event Inventory）　209
親のストレス調査（PSI: Parennting Stress Index）　209
音韻意識とリテラシー　109
オンラインによる指導　184

【か行】

会話発達検査　90
書かれた文字のリテラシー　101, 103
書くこと　70, 91, 102–103, 108–109, 112, 118, 125, 138, 141–145, 147–148, 180, 186
学習　66, 95, 159, 165, 167, 204
学習障害　28–29, 142, 203, 210–216, 224
学習の基礎　150, 168
学力　31
学力と社会的スキル　188
家族支援尺度（Family Support Scale）　209
カリキュラム　74–75, 96, 117–118, 137, 156, 164, 166, 179–180, 183–184, 199–200, 206, 219–220
機能強化プログラム　163
キャリア・アズサ尺度　220
ギャローデット大学　28, 97, 133–134, 190, 208
キュードスピーチ　67, 79–84, 99, 115–117, 119, 133, 146, 227
教室での通訳　202
教室の設備　201
教師の訓練　182, 184, 233
教師の資格　172–173
共同教育　193–198, 206–207
共同読み　20, 103–104, 106–109, 136, 145
共分散構造分析（SEM: Structual Equation Modeling, 構造方程式モデリング）　47, 123
研究方法　40, 42, 52–53
言語学習　35, 93–94, 98, 200
言語性知能テスト　149
言語テスト　77
言語内部相互依存理論　95, 128
言語発達　31–32, 35, 58–67, 69–70, 72–75, 77–78, 83–84, 86, 92–95, 98–101, 103, 120, 139, 145, 149–151, 153, 170, 178, 212, 215
語彙とリテラシー　119
行動計画システム　223
口話法　61, 67, 70–71, 74–76, 80–82, 84, 88–89, 92, 99, 154, 189, 224
国連児童の権利宣言　27
心の理論　152

275

個別教育計画（IEP）　37, 199

【さ行】

残存聴力　67, 130
視覚障害　221
視覚的フォニックス　116, 133, 146, 227
視覚によるコミュニケーション　21, 152, 157
視覚による注意　155
自然手話言語　20, 35, 68, 79, 82, 85–86, 92–95, 97, 100, 110, 125, 128, 132–134, 139, 147, 190, 200
実践に基づいた知識　49
指導方法と読解　135
自閉スペクトラム症（ASD: Autism-Spectrum Disorders）　217
シムコム（Sim Com: 同時法）　85, 87–88, 90–91, 94, 129
社会情緒的機能　35, 193
就学形態　189–190, 194, 206–207, 232
就学前言語尺度　77
集中的指導の実験プロジェクト　75
出産時障害　209
手話二言語教育　95–96, 100, 133–135, 157, 190, 196, 200, 202
手話による教育　69, 200
手話の種類　68
手話の統語　125
手話の理解語彙　96
手話を用いるシステム　85–86, 125
準実験的研究　44
障害児のための評議会（CEC: Council for Exceptional Children）　42
象徴遊び　150–151
情報交換機関（WWC: What Works Clearinghouse）　43, 50
情報の統合と問題解決　160
書記素　110–111, 133
人為的手話システム　68
人工内耳　25, 28, 31, 35–36, 47, 69–79, 83–84, 90–92, 96–97, 99, 101, 112–115, 118, 122–123, 127–128, 131, 144, 146–148, 156, 160, 189, 190, 201–202, 208, 212–214, 221–222, 228–229
新生児聴力検査　18, 54–56
数学的概念　169, 171, 176, 178
数学の指導　171
スカイ・ハイ（SKI*HI, W-5）プログラム　62–63
生徒対教師の比率　75
全体言語法　96, 142
先天性風疹症候群（CRS）　220
相関分析研究　43, 46
早期介入　54–56, 58–65, 71, 74, 79, 88, 90, 101, 107, 192, 209–210, 227–228
早期診断　27–28, 54, 58–61, 63–65, 75–76, 88, 90, 98–99, 192, 210

【た行】

第一言語と第二言語　132
代替的思考方略　34
対話による読みの介入（DR）　105
単一感覚法　76
単一被験者による研究　45
知能テスト　30, 149
チャージ症候群　218, 220–221
注意欠如多動症　28, 213
注意を引く合図　106, 152
中枢神経系機能障害　214
聴覚音声療法（AVT）　57, 76–79, 82, 99, 112, 114
聴覚口話法　67, 70
聴覚による音素　79
聴覚補助装置　19, 65, 85
重複障害　23, 28–30, 38, 95, 99, 149, 197, 208–211, 213, 220, 223–225
定性的研究　42–43, 48, 53, 56–57, 104, 108, 135, 145, 169, 201
統合教育　22, 32, 34, 45, 75, 78, 108, 114, 157–158, 172–173, 188–189, 191, 193, 195, 196, 198–199, 202, 206–207, 230–231
統語論　125

トータルコミュニケーション（TC）　19, 75, 84–85, 99, 115, 212, 227
読解　109, 117, 124–127, 129–131, 134–138, 145, 147
読唇、読話　29, 67, 74, 76, 79–81, 84, 106, 110–111, 115, 117, 119, 146, 152, 157, 193
特別支援教育（学校、学級）　188

【な行】

認知障害　212–213, 217
認知スキルと単語学習　89
年齢相応の言語発達　19, 65, 70, 98
脳性麻痺　28, 210, 222
脳波による聴力検査　55

【は行】

発達への課題　30
話しことばの発達　58, 72
ハノイの塔　162–163
母親と子どもの関わり　44, 103
母親反映法　67
ピーボディ絵画式語彙テスト　105
非言語性知能テスト　105
非言語性認知機能　123
微細脳損傷　214
人を中心とした指導計画　223
評価の方法　42, 48
頻度の少ない障害　24
文法的形態素　68, 76–77, 85–87, 111, 124–126, 140, 147
ボーイズタウンのプログラム　62

包括教育　188, 200
補聴器　35–36, 58, 66, 69–70, 72–73, 75–76, 78–79, 90–91, 97, 101, 112–113, 122–123, 201, 228

【ま行】

未熟な文法　93
無作為的臨床試行　43, 49–50, 135
メタ認知　66, 132, 136–137, 147, 152–153, 158, 162–165, 181, 229–231
盲・ろう児　219
問題解決　21, 142, 160–167, 169–179, 183, 186, 197, 214, 230–231

【や行】

指文字　68, 86, 111, 122, 133, 141, 174
読みの技能　113–114, 123, 128–129, 132, 145, 146
読みの指導の要素　109, 135–136
読みの診断表　108
「読みの習得」のカリキュラム　117

【ら行】

理科教育　21, 180–181, 185–186
リテラシースキル　31, 69–70, 180
レイブンのマトリックステスト　105, 164
ろう、難聴児の学力　31, 191
ろう、難聴児の学習支援　204
ろう、難聴児の発達　30, 33–34
ろうの教師　182, 200–201
「ろう」の定義　24
「ろうの友達」プロジェクト　62

【著者紹介】

パトリシア・エリザベス・スペンサー（Patricia Elizabeth Spencer）
パトリシア・エリザベス・スペンサー博士は、公立学校の教師として科学教科書の編集に携わり、その後、ギャローデット大学（Gallaudet University）で、診断－指導クラスの教師、アセスメントセンターの理事、研究者、社会福祉学科の教授として活躍した。ギャローデット大学を退職した現在も、ろうや難聴の子どもたちの教育や発達の分野で、著作や講演などで活躍し続けている。

マーク・マーシャーク（Marc Marschark）
マーク・マーシャーク博士は、ロチェスター工科大学（Rochester Institute of Technology）の国立聾工科大学（NTID: National Technical Institute for the Deaf）の教授で、教育研究共同センター（Center for Education Research Partnerships）の理事をしている。そこで *Journal of Deaf Studies and Deaf Education* を創刊し編集を担当している。

【訳者紹介】

松下　淑（まつした・ふかし）
東北大学教育学部（特殊教育学）卒業。
元愛知教育大学教育学部（障害児教育学）教授。

坂本　幸（さかもと・ゆき）
東北大学文学部（心理学）卒業。カリフォルニア州立大学修士課程（聴覚障害専攻）修了。
元宮城教育大学教育学部（聴覚言語障害学）教授。
現在、北杜学園仙台医療福祉専門学校（言語聴覚学科）非常勤講師。

学力・リテラシーを伸ばす　ろう、難聴児教育
——エビデンスに基づいた教育実践

2017年5月25日　初版第1刷発行

著　者　　パトリシア・エリザベス・スペンサー
　　　　　マーク・マーシャーク

訳　者　　松　下　　　淑
　　　　　坂　本　　　幸

発行者　　石　井　昭　男
発行所　　株式会社　明石書店
　　　　〒101-0021　東京都千代田区外神田6-9-5
　　　　　　　　　　電話　03（5818）1171
　　　　　　　　　　FAX　03（5818）1174
　　　　　　　　　　振替　00100-7-24505
　　　　　　　　　　http://www.akashi.co.jp

組版・装丁　　明石書店デザイン室
印刷／製本　　モリモト印刷株式会社

（定価はカバーに表示してあります）　　ISBN978-4-7503-4521-5

盲ろう者として生きて 指点字によるコミュニケーションの復活と再生
福島智
●2800円

盲ろう者とノーマライゼーション 癒しと共生の社会をもとめて
福島智
明石ライブラリー①
●2800円

20世紀ロシアの挑戦 盲ろう児教育の歴史 事例研究にみる障碍児教育の成功と発展
タチヤーナ・アレクサンドロヴナ・バシロワ著　広瀬信雄訳
明石ライブラリー163
●3800円

アメリカのろう者の歴史
キャロル・パッデン、トム・ハンフリーズ著　森壮也、森亜美訳
●3000円

「ろう文化」の内側から アメリカろう者の社会史
キャロル・パッデン、トム・ハンフリーズ著　森壮也、森亜美訳
●3000円

新版「ろう文化」案内 写真でみるろうコミュニティの200年
ダグラス・C・ベイントン、ジャック・R・ギャノン、ジーン・リンドキスト・バーギー著　松藤みどり監訳　西川美樹訳
●9200円

アクセス！ろう者の手話 言語としての手話入門
デフサポートおおさか編
●1500円

障害児教育の歴史[オンデマンド版]
中村満紀男、荒川智編著
●3000円

障碍児心理学ものがたり 小さな秩序系の記録 I
中野尚彦
●2500円

障碍児心理学ものがたり 小さな秩序系の記録 II
中野尚彦
●3200円

障害者権利擁護運動事典
フレッド・ペルカ著　中村満紀男、二文字理明、岡田英己子監訳
●9200円

盲・視覚障害百科事典
ジル・サルデーニャ、スーザン・シェリー、アラン・リチャード・ルッツェン、スコット・M・ステイドル編著　中田英雄監訳
●9000円

聾・聴覚障害百科事典
キャロル・ターキントン、アレン・E・サスマン著　中野善達監訳
●7500円

聴覚障害者、ろう・難聴者と関わる医療従事者のための手引
アンナ・ミドルトン編　小林洋子、松藤みどり訳
●2500円

オックスフォード・ハンドブック デフ・スタディーズ ろう者の研究・言語・教育
マーク・マーシャーク、パトリシア・エリザベス・スペンサー編　四日市章、鄭仁豪、澤隆史監訳
●15000円

人生の途上で聴力を失うということ 心のマネジメントから補聴器、人工内耳、最新医療まで
キャサリン・ブートン著　ニキリンコ訳
●2600円

〈価格は本体価格です〉